高职高专物业管理专业规划教材

房地产开发经营

（第二版）

全国房地产行业培训中心　组织编写

杨亦乔　主编

王建廷　苏　浩　主审

中国建筑工业出版社

图书在版编目(CIP)数据

房地产开发经营/杨亦乔主编. —2 版. —北京:中国建筑工业出
版社,2012.9
(高职高专物业管理专业规划教材)
ISBN 978-7-112-14674-1

Ⅰ. ①房… Ⅱ. ①杨… Ⅲ. ①房地产开发-教材②房地产业-经营
管理-教材 Ⅳ. ①F293.3

中国版本图书馆 CIP 数据核字(2012)第 218309 号

本书系全国房地产行业培训中心组织编写的物业管理专业系列教材之一。本
次再版在原教材基础上结合近年来房地产开发的新情况进行了修编,补充了新的
内容,更注重突出实践性、应用性的特点。

全书改版后共分 11 章,各章的先后顺序遵循房地产开发行业的内在程序安
排,主要内容包括:房地产市场调查、开发项目策划、项目可行性分析、土地使
用权获得、项目规划、资金融通、建筑施工、房地产营销、房地产税费等内容。

本书将 2003~2011 年政府出台房地产宏观调控政策文件目录、房地产开发经营
相关政策法律文件目录作为本书附录部分,文件具体内容作为网上资源提供查阅。

本书可作为高职高专物业管理专业、房地产经营管理专业教材。可以用于学
历教育,也可以作为物业管理行业培训教材,以及从事房地产开发经营的研究工
作者、专业人员参考。

＊　　＊　　＊

责任编辑:王　跃　张　晶　吉万旺
责任设计:李志立
责任校对:张　颖　赵　颖

高职高专物业管理专业规划教材
房地产开发经营
(第二版)
全国房地产行业培训中心　组织编写
杨亦乔　主编
王建廷　苏　浩　主审

＊

中国建筑工业出版社出版、发行(北京西郊百万庄)
各地新华书店、建筑书店经销
北京天成排版公司制版
北京云浩印刷有限责任公司印刷

＊

开本:787×1092 毫米　1/16　印张:17　字数:420 千字
2012 年 12 月第二版　　2013 年 12 月第十三次印刷
定价:**35.00** 元
ISBN 978-7-112-14674-1
(22724)

序　言

《高职高专物业管理专业规划教材》是天津国土资源和房屋职业学院暨全国房地产行业培训中心骨干教师主编、中国建筑工业出版社出版的我国第一套高职高专物业管理专业规划教材，当时的出版填补了该领域空白。本套教材共有 11 本，有 5 本被列入普通高等教育土建学科专业"十二五"规划教材。

本套教材紧紧围绕高等职业教育改革发展目标，以行业需求为导向，遵循校企合作原则，以培养物业管理优秀高端技能型专门人才为出发点，确定编写大纲及具体内容，并由理论功底扎实，具有实践能力的"双师型"教师和企业实践指导教师共同编写。参加教材编写的人员汇集了学院和企业的优秀专业人才，他们中既有从事多年教学、科研和企业实践的老教授，也有风华正茂的中青年教师和来自实习基地的实践教师。因此，此套教材既能满足理论教学，又能满足实践教学需要，体现了职业教育适应性、实用性的特点，除能满足高等职业教育物业管理专业的学历教育外，还可用于物业管理行业的职业培训。

十余年来，本套教材被各大院校和专业人员广泛使用，为物业管理知识普及和专业教育做出了巨大贡献，并于 2009 年获得普通高等教育天津市级教学成果二等奖。

此次第二版修订，围绕高等职业教育物业管理专业和课程建设需要，以"工作过程"、"项目导向"和"任务驱动"为主线，补充了大量的相关知识，充分体现了优秀高端技能型专门人才培养规律和高职教育特点，保持了教材的实用性和前瞻性。

希望本套教材的出版，能为促进物业管理行业健康发展和职业院校教学质量提高做出贡献，也希望天津国土资源和房屋职业学院的教师们与时俱进、钻研探索，为国家和社会培养更多的合格人才，编写出更多、更好的优秀教材。

天津市国土资源和房屋管理局副局长

天津市历史风貌建筑保护专家咨询委员会主任

路红

2012 年 9 月 10 日

第 二 版 前 言

自进入 21 世纪以来，中国房地产行业的发展速度，可以说令人瞠目结舌，始料不及。随着行业的发展，房地产开发经营的理论和方法也要不断更新和完善。因此本次教材再编是一个很好的契机。

本书由天津国土资源和房屋职业学院副教授、硕士杨亦乔主编，天津城市建设学院副院长、教授、王建廷博士，天津市房地产业协会秘书长苏浩，分别审阅了本书全部书稿，并就全书的框架结构及内容的充实提出了许多建设性意见，在此表示衷心感谢。

本次再版，对原教材进行了全面修订、调整。充实了部分章节，使原书在整体结构上更加合理。更新了部分内容，使之更具现实性。强化了部分知识点，使之更具应用性。原书第 2 章房地产开发项目策划分成现在第 2 章房地产开发项目市场调查，第 3 章房地产开发项目策划。删掉原书第 8 章房地产市场与价格，增加第 11 章房地产经营税费。原书大部分章节的内容分别进行调整、充实。

本次再版全书共分 11 章，第 1 章、第 9 章、第 10 章由杨亦乔编写；第 2 章、3 章、6 章由秦洪双编写；第 4 章、7 章由汪军编写；第 5 章由郭帅编写；第 8 章由马丽编写；第 11 章由华润雪花啤酒(天津)有限公司李淑萍编写。

本书编写过程中，参考了有关专家、学者的论著、文献、教材，借鉴了不少专家、学者的研究成果，在此谨致深深的谢意。

由于水平有限，时间紧促，书中难免有不足和疏漏之处，希望专家、学者和广大读者批评指正。

第 一 版 前 言

自 20 世纪 80 年代始发的中国物业管理行业，在历经 20 年的探索后，正在步入一个全面发展的新阶段。2003 年出版的《物业管理条例》，标志着物业管理行业正在走向成熟。物业管理行业实现与开发行业的分业经营已成必然。行业的发展伴随着对人才的需要。本书是为了应物业管理专业人才培养的需要而编写的。房地产开发经营是物业管理专业的一门重要专业基础课程。从实际生产活动看，房地产开发经营与物业管理存在着密不可分的交叉关系，因此房地产开发经营课程的内容，成为搞好物业管理工作的必备知识之一。

本书由天津市房管局职工大学杨亦乔主编，南开大学经济学院博士生导师曹振良教授，内蒙古财经学院副教授、南开大学经济学院经济研究所博士生梁荣审阅了全部书稿，并提出了许多建设性意见，在此表示感谢。全书共分十章，第一章、第八章、第九章和第十章由杨亦乔编写；第二章和第六章由秦洪双编写；第三章和第四章由汪军编写；第五章和第七章由王蕾编写。

本书编写过程中，参考了有关专家、学者的论著、文献、教材，借鉴了不少专家、学者的研究成果，在此谨致深深的谢意。

由于水平有限，时间紧迫，书中难免有不足和疏漏之处，希望有关专家、学者和广大读者批评指正。

目　录

1　房地产开发经营概述

1.1　房地产开发形式与内容

1.1.1　房地产开发与综合开发

"开发"一词，最早源于英国，英文单词为"development"。本意指以荒地、矿山、水力等自然资源为劳动对象，通过人力加以改造，以达到为人类利用的目的的一种生产活动。随着现代文明的发展，开发对象已远远超出自然资源的界限，扩展到人类活动的一切领域。人类通过对劳动对象的利用和再利用，达到提高原有使用功能的目的，都属于现代开发的内涵。

房地产开发从广义上讲，是房地产开发企业，在依法取得使用权的土地上，进行包括房屋建筑和土地利用设施的生产和再生产全过程，既包括施工建筑过程，也包括房屋建筑、土地的流通过程；从狭义上讲，房地产开发指房地产商品进入流通之前的施工生产过程，它是在特定地段上所进行的具体房地产项目的规划、勘察、设计和施工及验收等开发活动。

房地产综合开发，是指根据城市建设总体规划和经济、社会发展计划的要求，以建筑物为对象，选择一定区域内的建设用地，按照使用性质，实现"统一规划、合理布局、综合开发、配套建设"的方针，有计划、有步骤地进行开发建设。房地产综合开发又称城市建设综合开发。房地产综合开发基本特征是"综合"、"配套"。综合是指在进行房屋建设的同时兼顾对地下基础设施，如给水、排水、供电、供热、燃气、通风等设施进行综合开发；所谓配套是指对住宅、工业用房、商业用房、文教卫生公益设施、园林绿化、道路交通及其他公共设施进行配套建设。

1.1.2　房地产开发经营的形式和内容

房地产开发的形式种类繁多，从不同角度进行归类，反映出不同经济内容。

（1）初次开发和再次开发

从开发的时间角度，划分成初次开发和再次开发。初次开发指对尚未被利用的土地进行开发和利用的过程，再次开发是指对已开发利用的土地或房地产项目追加投资，进行深度开发，或投资进行替代开发、转变土地用途的过程。再次开发是对旧城区或大城市某些区域进行改建、扩建的生产活动，称作旧城改造，再次开发形式一般都具有改变或扩大原有建筑地段的使用性质和功能的特点。城市房地产开发包括城市新区开发和城市旧区的再开发，新区开发是农用土地转化为"城市建设用地"的过程。旧区的开发是对城市原有"建设用地"进行再次开发的过程，在这里按开发层次进行的分类与按开发区域进行的分类恰好对应。

（2）成片开发或零散开发

从开发的规模和开发的内涵上分为成片开发和零散开发。

成片开发指开发规模大、占地面积大的开发形式。它以占有一定的区域空间为基础，往往是几条街道范围，这样为重新规划布局、道路开拓提供地域基础。在所开发的局部区域内，在进行房屋建设的同时，进行系统的基础设施和各种公共配套服务设施的建设。根据该区域建设的规划要求，提供给水排水、热力、燃气、管网、道路交通、景观绿化，还要建设幼儿园、中小学校、商业网点等，以及文化、服务设施的开发建设。开发规模可以达到一个居住小区，甚至居住区级的水平。往往是按照城市规划的意图，由政府来组织推动。

零散开发是指开发规模比较小，占地面积小的开发形式，属于小范围的改善工程，一幢楼或几座楼的水平。开发建设仅仅是就一个独立项目进行。一般都是利用原有基础设施和公共配套服务系统。这种分散开发成本相应低，但有时遗留问题较多。有的项目由于这方面问题处理不到位，造成开发项目的功能不全。有的零散建设项目，当进行成片改造的时候，有可能因为影响到总体布局需要拆毁重建，造成不必要的浪费。

（3）土地开发、房屋开发、房地产开发

从企业经营内容角度开发分为土地开发、房屋开发和房地产开发。

土地开发是指开发企业在获得了土地使用权审批手续后，通过征地或拆迁、补偿、将原有土地使用权人进行妥善安置后，将土地开发成能够进行地上建设的用地，然后将经过开发的土地使用权有偿转让给房屋开发企业的行为。

房屋开发是指房地产开发企业有偿获得熟地使用权后，按城市规划的统一要求进行房屋建设活动，然后将开发后的房地产通过租赁或出售的方式进行经营或管理的生产经营方式。

房地产开发是指开发企业独自完成从获得土地到房屋建设、转让全过程的开发经营活动。我国目前房地产开发项目大都采用这种形式。

1.1.3 我国房地产开发的发展过程

新中国成立以来，我国城市房地产建设开发历程大体上分为四个阶段。

第一阶段：统建阶段(1953～1978 年)

房屋建设采取统一建设形式是伴随着新中国成立而逐步发展起来的。在原来的计划经济体制下，城市建设包括房屋建设依赖财政拨款实行统一建设。这种统建形式自身也经历了产生和发展的过程。

新中国成立后不久，许多大中城市和新建工矿区就根据统一计划原则，统一建设住宅和其他用房。如北京市，20 世纪 50 年代初就实行统一规划和统一设计，着手成街成片地建设新居民区。1955 年开始按照"统一投资、统一计划、统一设计、统一施工、统一管理"的方针，对职工宿舍、外事用房、中小学用房等进行统一建设。从 1949 年至 1966 年共建各类房屋 533 万 m^2，平均每年建造 31 万 m^2。当时之所以采取这种统建方式，一方面受国家财力的限制，需要集中资金建设，另一方面受高度集中的单一计划经济模式的影响。

到 20 世纪 60 年代初，"统建"方式得到了进一步发展。1963 年 10 月 12 日《中共中央、国务院第二次城市工作会议纪要》中明确指出大中城市企业事业单位新建和扩建住宅，校舍以及其他生活服务等设施时，应由所在城市实行统一建设，统一管理，或者在统一规划下分建统管。1978 年 3 月，在国务院召开的第三次城市工作会议上，再次强调了统建，提出了"六统一"方针，"即统一规划、统一投资、统一设计、统一施工，统一分配和统一管理"。并且在该文件中还指出"房屋建设的方法，……各城市可根据情况积极试行和推广"。由此看出国务院肯定了统建的大方向，确立了统建的主导地位。

第二阶段：由"统建"向综合开发转变的逐步发展阶段（1978～1992年）

这个阶段以1978年12月十一届三中全会为标志，国家经济建设进入了改革开放阶段。由政府出面组织住房建设的指导原则，逐步被以开发公司为骨干的综合开发建设商品住宅的原则所取代。1980年国务院批转的《全国城市规划工作会议纪实》（1980年12月9日，国发〔1980〕299号文）中明确提出城市建设要实行综合开发，同时还明确了综合开发的适用范围、工作内容及资金来源等问题。适应范围包括新建小城市和卫星城，现有城市新建区、段和旧城成片改造地区。各地都要组建开发公司，实行企业化经营，进行综合开发。综合开发的内容，包括开发区的勘测、规划、设计、征地、拆迁、安置、土地平整和所需道路、给水、排水、供电、供气、供热、通信等工程建设。同时还可以进行住宅、生活服务设施、公共建筑、通用厂房的开发建设。建成后可以成套出售建筑物，并按土地面积和设施水平向使用单位收取开发费。开发公司周转资金的解决有三条渠道，一是从国家和地方基本建设投资中预拨，二是从银行贷款，三是向购买者预收定金。开发所需材料、设备，属于统配的列入国家和地方物资分配计划，不属于统配物资，则通过市场采购。长期以来，上述内容成为指导和推动我国综合开发建设的基本依据。于是，全国各地新型的房地产开发机构迅速崛起，原有的统建机构纷纷被取代。由统建到综合开发，随着机构名称的变化，也标志着经济运行机制的转换，开始了计划经济机制向市场经济机制的转换。一个以企业为主体，市场为导向，社会资金为依托，以配套建设、综合开发为中心的新的城市建设模式开始形成。

20世纪80年代中期，以建筑业实行体制改革为契机，以1984年第六届全国人民代表大会第二次会议为标志，房地产综合开发公司的法律地位进一步明确。在会议上所作的政府工作报告中指出，要着手组建多种形式的工程承包公司和综合开发公司，进行城市住宅区、新建工矿区及其公共设施工程的建设。由开发公司进行统一设计和配套建设。开发公司的企业法人地位也要予以法律保证。综合开发的形式受到进一步的肯定。从此，随着房地产业进入复苏和发展阶段，综合开发形式在我国城市建设中逐步处于主导地位。

1988～1992年，全国范围内推行住房制度改革，推动了商品住房的建设。

第三阶段：综合开发的迅速发展阶段（1992～2002年）

1992年，国务院发布《关于发展房地产业若干问题的通知》指出房地产业将成为国民经济发展支柱产业。掀起全国性房地产开发高潮。房地产综合开发又获得了一个新的发展机遇。1998年国务院颁发"国发（1998）23号"文件，规定1998年下半年开始停止实物分房，实现住房分配货币化。这期间房地产开发投资迅速增长。

第四阶段：土地成片开发阶段（2002年至今）

进入21世纪以后，房地产综合开发又获得了一个新的发展机遇。土地开始成片开发，房地产开发的规模、速度、水平、质量都有了一个很大的提升。房地产业的发展，已经成为影响带动和促进国民经济发展的重要产业。2002年国土资源部颁发《招标拍卖挂牌出让国有土地使用权规定》（11号令），严格禁止各类经营性用地在土地一级市场以协议的方式出让。2004年国土资源部71号令再次强调执行土地使用权招标拍卖挂牌出让的制度，并提出了有名的"8.31"大限。在土地资源价值充分挖掘的情况下，地方政府直接介入土地市场,采取土地储备方式,由人民政府国土资源管理部门成立土地储备机构组织实施土地一级开发,因而具备成片开发的实力。

1.2　房地产开发企业

房地产开发企业是按照城市总体规划,开发符合社会需求的房地产商品而获得利润,实行自主经营、独立经济核算,依法经营,具有法人资格的经济组织。

1.2.1　房地产开发企业的性质

房地产开发企业跨越生产、流通两个领域,其企业活动涉及生产经营、管理服务等多方面内容,经历房地产商品生产、交换、消费全过程。房地产开发企业的经济活动虽然涉足生产领域、生产过程,但开发企业本身并不直接进行商品生产,而是参与直接生产过程但不直接从事房地产商品的建筑施工工作。房地产商品的生产过程是由建筑企业完成的,房地产开发企业充当组织、协调、监督、配合的辅助作用。在国民经济行业分类中,房地产开发企业所隶属的房地产行业为服务类企业,即第三产业。

1.2.2　房地产开发企业的特点

不同类型企业对资金、技术、人力资本和具体组织安排需求的不同,从而导致不同类型企业间的差异。对房地产企业来说,由于房地产产品及其开发经营等的特殊性使房地产企业具有自己的特点。

(1)房地产商品露天高空作业,产品差异大

房地产开发的业态是房地产企业开发经营的基本特征。由于房地产企业最终产品的异质性,不存在两宗完全相同的房地产品,从而使房地产企业不能像一般工业品生产企业一样,统一设计标准,在室内成批生产,而需量体裁衣单件设计,露天施工。同时由于露天作业,产品生产周期长,受自然因素的影响较大,不可预见因素增加,加大了项目策划和管理的难度,从这个意义来说房地产企业风险大。然而另一方面,正因为单件生产,也为房地产企业创品牌、树诚信提供了条件,开发商可以在不断总结单项工程的基础上,从房型结构、外部造型装饰等方面设计建造更受民众喜爱的精品房,提高企业的信誉。

(2)房地产企业资金需求大,对金融行为依赖性强

房地产开发企业属于资金密集型企业。投资额大且生产周期长。一个项目,少则几百万多则上亿元,一般只有资金实力雄厚和融资能力强的企业才有能力进入这个行业。企业的资金来源于金融机构贷款,或者通过发行企业债券进行融资,再就是客户预售房款,一般占总投资的70%左右,企业自有资金占30%左右,仅相当于土地开发费用。可见,房地产业是金融机构的业务大户,故有专家说房地产金融是第二金融。

(3)房地产开发企业跨界进行资源整合组织协调

房地产商品开发过程包含若干阶段,市场调研、可行性研究、房屋拆迁、规划设计、建筑施工、市场营销、物业管理等各项工作。随着产业的发展,各个阶段的工作任务逐步形成了由独立的专业化公司完成。房地产开发企业参与开发工作全过程,虽然某阶段工作有可能交由专业公司去完成,但是项目最终负责人是房地产开发企业。房地产开发企业就像一个总指挥,组织项目运作、监管项目实施。

（4）房地产开发企业收益率高

房地产开发企业属于不动产经营者，具有获得银行贷款的行业优势。一般情况，开发企业自有资金占 30%，用这 30% 的资金可以推动 100% 的资金项目。因此，在获得与其他行业相当收益率的情况下，房地产行业的自有资金收益率是很可观的。

（5）房地产开发企业财富集聚迅速

单件商品占用资金量大，人均占用资金量大，房地产企业占用资金总量大，房地产企业资金收益率又高，正常情况下房地产企业财富集聚速度快。

（6）房地产开发企业受国家政策影响大

房地产开发企业是以土地开发和房屋开发为经营范围的生产经营企业。而住房是关系到社会民生的基本商品。因此房地产开发企业的生产经营活动往往会受到政府政策的影响。政府作为土地所有者，城市规划管理者，市场规则制定者，技术规范发布者，通过行政管理手段、经济管理手段来调控房地产行业。

1.2.3　房地产开发企业的建立

（1）房地产开发企业建立的条件

房地产开发企业的设立需具备的条件：

1）有自己的名称和组织机构；

2）有固定的经营场所；

3）有符合国家规定的注册资金；

4）有足够多的专业技术人员；

5）法律、行政法规规定的其他条件。

设立房地产开发企业，首先应当向工商行政管理部门申请登记。审查合格后领取营业执照。领取营业执照后的一个月内，到登记机关所在地的县级以上地方人民政府规定的部门备案。房地产开发企业成立后开展房地产业务还需要进行资质审查，资质审查通过后才获准开展房地产开发经营。

（2）房地产开发企业资质等级的划分

1）房地产开发企业的资质申报程序

① 进行市场调研，提出建立房地产开发企业的可行性研究报告；

② 确立公司基本架构，筹建公司，编写公司章程制度文件；

③ 确定经营场所；

④ 筹集资金，办理资信证明；

⑤ 办理工商注册登记；

⑥ 向政府房地产主管部门申报资质。

2）房地产开发企业的资质等级

房地产开发企业的资质评定依据是根据建设部《房地产开发企业资质管理规定》（建设部 77 号令，2000 年 3 月 29 日），分为一、二、三、四级和暂定资质。资质等级划分条件如下：

一级资质需要符合的条件：

① 注册资本不低于 5000 万元；

② 从事房地产开发经营 5 年以上；

③ 近 3 年房屋建筑面积累计竣工 30 万 m² 以上;

④ 连续五年建筑工程质量合格率达 100%;

⑤ 上一年房屋建筑施工面积 15 万 m² 以上;

⑥ 专业管理人员不少于 40 人,中级以上职称管理人员不少于 20 人,持有资质证书的专职会计人员不少于 4 人;

⑦ 工程技术、财务、统计等业务负责人具有相应专业中级以上职称;

⑧ 商品住宅销售中提供了《住宅质量保证书》和《住宅使用说明书》;

⑨ 未发生过重大工程事故。

二级资质需要符合的条件:

① 注册资本不低于 2000 万元;

② 从事房地产开发经营 3 年以上;

③ 近三年房屋建筑面积累计竣工 15 万 m² 以上;

④ 连续三年建筑工程质量合格率达 100%;

⑤ 上一年房屋建筑施工面积 10 万 m² 以上;

⑥ 专业管理人员不少于 20 人,中级以上职称管理人员不少于 10 人,持有资质证书的专职会计人员不少于 3 人;

⑦ 工程技术、财务、统计等业务负责人具有相应专业中级以上职称;

⑧ 商品住宅销售中实行了《住宅质量保证书》和《住宅使用说明书》制度;

⑨ 未发生过重大工程质量事故。

三级资质需要符合的条件:

① 注册资本不低于 800 万元;

② 从事房地产开发经营 2 年以上;

③ 房屋建筑面积累计竣工 5 万 m² 以上;

④ 连续三年建筑工程质量合格率达 100%;

⑤ 专业管理人员不少于 10 人,中级以上职称管理人员不少于 5 人,持有资质证书的专职会计人员不少于 2 人;

⑥ 工程技术、财务等业务负责人具有相应专业中级以上职称,统计等业务负责人具有相应专业初级以上职称;

⑦ 商品住宅销售中实行了《住宅质量保证书》和《住宅使用说明书》制度;

⑧ 未发生过重大工程质量事故。

四级资质需要符合的条件:

① 注册资本不低于 100 万元;

② 从事房地产开发经营 1 年以上;

③ 已竣工建筑工程质量合格率达 100%;

④ 专业管理人员不少于 5 人,持有资质证书的专职会计人员不少于 2 人;

⑤ 工程技术业务负责人具有相应专业中级以上职称,财务负责人具有初级职称;

⑥ 商品住宅销售中实行了《住宅质量保证书》和《住宅使用说明书》制度;

⑦ 未发生过重大工程质量事故。

暂定资质:

新成立的房地产开发企业在领取营业执照后 30 天内到房地产开发主管部门备案进行资质审定，条件符合者可以核发《暂定资质证书》，有效期一年。

3）房地产开发企业资质管理

房地产开发企业资质等级实行分级审批。一级资质由省、自治区、直辖市建设行政主管部门初审，报国务院建设行政主管部门审批；二级资质及以下企业审批办法由省、自治区、直辖市建设行政主管部门制定。经资质审核合格的企业，由资质审批部门发给相应等级证书。

房地产开发企业的资质每年核定一次，各级开发企业要按照资质证书确定的范围从事房地产开发业务。一级资质的房地产开发企业可以在全国范围内开展房地产开发项目，承揽的项目规模不受限制；二级资质（含以下）的房地产开发企业可以承揽 25 万 m² 以下的开发建设项目。

1.2.4 房地产开发企业的组织结构

根据企业组织设计原则并结合房地产企业的实际，房地产开发企业适用的组织结构是 U 形结构，又称为功能垂直形结构。如图 1-1 所示。

U 形结构的特点是，企业的生产经营活动按照功能分成若干垂直管理部门，每个部门直接对企业最高领导者负责，企业决策实行高度集权。

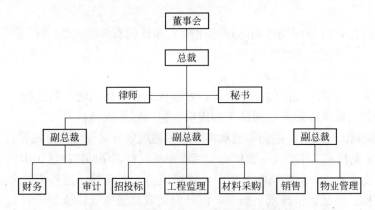

图 1-1 房地产开发企业的 U 形组织结构

U 形结构的优点是集中统一，各部门间协调性好，总部直接控制和调配资源，有利于提高资源的利用效率，决策迅速，且贯彻有力而彻底，缺点是企业领导者缺乏精力考虑企业长远的战略发展规划，陷于日常事务而不能自拔，随着企业规模的扩大，行政机构越来越庞大，导致信息传递效率下降，管理成本上升。

房地产开发企业较常见的另一种组织形式是 M 形结构，它是以企业高层管理者与中层管理者之间的分权为特征的。

在这种结构中，房地产开发企业根据开发项目确定若干个项目经理，企业最高管理层授予项目经理很大经营自主权，全权负责项目开发过程的组织和管理工作，项目经理下设自己的职能部门，如销售、工程技术等。企业最高领导层负责战略决策，不过问日常的经营活动，项目经理直接对公司总经理负责。有时某些公司会设一个决策部门以协助最高领导层的工作，但对较小的企业来说并非必要，M 形组织结构如图 1-2 所示。

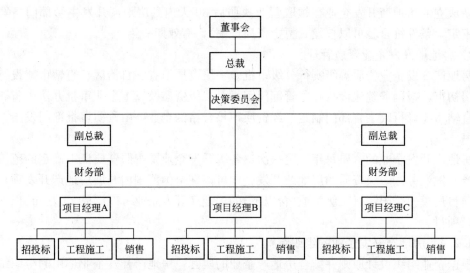

图 1-2　房地产开发企业的 M 形组织结构

M 形结构的优点是：(1)企业领导者从繁重的日常事务中挣脱出来，集中力量策划企业长期发展战略，并监督项目经理的经营业绩。(2)具体的经营决策由相对独立的项目经理做出。

需要指出的是，M 形结构适用于规模比较大并且拥有多个开发项目的房产开发企业。规模较小的企业，采用 U 形结构更合适。

1.2.5　房地产开发企业的人员配备

各种专业人员和管理人员的合理配备，才能保证开发活动的顺利进行。

一个典型的房地产开发企业的员工构成应该包括以下人员：

(1) 建筑规划设计人员。他们一般承担开发用地规划方案设计，建筑设计，建筑施工合同管理，组织定期技术工作会议，提供施工所需图纸资料，帮助解决施工中的技术问题。

(2) 工程技术人员。包括结构工程师，建筑设备工程师等，这些不同专业的工程技术人员除进行结构、供暖、给排水、照明，以及空调或高级电气设施的设计外，还参与合同签订，建筑材料采购，建筑设备订购，施工监督等工作。

(3) 工程监理人员。他们的任务是通过核实工程量，进行工程进度款签证，控制设计变更，审核工程结算来控制成本，通过运用网络计划手段、监督施工组织设计和进度计划等来控制工期；通过对主要材料、构配件和设备质量的检查，对施工现场工序操作检查，隐蔽工程验收、竣工验收等手段来控制施工质量。

(4) 景观设计师。通过园林绿化、景观小品、水景灯光等手段的利用，给居民创造一个秀美、协调、舒适、和谐的人居环境。

(5) 会计师。他提供财务安排或税收方面的建议，包括工程概、预算，融资计划等，并及时向公司高层管理人员通报财务状况。

(6) 经济师。他们负责开发项目成本费用估算、编制工程概、预算计划，进行成本控制等。

(7) 估价师。他的任务是对开发项目在租售之前进行估价，确定市场能接受的租金或价格水平。

（8）市场营销人员。他们的职责是预测市场需求状况，制定与实施租售策略，推销商品房，办理租售手续等。

（9）公共关系人员。他们的任务是协调企业与外部环境的关系，塑造良好的企业公共形象，提高企业员工的凝聚力、向心力，培养企业文化。

（10）律师。律师负责处理开发过程中出现的各种法律问题，比如代理签订土地使用权出让或转让合同、施工承包合同、监理合同、销售或租赁合同，解决法律纠纷等。

除了上述专业技术和管理人员外，房地产开发公司还要配备一些初级管理人员，技术工人和行政办公人员。需要说明的是，并非所有房地产开发公司的人员配备都要如此齐整，有时也可以通过委托专业公司或中介机构来完成某些技术和管理工作，例如建筑设计、施工监理、销售等。这样做可能会更加节省费用。有些岗位不一定都要设专人定岗，不同岗位职能是需要员工能够同时兼做，如公共关系、律师、估价师、工程监理，人们从事的岗位不同，而所需的专业知识是相通的。

1.3 房地产开发程序

房屋是人们从事生活、学习、社交乃至工作的小环境，兼有生存资料，发展资料和享受资料的各种功能。因而，房地产的开发建设不仅是满足人们生活的必需条件，也是维持社会劳动力再生产和整个社会正常运转的重要条件，在房地产业的运行、发展和实施中占有极为重要的地位。

城市房地产开发建设程序，即指住宅从策划到可行性研究再到动工建设的全过程，涵盖住宅开发建设的各项实际操作细节。在我国现阶段，一般需经过以下四个阶段八个步骤：

1.3.1 决策阶段

即通过选址区域的分析研究，决定是否进行住宅开发建设，并向政府主管部门申请建设用地。具体分为两步：

第一步：进行开发区可行性研究，即立项，选定开发区的具体地点。

住宅开发投资项目可行性研究，主要是对项目进行经济分析，评估其社会经济效益，即看其经济上是否划算。为此要对影响投资项目经济效益的各个因素逐一分析，综合判断，考虑项目是否可行。这些影响因素主要有：(1)土地供给状况和质量。住宅开发项目的用地来源有两项：一是征用农用集体所有土地；二是旧区拆迁改造土地。土地位置的优劣直接影响开发项目的投资收益，是影响决策的首要因素。(2)建筑材料供给状况及价格水平。建筑材料的供给价格、数量及质量，无论是国家计划供应还是直接购于市场。都对成品房的价格有很大影响，直接制约其经济效益。(3)施工队伍的数量与素质。我国劳动力市场人员充足，拥有一支数量庞大的农村建筑队伍，但素质普遍较低，因而从特殊技术要求来看，施工力量反而欠缺，影响住宅建筑质量和经济效果。(4)资金与利息率。房地产开发需占用巨额资金主要来源于开发公司自有资金、银行贷款和预售房款，银行贷款受国家信贷计划限制，预售房款受销售市场购买力限制，因而资金不足的问题对住宅开发影响很大，直接关系到项目能否顺利实施，而利息更是直接影响到项目投资成本和公司的经济效益。(5)住宅市场需求状况。住宅市场需求量增加，则住宅价格上涨，有利于立项投资，反之则住宅价格下降，不利于立项，除以上影响因素外，住宅商品建设周期、住宅开发商品房出房率，政府政策等因素也影响着投资项目的最终收益，对项目进行分析评定时都要考虑在内。

通过对不同项目各影响因素的具体研究，最终判定可以投资的项目，从技术与经济两个方面进行全面系统分析，结果写成可行性研究报告，为做出正确投资决策和实现决策科学化提供理论依据。

可行性研究报告应包括以下 11 个方面的内容：

(1) 工程概况。工程概况包括工程名称，地理位置，工程所在地周围环境条件，工程的主要特点和开发建设该工程的社会经济意义。

(2) 基本数据。基本数据包括工程总面积规划要点，建设项目所占土地的原来使用状况，占地面积，需拆除的房屋面积、产权、间数、建筑物性质、需要安置的原住户人数和人口状况，拟建工程建筑物主要参数指标，投资总额及其他材料等。

(3) 成本估算。预算住宅项目所需的各项费用，这些费用主要有：土地征用费、拆迁安置费(包括拆迁费用、赔偿费用、安置费用等)、前期工程费，(包括详细规划费、房屋鉴定费、钻探费、购图、晒图费、设计费、临时水电费、场地平整费)、建筑安装费、室内外热网设计安装费、小区配套费、管理费等。

(4) 项目开工、竣工日期和进度的初步安排。

(5) 资源供应。包括资金筹集和投资使用计划；主要建筑材料的采购方式和供应计划；施工力量的组织计划。

(6) 市场分析。包括市场需求预测；销售价格分析；销售方式、渠道、对象及计划等。

(7) 财务评价。财务评价即效益分析，包括销售收入、税金、利润预测、还贷能力及平衡预算，现金流量分析，财物平衡分析及投资规模，规划设计修改及原材料价格变化因素的影响。

(8) 施工手段和工程周期。

(9) 风险分析。即对社会、经济、政策等方面可能出现的影响，资源供给可能出现的不协调，以及成本、市场可能出现的变化做出分析。

(10) 国民经济评价。

(11) 结论。即对开发项目做出充分评价后，要提出明确意见，确定方案是否可行。

第二步：向政府土地管理部门申请建设用地。

对拟投资的住宅项目进行立项，并做出可行性分析研究之后，开发单位应立即向城建土地管理部门提出申请，要求审批通过项目开发所占用土地的规划使用权。

1.3.2　前期阶段

住宅开发建设的前期阶段，即对项目所在地进行建设规划及为动工建造进行施工场地平整工作的阶段，这一阶段主要包含以下几个步骤：

第三步：征用土地，拆迁安置。

政府土地主管部门批准开发单位的用地申请之后，下面要做的便是对项目所在的土地实施征用，并对原地上建筑物进行拆迁和安置原住户。

我国土地有两种所有权性质：农村集体所有制土地和城市全民所有制土地，在我国当前体制下，城镇全民所有制土地征用大体经历如下过程：

（1）开发公司提出开发项目立项报告，经市规委、建委批准立项后列入计划。

（2）开发公司出具批准立项文件，向市规划局申请开发选址。

（3）市规划局初步划定用地范围、面积，并向原用地有关部门发出建设用地征询意见表。

（4）市土地管理部门根据规划初步定点，拟办补偿安置方案。

（5）开发公司陪同规划、市场、土地等有关部门勘察地形，了解地貌，最后确定征用范围。

（6）开发公司与原用地单位，当地政府商谈征地补偿安置方案书。

（7）开发公司与区政府商谈劳动力安置办法。

（8）区政府有关部门根据被征地单位有关情况，设置征地补偿安置方案书。

（9）开发公司与被征地单位签订土地征用初步协议。

（10）市土地管理部门在补偿安置书上签署意见。

（11）市规划局审核征地文件，协议，筹拟征地批复文件。

（12）市规划局审批确定开发区详细规划。

（13）市规划局，土地管理部门将征用土地问题提交市政府讨论后颁发正式文件。

（14）市规划局根据政府批文核发处理用地有关文件。

（15）区政府组织有关部门具体办理征地事项。

（16）开发公司缴纳征地占用税、新菜地开发基金。

（17）在土地管理部门的主持下，被征地单位向开发公司正式移交土地。

农地征用则与城镇土地征用不同，因为农村所有制土地属于农村集体生产队所有，非全民性质，征用农村土地时，城镇土地管理部门直接出面，在当地政府主管部门的配合下，与原用地单位洽谈，按"土地管理法"条例代表国家实施征用，并由开发单位付给被征用单位足够的土地补偿费和安置补助费。

城镇全民所有土地实施征用后，要对地上建筑物进行拆迁，并补偿安置原住户，拆迁与安置工作是旧区住宅开发的主要环节，一般遵循如下程序。

（1）调查核实。即通过派出所、房管站核实拆迁，区域内的常住人口及住房情况，主要包括：人口结构，年龄结构，职业、工作单位，住房建筑面积、住房使用面积等。

（2）确定拆迁方案。落实搬迁原住户，拆除旧房方案。

（3）确定安置方案。将拆除片内住户户型、户室面积进行分类排队，将新建房按套型、建筑面积顺序排队，对照考察安置房供给情况。

（4）拟定所需要费用计划。拆迁安置费用包括摸底费，搬迁补偿费，投亲靠友补偿费、提前搬迁奖励费、私房补偿费、租赁周转费、拆迁安置承包劳务费等。

（5）申请拆迁。开发公司将有关文件报清政府有关部门批准，领取拆迁许可证后，由政府主管部门拟定动迁公告并与开发公司签订承包合同。

（6）签订拆迁安置协议。开发公司与拆迁人签订安置补偿协议书，报送拆迁主管机关备案或公证部门公证。

（7）实施居民搬迁。逐户落实居民的迁移活动和特殊问题的处理。

（8）房屋设施拆除实施。开发公司在指定期限及范围内，将原有建筑设施拆除。

(9) 拆迁安置中的纠纷处理。

第四步：对住宅开发区进行规划设计，判定最优建设方案。

开发区拆除安置工作完成后，要对住宅进行系统规划和综合设计，居住区规划涉及面较广，一般应在符合总体规划要求下，按照城市局部地区详细规划设计进行，并尽量满足住宅区建设的多方面要求，包括：使用要求，即应为居民创造一个生活方便的居住环境；卫生要求，保证住宅区内的卫生与安宁；安全要求，尽量减少或避免各项事故的发生隐患；经济要求，即居住区规划建设应与国民经济发展水平和居民生活水平相适应；施工要求，要有利于施工的组织与经营。

根据住宅区的开发建设，确定具体建设实施方案。建设方案的制订要根据开发工程施工的内在规律，注意使各建设项目的布置适应施工要求和建设程序，建设项目包括住宅区基础设施、住宅楼实体、住宅区各项配套设施等。通过分析签别，科学制订施工计划，选择最优施工方案，尽量做到周期短，质量高，效益好。

第五步：施工现场"三通一平"或"七通一平"。

对住宅开发区进行详细规划并选择确定最优建设方案后，便要开始动工建造。开发区工程施工一般从基础工程入手，而基础工程建设应以土地开发为先导。

土地是房屋的载体，土地开发是房屋开发的前提，房地产工程施工开工以前的准备工作一般被称为"三通一平"或"七通一平"。三通一平是指对开发区进行通水、通路、通电和场地平整，如果开发区规划面积较大，对基础设施要求较高，则应做到"七通一平"，即通路、通电、通气、通暖、通信、通供水、通排水和场地平整。

(1) 通路：修筑好通往开发区域的专用铁路、公路和码头，及开发区内的各项主干道路，保证工地内道路通畅，运输方便。

(2) 通电：修好通往开发场地的输电、配电设施，按施工组织设计要求，架好连接电力干线的供电线路及开发区域内的用电线路和电讯电路。输电管网采取树枝状或环状布置。

(3) 通气：铺设煤气，液化石油气管道。煤气管网多采用地下铺设。

(4) 通暖：采取热电厂供热和区域锅炉房供热，管网一般采取地下铺设。

(5) 通信：修好开发区内的电话线路，保证住宅区与外界的信息通畅。

(6) 通排水：排水系统有分流制与合流制两种形状，视规划和原有排放形式而定，新的排水系统多采用分流制树枝状管网，管线保持一定坡度；靠重力自流。

(7) 通供水：给水管网按树枝状或环状方式布置，管网大小根据对水的需要决定，埋设深度则根据管径大小、管材强度、外部负载、本地气候等因素确定。

(8) 场地平整：根据计算标高和土方调配方案进行现场土地平整，以便于土方的机械化施工和水、电、路的修筑与敷设。

1.3.3 建设阶段

即前期工程准备完成以后，由住宅开发单位选择建筑承包单位，依住宅区详细规划，对小区内的住宅进行施工建造的阶段。这一阶段实际包含以下步骤：

第六步：通过招投标、发包工程，进行施工建设。

建设项目招投标是工程管理体制的一项重大改革，实践证明它是进行工程管理的一种好的方法。

招投标包含招标发包和投标承包两个方面。投资公司或项目主管部门为工程项目发包者，以公开形式、按自己的需求选择开发公司，工程承包公司作为建设工程发包者，以公开形式择优选择投标承包者。建设工程招标发包可以是工程全过程，也可以是工程个别阶段，如勘察设计招投标，材料设备招投标，工程施工招投标等，通过招标确定施工企业后，即开始小区住宅的建设工程。小区住宅的施工建造由工程承包单位负责，开发公司主要是以组织、协调者的身份介入建筑工程施工管理。施工管理所应完成的主要任务为：

(1) 项目组织与协调工作

1) 选择施工供应等参建单位，制订各参建单位往来应遵循的原则。

2) 落实项目施工阶级的各项准备工作，如落实设计意图，选定施工方案，审定材料与设备供应品种及供应方式。

(2) 费用控制

主要包括编制费用计划，审核费用支出，研究节支途径。

(3) 进度控制

主要进行进度分析，适时调整计划，协调各参建单位进度。

(4) 质量控制

提出质量标准，进行质量控制，处理质量问题，组织工程验收等。

施工过程中还要有各专业性工程监理机构或开发公司自身的监督部门对开发项目实行监督和管理，被监管对象为建筑商在工程中的技术经济活动，要求以上活动必须符合有关的技术标准，部门规定和法律规章等。

工程监理的内容包括以下几个方面：

1) 审查工程计划施工方案；

2) 监督施工全过程；

3) 整理合同文件及技术档案资料；

4) 提出竣工报告和处理质量事故。

1.3.4 竣工阶段

住宅小区内全部基础设施，住宅实体及公用配套建设完工后，即进入竣工阶段。在这一阶段内，主要完成对住宅小区的竣工验收，付诸使用工作；并要对售后住宅实施管理，主要包含两个步骤：

第七步，竣工验收的主要步骤为：

(1) 建筑施工完成以后，施工单位和开发公司递交竣工报告，设计单位提交工程有关图纸文件。

(2) 开发公司根据图纸，隐蔽工程验收报告关键部位施工纪录检验工程施工质量。

(3) 开发公司为主，并同使用单位、施工单位、监理单位、设计单位等共同检查项目完工情况及图纸资料。

以上验收全部通过后，即由验收单位填具验收证书，质量监督管理部门发给工程质量等级证书，住宅项目即可交付购房者使用。

第八步：居住区使用管理。有些开发区设有房管部门，经营房屋的出租与管理，接管开发的房屋，对这类开发公司适用这一步骤，其余未设房管部门的公司则没有这一步。

至此，住宅开发建设的四个阶段八个步骤全部完成，实际开发时不一定完全遵循以上介绍的步骤，但它基本反映了我国目前住宅开发的模式和过程。开发单位进行住宅开发项目时，应基本依照以上步骤，因势利导、循序渐进，保证施工项目的合理组织和适当安排则必能较好依照小区详细设计规划，完成预定任务。

1.4　房地产经营的特点与形式

房地产经营是房地产行业的流通环节。它是连接房地产的生产和消费的桥梁。它关系到房地产的价值能否顺利实现。保证房地产再生产实现良性循环。

1.4.1　房地产经营的涵义

经营，即筹划、谋划的意思。指经济活动中的统筹规划经营决策，包括确定经济活动的目标，计划方针和实现目标的战略、策略、经营时机等方面的内容。

房地产经营就是要确定房地产经济活动的目标和实现目标的战略、策略，以最小的投入获取最佳的效益。广义的房地产经营指房地产开发活动的全过程包括房地产生产过程的开发环节，流通环节的营销活动和中介服务活动，和消费环节的物业管理服务活动。狭义的房地产经营指流通环节的营销活动。包括土地的出让、转让和房屋的出售、出租。

1.4.2　房地产经营的特点

房地产经营与其他商品相比，具有许多不同点，认识这些不同点，有助于提高房地产经营的效果。

（1）房地产经营的一般特点

1）房地产经营对象具有空间的不可移动性。其他商品在市场上进行交易，一般随着交易的结束，商品发生位移。而房地产在成交后，其地理位置不发生变动，即不发生物流。

2）房地产成交金额巨大

一般来讲房地产价值大，而成交金额巨大。

3）房地产交易个性差异大

普通产品一般都按一定的设计标准，从工厂成批生产出来。而房地产品是包含土地，周围环境在内的整体概念，个性差异大。

（2）房地产经营呈现垄断竞争性

房地产经营的性质由于房地产市场的性质决定的，房地产市场属于垄断竞争市场。

（3）房地产经营具有区域性

其他商品经营，同类产品具有可比性，在市场机制作用下，通过流动形成互补，因此形成一个统一市场。房地产市场具有区域性，其交易一般都是在本地区范围。不同区域产品价格差距虽然很大，但又不可能形成互补。所以房地产经营只能在一定地域内开展。

（4）房地产经营具有消费和投资的双重性

一般商品的消费，其价值形态和实物形态随时间的延续而逐渐损耗。而房地产的消费有时反而会增值，具有投资效应。同时，房地产的投资和消费与一般商品的供求规律也不同。有时候表现为投资和消费价格同时上涨。这种现象，西方称之为"雷却得效应"（Ratchet effect）不考虑投机因素，房地产消费者一般同时具有投资与消费两种心理。

(5) 房地产经营具有反经济循环特点

在一般情况下，当经济不景气时，市场不稳定，大量资金涌向房地产行业，以求保值，房地产市场转向繁荣；当整个经济处于繁荣状况时，大量资金被其他部门吸收，房地产市场转向平稳。房地产经营状况与经济循环成相反方向变动。

(6) 房地产经营价格具有较大刚性

我国房地产市场的形成，是一个渐近的过程。房地产价格短期内在供求关系的影响下升降变动比较大，而供求关系往往受政策影响，从长期趋势看，由于土地的非再生性、稀缺性，房地产经营价格表现为上升的趋势。

1.4.3 房地产经营的形式

按经营的对象划分，可以分为房产经营和地产经营。

(1) 房产经营和地产经营

1) 地产经营

土地使用权的出让、转让、出租、抵押的流转过程。地产经营的层次从行政主体上的差别分为两个层次，出让经营和转让、出租、抵押经营。前者是地产权的纵向流动，属于一级土地市场，由国家垄断。后者是土地使用者之间的再转移行为。转让包括出售、交换、赠等。转让、租赁、抵押属于土地使用权横向流通，属于二级土地市场内容。是垄断竞争型市场。

2) 房产经营

房产经营是相对于地产经营而言，本来房地是不可分离的，二者是一个统一体，但二者又有各自的特点，从理论分析的角度，可以进行单独研究。

房产经营的主要形式有出售、出租及抵押。房屋作为商品出售是其基本的价值实现形式。房屋租赁是指房屋所有者将商品房屋使用权出租给承租者使用，承租者定期向出租者交纳租金的行为。房屋抵押是指房屋所有人将其房产所有权向资金持有人抵押，以取得贷款的行为。

(2) 按经营规模和经营方式划分，可以分为专项经营、综合经营、集团经营和跨国经营等。

1) 专项经营：指专门从事某一方面、某一环节的业务内容的经营形式。

2) 综合经营：指同时以多项房地产业务为工作内容的经营形式。

3) 集团经营：指从事土地以及基础设施、房屋开发、工程管理、销售、出租、修缮管理等全面服务的企业集团的经营形式。

4) 跨国经营：指通过国与国之间合资、合作、到国外投资等形式开展的业务活动。

(3) 按活动发生的不同过程划分，分为房地产开发经营、房地产流通经营和房地产消费及使用经营。

1) 房地产开发经营。发生在房地产开发过程的所有经济活动的总称。包括土地、房屋和配套的开发、再开发。

2) 房地产流通经营。主要指土地使用权出让、转让、租赁、抵押及房屋的买卖、租赁、抵押等经济活动。

3) 房地产消费及使用经营。主要指物业管理服务。包括经租管理和使用管理。

1.5　房地产开发经营与物业管理

房地产开发经营与物业管理同属于房地产行业，二者相互依存、相互影响，不可分离。

1.5.1　房地产开发经营与物业管理的关系

（1）房地产商品社会再生产的实现需要房地产开发经营与物业管理两个行业的相互配合。

房地产开发经营与物业管理处于社会再生产不同领域，房地产开发企业横跨生产和流通两个领域，经历生产、交换两个环节，而物业管理处于消费环节，因此房地产开发经营与物业管理都是房地产商品社会再生产过程的一部分，它们共同完成了房地产商品社会再生产的全过程。一旦一个环节出了问题就会影响社会再生产全过程的顺利实现。房地产开发经营与物业管理相互依存、相互影响，密不可分。正是由于有了房地产开发经营，才有了今天城市高楼大厦林立，有了物业管理才有了物业良好面貌的保持。因此房地产开发经营与物业管理应当协调发展。

（2）房地产商品的投资效益有赖于房地产开发经营企业与物业管理企业携手共助。

房地产商品投资，首先需要开发企业提供给消费者具有升值潜力的优质商品，优良的环境。由于房地产商品具有耐久性特点，使用年限长，因此消费过程中维修养护问题是消费者必然要考虑的重要事情。这个问题没有切实的保障就会产生后顾之忧。物业管理企业充当了这一职能，加强物业管理，搞好物业的维修养护，确保物业处于良好状态，使用功能能够正常发挥，延长物业的使用寿命。同时，通过物业管理还可以提供公共服务、专项服务、特约服务，提高和改善物业的使用功能，提高物业的舒适度，实现物业的保值增值，提高物业的投资效益。

（3）房地产商品的品牌建设需要房地产开发经营企业与物业管理企业共同努力。

房地产开发企业要创建自己的品牌，要通过自己开发的房地产商品来实现。所开发的房地产商品要能够经得起时间的考验，始终受到消费者的青睐，成为消费者信得过的商品。因此，做好售后服务成为房地产开发企业树立企业信誉的重要环节。开发的产品好，需要后续提供高水平的管理服务，更大的投入，维系好企业与业主的关系，在树立物业管理企业形象的同时，也维系了开发企业的品牌形象。

（4）房地产开发经营与物业管理企业错位结合有序交接。

房地产开发经营与物业管理企业不仅仅是一种衔接关系，而且还存在着实际的错位联系。开发商要为物业管理企业提供物业办公用房、会所、活动场地、各种公共设施设备。这些设施设备是物业小区的重要组成部分，是全体业主的共有财产。这样的物质基础是物业管理企业搞好社区文化建设所必需的，也是物业管理企业自身难以解决的。而开发商不过是把这些开支打到房价中。物业管理企业要派员到开发环节早期介入，为了在开发环节更多的考虑日后物业管理的需要。

1.5.2　房地产开发企业对物业管理的投入

房地产开发与物业管理有着历史的渊源。物业管理的产生是在我国实行商品房开发形式以后。自 1994 年起，建设部 33 号令要求凡是新建居住区都要实行物业管理。因此最初的物业管理是通过开发企业推动的。房地产开发企业要按照房地产行政主管部门的规定，对物业管理进行一定的投入。

（1）理念与行动的投入

具有长远发展眼光的房地产开发企业，已经充分认识到物业管理服务的重要作用。认识到物业管理服务对开发经营的重要影响。把物业管理服务作为房地产开发经营整体战略的一部分。甚至把物业管理作为房地产开发项目的一个卖点。有了这样的思想认识，才能够自觉地把开发经营与物业管理作为一个整体来考虑。在开发经营过程中相关环节，始终把物业管理作为一个重要问题来考虑。一方面开发企业要顺应房地产市场的发展，开发的房地产商品更加人性化，更加适合消费者消费的要求，这种意识与物业企业的服务意识是一致的。另一方面，开发企业对所开发的房地产项目也会从售后管理的需要角度考虑，从而给物业企业提供了更多的便利。这种关联性的影响，从房地产开发企业最初的开发活动中就存在。比如规划设计阶段，规划设计要执行国家建筑设计规范标准。而国家规范标准是指导性的，执行中有一定的弹性幅度，如果执行国家标准的同时考虑了项目实际情况，就会给后期的管理提供有利的物质基础。否则会造成后期管理难以解决的问题。比如车位率水平定的恰当，就会避免出现存车难问题，消防通道占压，道路拥堵等。再比如绿化率，有的开发企业项目以此为卖点，绿化水平设置高于国家规范标准。为创造一个宜居环境提供基本条件。工程施工阶段，工程选材，管道处理，技术手段采用等，处理的是否恰当，最终在物业使用中反映出来。所以开发企业关注工程质量，维护产品信誉，为物业管理奠定良好基础。物业销售阶段，签署房地产商品购买合同，同时还要签署物业管理规约。为了物业管理工作的开展，提前做好准备工作。

（2）物质条件与资金的投入

1）物业管理用房

办公地点是一个居住小区的物业管理首先要具备的基本条件。按照商品房开发要求，作为开发项目的一部分，归全体业主所有。留给物业企业的管理用房状况，关键还是在开发企业。行业管理政策规定弹性是很大的。管理用房包括办公用房、业主会馆，娱乐场所等多种用途，是物业企业开展多种活动的重要场所。提供物业管理用房是开发企业对于物业管理的一种支持。

2）物业启动资金

新建居住区实行物业管理，开发企业不仅要准备好物业管理用房，还要提供物业管理的启动资金，作为购置物业管理所用固定资产，添置设备、设施。目前没有一个全国统一的文件规定，一般由地方政府根据当地的实际情况自行规定。北京市政府1995年21号令《北京市居住小区物业管理办法》第十四条规定，新建居住小区开发建设单位要按照建安费2%的比例向小区业主委员会或物业管理企业交付物业管理启动经费。在以后的物业管理活动中，不管物业管理企业如何变动，这笔启动资金仍然存在，仍然用于小区物业管理。

3）物业维修基金

为了给物业共用部位，共用设施设备保修期后的大、中维修、更新、改造筹集专项资金，建设部、财政部1998年11月联合发文213号文件《住宅共用部位共用设施设备维修基金管理办法》规定，商品住房出售后应当建立专项维修基金。维修基金由购房者按一定比例向售房单位交缴。维修基金归全体业主所有。《物业管理条例》对物业维修基金也做了缴纳范围的规定，住宅小区内住宅业主、非住宅业主都要缴纳物业维修基金。目前在具体做法上各地存在一定差异。由当地政府制定实施条款，不少地方是向业主和开发商双方收取。收取比例占到房屋建筑面积成本价格的 1%～5%。新建小区短期内用不上这笔钱。在存续期内还会产生利息。它是小区发生重大维修事项的资金保障。

4) 配套服务设施建设

开发企业要为居住区的建设提供相应的配套服务设施。比如，幼儿园、托儿所、小学、中学、医院、邮局、居委会、派出所、商店、副食店。服务设施配套完善才能够保障居民的生活质量水平，创造一个宁静、祥和、舒适的居住环境。有些配套服务设施按规定开发企业是要无偿提供的，落实到什么程度，现实当中差别是很大的。配套服务设施是影响居住环境的重要物质基础，一个良好的人气氛围是搞好物业管理服务的重要条件。

1.5.3 物业管理企业对房地产开发的参与

房地产开发过程与后期物业管理中出现的问题有着种种联系，为了给物业管理工作提供更好的环境条件，开发企业邀请物业企业早期介入到开发过程，从物业管理的角度，对小区开发过程各个主要环节提出建设性意见，充分反映用户的使用要求和物业管理工作的管理要求。主要从三方面入手：规划设计，建筑施工，接管验收。

(1) 规划设计阶段

物业管理企业参与规划设计，他们从业主、使用人和物业管理者的不同角度，根据以往实践中的经验，对发现的规划设计上可能产生的各种问题和缺陷，向开发商提出建议意见，以咨询报告的形式提交。藉此物业管理企业与开发商可以进行直接沟通，有利于以后的协调与合作。

(2) 建筑施工阶段

物业管理企业在日常管理实践中，对物业使用中经常出现的工程质量问题都很清楚。物业管理企业在工程施工阶段的参与，有利于避免工程施工中处理不当，给日后遗留下工程质量问题。

1) 确保施工质量

施工阶段，开发公司、监理公司、物业公司、施工企业分别从不同角度对施工质量负责。物业公司从方便使用角度，为业主提供一个良好的环境条件。从管理角度分析物业建造过程中的选料，安装，减少遗漏工程，改善设备的使用管理，及时指出问题及隐患。这样做减少物业企业接管后的质量风险。

2) 有利于对新建物业情况的掌握

物业管理企业派员参与工程施工过程，有助于对物业建筑状况的了解。物业的内部结构如何，水、暖、电、通讯管线的走向，隐蔽工程的处理，各种设施设备性能、安装过程，采用的材料、质量，这些很具体的情况只有当事者才能够熟悉。情况熟悉了才能够在使用过程中出现问题时处理的更好。

3) 保障物业良性开发

对于建设单位来讲，物业企业从规划设计、施工监理，到接管验收，以业主和使用人和物业管理人的双重身份参与开发过程，协助开发企业共同保障物业的质量和适用性，保障物业交接顺利，使房地产开发和售后服务无缝衔接。

（3）接管验收阶段

开发经营中所涉及的物业属于新建物业。新建物业的接管验收发生在开发企业与物业管理企业之间。这一阶段业主尚未入住，虽然物业企业是由开发企业来聘任，但物业企业应当站在业主的立场，代表业主的利益，行使接管验收的权利。现实中物业管理企业有可能从这一阶段才开始介入，没有经过前几个阶段的磨合，接管验收是物业质量保障的最后一道重要关卡。物业管理企业如果不进行严格的承接验收，日后在物业使用中问题才暴露出来，到那时问题会更加复杂化，产品质量责任、施工安装责任、管理维护责任、使用不当责任会纠缠不清，互相推诿。在验收阶段发现的问题会容易解决的多，拖延会影响到当事者各方的利益。因此物业企业一定要重视这项工作，选派最得力、最有经验人员参与接管验收，避免遗漏任何质量问题，给自己物业管理工作打下良好的基础。

复 习 思 考 题

1. 房地产综合开发的形式和内容是什么？
2. 我国房地产开发的发展过程。
3. 简述房地产开发企业的组织结构及特点。
4. 房地产开发经营与物业管理的关系。
5. 房地产开发企业对物业管理的投入。
6. 物业管理企业对房地产开发的参与。

2　房地产开发项目市场调查

随着房地产市场的发展和完善，"以销定产"成了符合市场经济客观规律的一条重要法则，越来越多的开发企业开始把现代市场营销学的理念引入到房地产开发项目的策划过程中，所以也有人将房地产开发项目策划直接叫做"营销策划"。市场营销最核心的观念是"了解需求、满足需求"，即企业通过市场调研了解潜在市场的需求动向，进行市场细分和选择目标市场，并运用企业可以控制的营销组合手段——产品策略、定价策略、分销策略和促销策略(简称 4P 组合)去充分满足目标市场的需求，以达到供需双方的价值最大化。可见市场营销几乎涵盖了企业的全部生产经营活动，所以房地产开发项目的策划也应始终在市场营销理论的指导下进行，从市场调研和分析入手，充分了解目标市场需求的特性，寻找投资机会，并对比可能存在的风险，筛选投资机会，提出完整的开发方案。

2.1　房地产市场调查概述

在市场营销过程中总会遇到各种各样的问题，涉及市场环境、消费者、产品、企业经营状况、广告和销售等诸多方面。发现并解决这些问题有助于提高企业的营销水平，这就要依靠市场调研。

所谓市场调研就是针对市场营销中的问题进行信息收集、分析和研究，然后向企业提出解决问题的策略和方法。可以说，市场调研是一切市场决策的基础。

由于房地产项目具有生产一次性、位置固定性和投资大、变现能力差等特点，使房地产成为风险较高的一种投资。再加上影响房地产市场营销的因素复杂多变，因此，不仅在项目可行性研究阶段要做充分的市场调研，而且在实施营销计划过程中也要有针对性地进行市场研究，及时解决存在的问题，保证经营目标的实现。

2.1.1　房地产市场调研的作用

一般而言，市场调研是由企业完成或由企业聘请的专业咨询公司、研究机构或大专院校等专业人员来完成，而市场调研的受益者包括企业和消费者两方面。因为市场调研通过收集和传递信息，把消费者、产品和企业联系起来，使企业得以尽快把消费者的需求体现到产品的设计、生产和销售之中。在为消费者提供称心如意的产品的同时，企业也因产品适销对路而获得满意的经营效果。单从企业角度讲，市场调研有以下作用：

第一，可以帮助企业开发新市场。一个外地开发商要进入某市开展业务，除了要了解当地消费者需求外，竞争对手情况、当地经济水平、政策导向、人文环境等都是必须要考虑的，即所谓"知己知彼、百战不殆"。而这些信息的获取都需要做市场调研，即使是已经在市场运作多年的行家里手，要想把握新的营销机会，也必须不断分析、研究市场的变化。毕竟人非生而知之，正确的决策来自于掌握信息的准确性与及时性。越是投资大的项目，市场调研工作就越重要，当然用于市场调研的支出也就越大。

第二，市场调研可以加强企业对营销工作的控制。如何做好市场营销的控制不在本书的讨论之列，但不代表其不重要。恰恰相反，一个好的营销方案如不付诸实施也只能算是

"纸上谈兵"，白白浪费商机。有效的营销控制也需要市场调研，因为房地产市场是一个变化较大的动态市场，某个因素的微小变动都可能给企业带来重大影响。关注各类变化，估计这种影响，才能审时度势，随机应变，这无疑会对市场调研提出较高的要求。

第三，市场调研可以帮助企业发现经营中的问题，并找出合适的解决方法。当某项营销活动达不到预期效果时，肯定有问题存在。这些问题可能由某一因素影响，也可能是多种因素交叉作用影响。通过市场调研发现问题存在的原因，并找到解决办法，本身就是一个提高企业营销水平的过程。

第四，市场调研还可以平衡企业与消费者的联系。在市场上，买卖双方是一对既对立又统一的矛盾体。企业关注成本与效益，消费者则追求最大的功能价值比，这中间会有一定的利益冲突，但追求交易成功无疑是双方的共同愿望，对双方都有利。市场调研在调节产需矛盾方面具有重要意义。从前一阶段的房地产市场上的供需矛盾看，总量不平衡的矛盾并不突出，倒是结构性失衡问题值得关注。这种"想买的房子买不到、空置的房子无人要"的怪现象，多与项目盲目上马、缺少市场调研有关。

2.1.2　房地产市场调研的种类

市场调研实际上是收集有用信息进行分析研究，并用来解决所面对问题的过程。它包括市场调查和市场研究两个部分，其中市场调查是基础，为市场研究提供素材；市场研究则是对调查资料进行分析、归纳，发现规律并解决问题的过程。二者相辅相成，不能截然分开。

（1）按调研目标分类

市场调研是为了解决各类问题而进行的，通常带有阶段性，有始有终，目的明确。房地产市场调查按目的可以划分为：投资机会调查、需求调查、竞争对手调查、市场价格调查、竞争性产品调查、要素市场调查等，一般在没有明确的投资方向时，应重点放在机会、需求调查上，属于比较宏观层面的大范围搜寻调查。而一旦选择好开发地段或项目类型，则应该侧重于微观层面的具体操作细节调研，根据开发项目运作过程中实际需要确定不同的市场调研目标，可将其分为四类：

1）产品调研。产品是连接企业与消费者的纽带。企业在设计产品时，要根据消费者的需求来确定，既要把消费者的内在物质需求反映到产品的使用功能上来，又要注意用包装和品牌形象来满足消费者的心理需要。应该看到，在房屋的工程造价没有太大的变化的情况下，精心设计的房型布局可以给消费者带来更大的效用，因而创造更大的价值。这不仅是设计人员的责任，也是营销人员的工作范畴。

2）广告研究。由于房地产属于不动产，难以将产品实体带到集中设置的市场展示或沿街兜售，广告就起着极其重要的促销作用。广告研究包括三部分：一是消费者行为的研究。因为消费者是广告的接受者，分析其行为可以提出更有感染力的广告创意；二是广告制作方面的研究。这不仅涉及制作技术，又要考虑制作成本；三是广告媒体的研究。媒体的研究可以使企业选择更有效的通向目标顾客群体的传播途径，并对其效果进行测定，减少浪费。

3）销售研究。销售研究以提高销售效率为目的，企业应对销售记录进行分析研究。其课题包括市场份额、市场销售特点、分销渠道及各自销售业绩对比、市场容量等，这是市场调研中最常见的部分。通过销售分析与控制研究，可以建立有效的销售方案和销售组织，降低销售成本，增加利润。

4) 市场环境的研究。市场营销环境分析只提供了一个需要考虑的因素体系，而对于各因素的即时状态的把握则需要通过市场调研来完成。当然，这并不是要求对每个影响因素都面面俱到地进行研究，一般只对其中影响较大且发生变化的因素做出分析评价即可。

(2) 按研究方法分类

每一个市场调研项目因目的不同，所采取的研究方法也有所不同。按照不同的研究方法，可将市场调研分为三类，即探索性研究、比较性研究和因果研究。三者既有区别，又有联系，现分别介绍一下：

1) 探索性研究。这类研究强调开创性的思想与意念，用全新的思路或创意解决错综复杂的问题。主要内容包括背景调查、经验调查和案例分析等。它采用"具体—抽象—具体"的思维方法，以加深对问题的认识，提出的解决方法也更具有超前性和创造性。可以说，这一过程主要是大胆提出各种假设的过程。

2) 比较性研究。有比较才能有鉴别，因为市场中各要素之间不会像数学中的函数那样具有一一对应的关系，所以只有通过比较才能发现其中的规律。如想了解通过电台做广告会对房地产销售量有何影响，就可以将广告试验前后的参数(如售房面积)进行对比，找出与广告费支出之间的关系。当然，比较的内容涉及诸多方面，关键是要控制实验条件，使之不受其他因素干扰，具有可比性。这一研究可以说是验证各种假设的过程。

3) 因果研究。因果研究有时与比较性研究很相似，也是比较市场营销中不同策略的因果关系，但它更侧重于定量分析，因而也更具有实用性和可操作性。如要研究居民年收入与房价之间的关系通过比较性研究可以获知二者之间呈正相关关系，即居民的收入越高，所能接受的房屋价格也越高。但这还不够，进一步研究可通过做实验或收集以往的统计数据进行回归分析，找出二者的定量关系，从而为企业定价提供参考，这种分析方法就属于因果研究。也可以说，因果研究才是真正利用已经过验证的假设来解决问题的过程。

2.2　房地产市场分析

开发项目的策划应从调查和分析需求入手，并通过把信息传递给设计和生产部门，形成完善的产品或服务推向市场。只有在充分进行市场调研和分析的基础上，才能形成有效的策划方案。

与其他市场不同的是，房地产市场是权益交易市场，同时也是地区性市场，受到土地供应和政策影响，易于出现垄断和不均衡。这些特性也决定了房地产市场分析应先从内外环境入手，充分考虑消费者的购买行为，从中发现市场规律。

2.2.1　房地产市场营销环境分析

在企业的市场营销运行过程中，必然会遇到各种因素的影响，一般把这些影响因素中难以控制的部分称为市场营销环境。企业营销人员应密切注视其所处环境的变化，及时改变营销策略与之相适应。根据对企业营销活动发生作用的直接性与具体性又可将市场营销环境分为微观环境和宏观环境。

(1) 市场营销的微观环境分析

市场营销的微观环境是指企业的自身环境及与企业经营有直接联系的单位或个人所形

成的环境。它们对企业的市场营销工作的影响最直接，也最具体。主要包括以下几个方面：

1) 企业内部环境

企业无论大小，都要有一个完整的管理系统来执行各项管理职能，市场营销部门只是企业几个核心部门中的一个，它在接受高层管理者领导的同时，还要协调好与企业其他部门的关系。如开发公司的售房部门，既要同前期开发部门发生联系，把市场需求信息传递给他们，由他们负责开发出适销对路的房地产产品，又要同工程部门经常联系以掌握工程进度，确认入住时间和质量保证，还要与财务部门协商成本与定价事宜，以及不同付款方式的可行性等。所以，只有企业内部各部门协调一致，才能取得良好的经营效果。

2) 各类资源的供应商

企业选择交货及时、质量可靠、价格合理的供应商是至关重要的，对房地产开发项目的质量、成本、工期都有直接的影响。这些供应商既包括提供建筑材料、各类设备和施工队伍等一般性质的供应商，还包括提供土地使用权的政府和提供资金支持的信贷部门等。其中，后两者对企业经营的影响更大。

3) 房地产中介机构

房地产中介机构可以协助公司促销、销售或配销其产品给最终购买者，从而实现"产销分工"，中介机构的数量和素质是房地产市场发育成熟与否的重要标志，企业应注意使用这些社会力量，提高销售效率。房地产市场上的中介机构既有一般经销商，又有代理商、经纪人和广告、估价、咨询、信托、保险等机构。

4) 购买者

购买者是市场营销的微观环境里最复杂、最重要的因素。购买者主要来自三类市场：消费者市场、集团购买市场和国际市场。其中，集团购买市场又可分为生产者市场、中间商市场与政府购买市场。当前房地产市场主要是指消费者市场，本节后面会专门对消费者行为进行分析，但其他市场类型也不容忽视，而且比消费者市场更为复杂，必须认真分析。

5) 公众

这又是一类较为复杂的影响因素，它们容易被企业忽视，但又确确实实发挥作用。具体包括新闻媒体(如报纸、电台、杂志、电视台等)、政府部门(如行政、司法、税务等)、群众团体组织(如消费者协会、环境保护组织等)，以及企业内部工作人员和外部的一般公众等。内部工作人员对企业的好评不仅关系到企业凝聚力和工作效率，更对企业的声誉有着直接的影响；外部的一般公众虽然力量不及上述各类组织，但由于他们也可能是潜在顾客或对潜在顾客施加影响，所以其作用也不容忽视。企业应注意协调与各类公众的关系，根据其反应采取相应的措施，树立良好的企业形象。

(2) 市场营销的宏观环境分析

无论企业本身，还是上述与企业市场营销有关的各类微观环境影响因素，都是在一个更大的宏观环境中存在和变化的。宏观环境中的大趋势变动能提供很多新的机会和挑战，并通过各种微观因素影响企业的营销活动。市场营销的宏观环境影响因素共包括五个方面：

1) 社会环境

影响企业市场营销的社会因素有人口及文化两个方面，其中人口因素是最主要的，有了人才会有各种需求。房地产企业是为城市居民提供入住和使用空间的，在进行环境人口分析时，除了要分析本地区的总人口数，还要研究人口的年龄结构、家庭结构、受教育程度、地理分布和流动趋势等，做出预测和估计。以家庭结构为例，传统的"几代同堂"式大家庭逐渐解体以后，"三口之家"的核心家庭成为主要形式。而随着市场经济的建立，家庭结构还有进一步小型化趋势，单身家庭、单亲家庭、两人家庭等大量出现，肯定对以家庭为使用对象的住宅的户型选择有较大影响。家庭生活社会化，也对物业管理提出了更高要求。

另一因素则是特定区域或消费群体的文化因素。文化决定着人们的价值观、思维方式及对产品的看法，同时也蕴含着风俗习惯、伦理道德等。文化差异肯定对人们的居住生活和工作学习等活动方式有着很大影响。因此，营销人员应注意把握不同顾客群的文化特征，并在房地产产品营销中加以考虑。提供物业管理服务时，也应把社区文化建设作为日常工作的重点。

2) 经济环境

经济环境对房地产营销的影响主要表现在两个方面：一是宏观层次上国家或地区的经济状况对房地产市场营销的影响；二是微观层次上居民收入水平与储蓄状况对房地产市场营销的影响。房地产业是国民经济的支柱产业，也是先导产业，宏观经济发展的周期性波动首先会在房地产业体现出来。如在繁荣期，经济活跃，必然对经营用房需求上升，萧条时期则会有大量房屋闲置。此外，宏观经济中利率、物价指数等因素变动也不同程度的对房地产市场营销产生影响。另一方面，消费者的收入和储蓄状况则是形成购买力的必要保证。从国外住宅市场经验来看，一套住宅的价格在居民家庭年收入的3～6倍时，才能形成有效需求。而我国城市居民收入水平较低，房价较高，特别是对于低收入家庭，商品房价格甚至是其年收入的20倍以上，因此，造成"有人缺房住"、"有人没房住"等现象也就不足为奇了。

3) 技术环境

科学技术的发展速度之快已经超出了人们的想象，它对房地产企业市场营销的影响大致包括以下几个方面：一是科学技术的发展使房地产行业的设计、施工水平有了很大进步，且新型设备、材料的出现使房型设计更趋于多样化，各类设施的功能也更加完善，如出现智能化大厦、小区等；二是交通、通讯设施的进步使传统的项目选址有了较大改变，如北京某开发公司的一个项目距市区几十公里，仍能热销，这在过去是难以想象的；三是科技进步对营销手段本身也产生了影响，从市场调研到市场营销管理等都更依赖高新技术，也大大提高市场营销的效率。当然，智能化趋势也对物业管理企业的服务技术要求更高，有利于物业管理企业向专业化方向发展。

4) 法律环境

这里的法律环境不仅包括国家或地区颁布的正式法律条文，如《城市房地产管理法》、《城市规划法》、《土地法》、《价格法》、《合同法》、《反不正当竞争法》等，还包括各类行政主管部门颁布的一些政策性规定，而且这些政策性规定有时比法令规定更详细、更具操作性，必须充分掌握并加以利用。这些政策法规主要包括以下几个方面：一是关于产品本身，如房屋的设计标准、质量、安全要求等的规定；二是关于价格的政策性规定。特别是住宅和土地使用权的价格，一定时期还难以完全放开。物业管理收费标准也处于严格控制之列；三是关于市场交易的规定。因房地产交易的形式均为实体不动，产权转移，必须在法律的确认和保护下才能完成，所以必须制定相应的市场交易法规；四是有关竞争保护、公平竞争的政策性规定，旨在提倡公平竞争，限制垄断；五是保护消费者权益等的相关规定。随着市场机制的进一步完善，各种立法会越来越多，越来越细，可以保证房地产市场健康有序地发展。

5）竞争环境

在市场上处于相同位置的其他企业的行为都构成了对本企业的竞争。因为他们也能提供同类产品给本企业的目标顾客。企业市场营销的竞争环境是以其所处市场结构为基础的，通常人们按照参加竞争的企业的数量及产品特性将市场划分为四种结构：完全竞争市场、垄断竞争市场、寡头垄断市场及完全垄断市场。房地产产品具有质量差异大、空间区位固定等特点，不会形成统一的完全竞争市场；另一方面，房地产投资金额巨大，一个项目少则上千万元，多则几亿、几十亿元，故在某一特定市场范围内难以形成一家公司独霸天下的完全垄断市场。所以，房地产市场基本上属于寡头垄断市场类型，置身其间的企业在制定营销策略时，必须密切关注竞争对手的动向，及时调整策略。一般而言，早期的竞争以价格为主要手段，而高水平的竞争应是非价格竞争，即以质量、品牌、售后服务等多种促销手段来争取顾客，扩大市场份额。

2.2.2 消费者购买行为分析

广义上的市场概念为"一切交换关系的总和"，即市场代表一种相互关系，从企业角度而言，企业的市场就是要购买其产品的消费者。分析消费者购买行为，有助于发现新的市场机会，合理地细分市场，制定行之有效的营销策略。

（1）消费者的行为模式

虽然消费者所处的环境各不相同，自身情况也是千差万别，但其心理变化和行为方式还是有一个基本模式的，特别是购买商品这个具体的活动，是在人的心理活动支配下的有意识的行为。心理学认为，人的行为是大脑对刺激物的反应，体现为"刺激物→人的大脑思维活动→人的行为"这一"刺激反应"基本过程。如某人购房过程中，刺激物可能是广告的提示，亲友的怂恿或自身认识的转变等，而大脑思维活动的主要过程是在选房过程中，比较区位、房型、价格等诸多因素后做出决策，最后采取购买行动。当然，这期间也会受到其他刺激物的影响，不同的刺激会引起不同的行为。由于企业市场营销的核心是了解并充分满足消费者需求，故把上述基本行为模式做进一步分解，可得出消费者需求满足的过程，即：刺激→产生需求→产生购买动机→购买目标确认→采取购买行动→需求的满足。从这个过程中可以看出，消费者需求的满足同时也标志着企业市场营销工作的最终完成。但就某一个企业而言，更关心的直接目标是消费者在采取购买行动阶段能选择本企业的产品(如果消费者通过购买别人的产品而满足需求对本企业并无益处)。为了达到这一目标，就需要企业不断开发潜在需求，精心设计，合理定价，强化促销，使消费者形成购买动机，并在顾客确认购买目标采取行动时，快捷可靠的提供给他们产品，这实际上就是后面我们将要讲到的营销组合策略。

（2）影响消费者购买行为的因素

消费者的购买行为总是处于一个特定的环境之中，会受许多因素影响。除本企业营销组合策略在积极的发挥作用外，影响因素主要还有四大类：文化因素、社会因素、个人因素和心理因素。此外，偶然因素(如购买目的、临时限制等)也会影响消费者的购买行为，但因其具有不可预测性，暂不考虑。

1) 文化因素

广义的文化是指人类社会历史实践过程中所创造的物质财富和精神财富的总和。狭义的文化则是指社会的意识形态及相应的制度和组织机构，是由知识、信仰、艺术、法律、伦理道德和风俗习惯等方面组成的一个复杂的整体。文化因素是与消费者购买行为关系最大的因素，因为它同时又影响着社会因素、个人特性和心理因素，是影响最广泛的一个背景因素。而且，一个文化群体中又会包括多个亚文化群体，它们除了具有总文化群体的基本特征外，还有各自特定的习惯和爱好，对商品的需求也各不相同，企业应注意加以识别，依照不同的文化背景设计产品和制定营销策略，使企业发展有的放矢。

2) 社会因素

影响消费者购买行为的社会因素主要有：

① 相关群体。消费者的购买行为经常受到其他人的观点、主张、态度和行为的影响，这些人被称为消费者的相关群体。他们在消费者的眼里是衡量购买目标时的一种依靠力量，从相关群体那里传来的信息，对消费者来说相当重要，甚至能从根本上改变一个消费者的购买行为，特别是对于一些高档的名牌商品，用名人做广告效果较好就反映了这一现象。

② 家庭。家庭是房地产产品的最基本的消费单位，其影响主要体现在两个方面：一是在家庭生活周期中所处阶段不同，购买行为有很大差异，如无子女的年轻夫妇和与子女同住的中年夫妇在房型的选择上肯定有区别；二是在家庭购买决策中，不同成员所扮演的角色(如发起者、影响者、决定者等)各自发挥作用。

③ 社会阶层。这里区分社会阶层不带有政治色彩，其标准是人们的职业、收入、价值观、兴趣等。由于住宅是人们财富的重要组成部分，社会阶层可以按经济水平分为高收入阶层、中等收入阶层和低收入阶层，确定房地产产品所适宜的社会阶层群体，对于房地产产品的准确定位是很有益处的。

3) 个人因素

个人因素主要包括年龄、职业、个人经济状况及生活方式等几个方面，这些个人外在特征直接影响消费者的需求，进而导致其购买行为的差异。如多层住宅的顶层和底层较为便宜，但年龄差异使老年人倾向于购买底层住宅，而年轻人较多选择顶层住宅。

4) 心理因素

行为是外在表现，心理因素则是决定着行为的内在本质，前文提到的消费者行为模式也说明了这一点。研究心理因素中的激励、感觉、学习、态度、个性等方面的问题，对掌握人的购买行为是十分重要的。一定程度上甚至可以说，市场营销工作就是一场"攻心战"，目的是说服消费者心甘情愿地购买本企业的产品，因此必须熟悉其心理活动过程。

(3) 消费者的购买决策过程

前面介绍消费者行为模式时已经提到，企业最感兴趣的是顾客在购买行动中是否选择本企业的产品。购买行动是消费者外在表现出来的现象，要受到前述各因素的影响，实际上它本身也是一个决策过程，即消费者在"一手交钱、一手交货"地实施现场购买之前，会有一系列的思维活动或行为，以保证将购买的商品符合自己的意愿。购买后，消费者进一步研究所购买的商品，验证其功能。所以说，一个人的购买行为不会突然发生，而是一个前后关联的、完整的购买决策过程。这个决策过程可以明显地分为五个阶段，如图 2-1 所示。

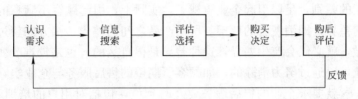

图 2-1　决策过程

1) 认识需求

消费者首先要认识到自己需要某种商品的功能后，才会去选择和购买它。由于消费者认识到了自身的现实状态与理想状态的差距，而商品功能恰恰能消除这一差距，于是需求就产生了。当然，一定时期内消费者会有各种各样的需求，既有生理的，也有心理的。只有当某种需求的强度足够大时，才能产生购买动机。总之，需求是购买的前提，企业应注意引导和激发消费者的需求，尤其是对本企业独有的特色产品的需求，以形成本企业忠实的顾客群。

2) 信息搜索

消费者认识到自己的需求以后，便会自动进入第二阶段信息搜索。越是贵重的商品对信息搜索的要求越高。根据信息来源可将信息搜索分为内部信息搜索和外部信息搜索。内部信息搜索主要从消费者自身记忆中的经验和知识里搜索。但因房地产这类大件商品对于绝大多数消费者而言购买经验极少，所需知识欠缺，所以顾客购买房地产产品时的信息搜索一般以外部信息搜索为主，主要信息来源有：①个人来源，即在与亲朋好友谈天中获取相关信息，尽管由此获得的信息未必准确，但有信任感；②公共来源，如各类评奖和媒体介绍；③商业来源，包括广告宣传、推销员介绍、现场售楼说明书等。企业可针对消费者的这些信息来源来制定相应的促销组合策略。

3) 评估选择

根据搜集到的信息"货比三家"，就是评估选择过程。一般地，消费者会大致限定一个品牌选择范围，如果某工薪家庭想购买某一区域内的经济适用房，只在此范围内选择，其他的高档公寓、别墅等就不会再考虑。消费者首先要确定评价与选择的标准，如房型、结构类型、层次、价格等，标准的确定因人而异。然后要从这一系列标准中找出一项对自己而言最为重要并促成其决策的主要因素，即决定性因素（在南方一些城市称之为"卖点"）。对于企业而言，使自己的产品有特色还不够，更重要的是要使这些特色与消费者购买决策中的决定性因素相一致，才能吸引消费者并满足其需要。

4) 购买决定

一般经过上述三个阶段，消费者就会做出购买决定了。当然，消费者也可能因为评价与选择过程中出现的问题而做出推迟或取消购买的决定。在这一阶段企业几乎是无能为力的，决定权完全在消费者手中，企业只需为顾客准备好采购行动实施时所需条件即可。如简化手续、交接入住等。

5) 购后评估

消费者购买商品后的评价通常会成为下一次购买的依据，即使像房地产这类很少重复购买的商品，顾客评价如何，也会影响到其亲朋好友的看法。国外有统计资料表明，一个人购买了满意的商品，会告诉 17 个人，而当其购买了不满意的商品后，会向 22 个人诉说。这一反一正的差别，足以引起企业重视了。实际上，引起顾客不满意的因素主要有两方面：一是双向差异，即消费者的期望与所购产品之间的差异。买方期望过高，卖方产品不可能量身定做，就必然会产生差异，这种差异是很自然的，也是较难改变的。而有些双向差异却是企业可以通过努力消除的，如顾客所期望的售后服务与企业实际提供的售后服务之间的差异。这就要求企业的售后服务要及时到位，包括对用户的培训和使用指导等，同时要检查广告内容有无夸大、质量是否稳定等。二是认知差异，即购买后又重新与其他商品比较，产生"这山望着那山高"的后悔心理。消除这种差异需要企业不断解释疑点，增强顾客的信心。如在开发项目后期，突出宣传该房地产的增值特性，甚至可适当提价，给先期入住者吃一颗"定心丸"。

2.3 房地产市场调查的内容和方法

从上一节进行市场分析所需要的素材出发，这里再着重介绍一下市场调查的有关内容和方法。

2.3.1 房地产市场调查的内容

开展房地产市场调研肯定需要付出大量的时间和人力、物力，进而影响开发项目的进度和成本，所以应该有的放矢，准确界定调查内容。如上一节所述，完成一个房地产开发项目必须分析市场环境和消费者购买行为，才能有针对性地制定出合理的营销活动方案。这就决定了房地产市场调研的内容至少应包括房地产市场环境调研、房地产市场需求调研、房地产市场供给调研和房地产市场营销活动调研等四方面的内容。

(1) 房地产市场环境调研

无论是宏观的政治法律环境、经济技术环境、社会文化环境，还是微观层面的开发地块所处的社区环境，都是对开发项目影响巨大且不断变化的，如何与之相协调是开发企业始终要注意的问题，所以要通过长期的调研持续关注环境的变化，分析判断出可能对项目造成的影响。

(2) 房地产市场需求调研

市场需求由购买者、购买欲望和购买能力组成，三者缺一不可，也是市场上起决定作用的力量。开发企业为了生产适销对路的房地产产品，必须事先了解消费者的构成、购买动机和购买行为特征，根据目标客户群的需求进行规划设计。

(3) 房地产市场供给调研

供给是市场的另一主导力量，房地产一般属于不完全竞争市场，供给调研主要是针对拟开发项目所在区域的同类产品的上市行情调研，另外，与土地供应有关的征地、拆迁情况也很重要，建筑设计、施工等相关企业情况也需要调研。

(4) 房地产市场营销活动调研

开发企业已经或将要开展的市场营销活动包括产品、定价、分销、促销等活动的组合，这往往是市场调研最直接的对象，也是调研成果的直接使用方向，每个活动的决策过程都依赖充分的调研，与之前的调研比较起来，这方面的内容更加具体和实用。

2.3.2 房地产市场调查的途径

一般地，供市场研究的资料可分为两大类，即原始资料和现有资料。前者是专门为某项调查而收集或实验得到的资料，针对性强，但收集起来比较费时费力；后者是经过加工整理而可供使用的资料，对此类资料应采用拿来主义，并注意其适用性。在资讯发达的今天，市场情报无处不在，调查的途径主要有以下几个方面：

（1）政府部门。从官方得到的资料一般具有统计效果，政策性强，要注意分析使用。

（2）本企业内部。这是一个重要的信息来源，既有供产销和财务等业务部门的统计资料，也包括来自售房现场的情报。企业应特别关注售房人员提供的信息，因为他们是企业与顾客直接接触的"界面"，掌握的情况最真实，也最及时，是一笔宝贵的财富。当然，企业内各类专家的意见也应加以重视，特别是在做一些前瞻性的预测时，其经验和专业知识发挥着重要作用。

（3）社会信息咨询机构。较成熟的房地产市场上一般都有一些专业的中介机构为企业提供咨询，因其专业水准高，组织机构完善，而且长年连续地从事调研，故可以为企业解决一些最头疼的问题。当然，企业为此要支付一些咨询费用。

（4）各类媒体的公共信息。平时应注意分类积累此类信息，最好能建立一个信息库，需要时就可以得心应手了。

（5）公共场所普查抽查和对消费者、竞争者的个案调查等。通过这种途径获取信息时，为了兼顾结果的代表性和过程的经济性，一般应采用多种抽样方法确定调查对象。

2.3.3 市场调查的方法

市场调查工作要求全面、准确、及时，这都要靠科学的调查方法来实现。常用的房地产市场调查方法有：

（1）询问调查法。即对所拟调查的事项采取面对面、电话或书面的形式，向被调查者提出询问并获取所需资料的过程，这是一个最普遍采用的方法，操作简单，效率也较高，但是应注意问题的提出方式要恰当，避免调查人加入主观意见而使结果失真。

（2）观察调查法。即由调查者直接到售房现场进行观察，作出记录、录音或录像，以获取市场信息的一种方法。由于实施调查时，被调查者没有意识到自己正在接受调查，能自然、客观地表达，因此资料较准确。其缺点是只能观察表面现象，无法了解内在动机，而且对调查人员的业务素质要求较高。

（3）实验调查法。即通过小规模的实验来了解情况，取得资料，以分析总结市场情况的一种方法。具体操作又可分为展销调查、试销调查和对比调查等。应该说这是一个比较科学的调查方法，但在执行时技术难度较大，特别是难以选择市场条件相同的对比案例，因此无法推广使用。

2.3.4 市场调研的步骤

市场调研的目的是发现问题、解决问题，它属于"企业诊断"的范畴，为了便于理解，我们可以比照医生诊病的程序介绍市场调研的过程。

一般医生接待病人后先要了解症状，然后分析病因，提出几种假设，逐项检查、化验，确诊后提出治疗方案，选择最有效的方案实施一个疗程后，再复诊，根据病情的进展调整方案，直至完全康复。

同样，市场调研的过程也可分为六个步骤，如图2-2所示。

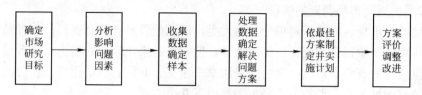

图 2-2　市场调研过程

（1）确定市场研究的目标

一般要根据市场营销工作中的存在问题确定市场研究的目标，只有把问题找准，才能有的放矢，对症下药。企业市场营销中存在的问题往往不像人的病症那么直观，它需要市场调查人员认真检查生产经营活动的每个环节，发现主要问题并将它列为调研目标。当然，这要根据企业的总体思路来定，在确定研究范围时应考虑时间、资金、技术等限制条件，准确地选择评价指标。

（2）分析影响问题的因素

市场营销中的某一个方面或某一个环节发生问题，其影响因素一般会有多个。其中有些是外部因素，企业无法控制，但也应对它们有充分的认识，以便调整，使企业可以控制的内部因素与之相适应。这一阶段要求市场调查人员大胆提出各种假设，对所有可能发生作用的影响因素逐一进行分析，必要时甚至可以做一些预备调查，征求有关专家和消费者的意见，为后面的正式调查把握好方向。

（3）收集信息、数据并确定样本

收集与研究目标有关的信息、数据并确定样本是整个市场调研活动的关键，决定着调查结果的真实与否。无论准备采取哪一种调查方法，都应事先设计好一个周密、严谨的调查表。当然，不同的调查方式，内容设计上也不同。目前常采用的问题类型有选择式问题、自由回答题、态度评定题等。由于被调查对象范围太大，受资金、时间和精力的限制，一般只能在全部消费者中选择一部分具有代表性的样本进行调查，这就是抽样过程。现行的抽样方法有随机抽样、分层抽样等，应按统计学原理来选择。

（4）加工处理数据并确定解决问题的方案

把一组抽样的数据转变成有实际意义的结论，要借助于统计方法进行分析。目前市场研究中的数据分析主要有两类：一是差异分析，二是变量间的关系分析。随着计算机技术的广泛应用，各种统计软件的出现使数据处理更为便捷。"确诊"后就要提出解决问题的方案，并估计每种方案可能带来的后果，以便从中选择最佳的解决方案。

（5）制定和实施营销计划

根据最佳方案制定对应的市场营销计划并加以实施。一个最佳方案制定出来后，还要把设想落实为具体的营销工作。一般调研过程中发现的轻微过失应及时更正，对于重大的问题和变化才单独制订计划并组织实施。

（6）对实施方案的评价、调整和改进

通过市场调研解决问题的过程就是一个探索和创新的过程，为了少走弯路，降低风险，一般应在实施方案一段时间后进行跟踪评价，分析销售记录，发现问题及时调整和改进方案，使企业的整体水平不断提高，实现既定的调研目标。

2.4　房地产市场调查报告的撰写

一项市场调研活动基本完成后，由于市场调研工作一般由企业市场营销人员或专业的市场调研机构承担，为了给企业的决策者提供参考和依据，一般还应撰写市场调查报告。这是整个调研工作的成果，应包括市场调研要解决的问题、调研方法、收集到的数据和最终结论等。当然，报告中最重要的部分是报告的结论，它是处理市场营销问题、制定解决方案的基础。

2.4.1　撰写调研报告的要求

报告应完整、准确、可行，这是体现调研工作水平的重要指标，具体要求为：

（1）完整性。阅读报告的人可能需要了解整个调研活动的来龙去脉以便判断其可信度，所以报告必须提供所有有关的必要信息，既要有结论，又要有过程，尤其是那些与研究思路有关的方法和资料，如果缺少他人就很难系统的了解整个调研工作。当然，报告并不是以篇幅的长短为标准，相反，报告内容应简单明了，重点突出，文字精炼，措辞中肯，对结论和建议要表达清晰，必要时归纳成要点，为反映调研过程所必需的表格和附图也要附在报告后面，以便阅读和使用，并印刷清楚美观，装订齐备。

（2）准确性。这主要是指处理调研资料方面，对于数据采集、数据处理、文字表述以及报告的逻辑性等都必须科学、严谨，以便客观、真实、准确地反映调研成果。应避免因工作疏忽造成数据前后矛盾、文字含混不清、图解表达不准等现象，必要时需反复校核，保证质量。当然，调查问卷中问题的设计、研究方法的不同也会影响数据的准确性，应在调研过程中尽量解决。

（3）可行性。可行性将最后决定一项调研的价值，有时调研工作完成后，存在的问题清楚了，解决问题的方案也一一列举出来了，但由于资金、技术等方面的制约造成这些方案全部无法实施，那么这项调研也是不完整的或是无效的。必须结合企业自身的实际条件，在做出结论以后提出确实可行的建议方案，这就需要将市场调研与后续的项目策划紧密结合起来。

2.4.2　调研报告的格式

房地产市场调研报告有口头报告和书面报告两种基本形式。一般来说大型的、比较正式的调研活动都要求调研人员撰写一份书面的调研报告提交有关部门。书面报告至少由六部分组成：

（1）封面。包括调研项目的题目、参与调研的单位和人员、完成报告的时间等。

（2）目录。标明报告中各部分的页码，以便使用报告的人在阅读报告时查找有关内容。

（3）摘要。这是使读者在阅读报告时对调研工作的来龙去脉有个全面的了解，有助于做出初步判断。

（4）研究方法、条件和结果。这是调研报告的主体部分，应记录调研工作的全部细节，包括调研目的、方案设计、调查方法、调查对象、研究方法、资料处理的结果等都要一一详细记录。

(5) 调研的结论。这部分一般比较简洁,除了调研工作的结论以外,还要提出可行的处理问题方法。

(6) 附录。报告的正文由于篇幅有限,不能把调研工作涉及的全部材料都罗列进去,必要时使用一个附录将重要的图表、专题研究、计算过程、统计结果等收录进去,保证报告的完整性。

复习思考题

1. 房地产市场调研的意义有哪些?
2. 对房地产消费者行为分析应考虑哪些因素?
3. 如何进行房地产市场营销环境分析?
4. 房地产市场调查包括哪些内容?
5. 房地产市场调查的方法有哪些?
6. 如何撰写房地产市场调研报告?

3 房地产开发项目策划

3.1 房地产开发项目策划概述

房地产开发是通过多种资源的组合使用而为人类提供入住空间、并改变人类生存的物质环境的一种活动。在房地产行业中它属于生产环节，是房地产业的龙头。与工业生产的批量复制、轮番制造的生产方式不同，房地产开发是以项目为单位来组织生产的，不论建设规模大小、开发周期长短、投资多少，只要是作为管理和控制的对象需按限定的时间、预算和质量标准完成的一次性开发工作或建设任务就是一个开发项目。对于开发企业而言，每个开发项目都是资金从投入到收回的一个完整的循环过程，但由于地理位置不同和环境、规划等方面的差异，每个项目都有不同的特性，都需要进行专门的策划。

所谓房地产开发项目策划，是在充分进行市场调研的基础上，确定开发项目的类型和规模，并对开发建设的所有过程做出安排和计划的活动。由于房地产开发属于固定资产投资类型，往往占用资金较多且周期较长，一旦决策后调整方案的弹性也较小，是一项高风险的投资活动，加之受影响的因素多，稍有不慎就可能给投资人带来巨大损失，因此必须事先做好周密的策划。

开发项目策划和可行性研究是房地产开发经营活动中最重要的环节。这主要体现在以下几个方面：

第一，项目策划是开发企业总体经营方针在每个项目上的具体体现，是将企业经营理念贯彻到实际工作中的结合点，确定了开发项目的基调和行动纲领。

第二，房地产开发是一项复杂的系统工程，各个环节既复杂又有着严格的逻辑关系，因此整体策划有助于各项工作的衔接，策划内容也就涉及项目的总体目标和进度计划、建设用地取得方案、规划设计方案、建设方案、租售方案、筹资方案和管理模式等几乎所有方面。

第三，项目策划也是最能体现开发商综合实力和创造性的过程。通过策划人员的"大胆假设、小心求证"，提出一系列个性鲜明、创意独特的方案，无疑会加大开发经营项目的成功概率。

3.2 房地产开发项目细分

如前所述，企业的市场就是需要、愿意并且有能力购买某种产品或劳务的顾客群体，即具有购买能力和购买欲望的消费者。但是，由于消费者人数太多，分布太广，一方面企业的能力有限，无法满足所有人的需要；另一方面，消费者对同一类商品的需求存在很大差异，企业确实有"众口难调"之感，所以企业所能服务的顾客只能是众多消费者中的一小部分，所能生产的也只是一定数量和品种的产品。要找到所能服务的这部分顾客，就需要对市场进行细分。房地产产品的投资大，生产周期长，产品标准化程度低，更需有效地进行市场细分，以便企业选择理想的目标市场，进行有针对性的营销。

3.2.1 房地产市场细分的含义

市场细分又叫市场细分化，是由美国市场营销学家温德尔·斯密于 1956 年提出的。市场细分的基本概念是：市场是由消费者组成的，而消费者在需求上也是存在差异的，企业以影响消费者需求的一些因素为依据，把一个产品的整体市场划分为若干个消费者群，每个消费者群具有需求特点的相似性，这样的消费者群就构成了一个细分市场（又叫子市场或亚市场）。属于不同细分市场的消费者对同一产品的需求存在显著差异，而属于同一细分市场的消费者对同一产品则具有极为相似的需求。

市场细分还有另一种叫法为"市场组合"。虽然"分"和"合"含义相反，但这里市场细分与市场组合却是同一意思，区别在于对市场的解释不同：前者把消费者作为一个整体来看，把这一整体按某一特征划分开就是市场细分；后者则是把消费者作为较详细的个体来看待，当把一个个特征相同的消费者放在一起考虑时就是市场组合。当然，两种叫法也反映出市场细分方法的差异：前者是"同中求异"，在所有消费者中关注其需求上的差异所在；后者则是"异中求同"，找出一个个消费者在某方面需求的共同点，把他们作为一个特殊的顾客群体。

3.2.2 房地产市场细分的作用与要求

市场细分是市场营销策略的关键环节，当前房地产市场上常见的结构性失衡多与忽视市场细分有关，企业应引以为戒。

（1）市场细分的作用

进行市场细分有助于企业开展以下工作：

1）发现市场机会。市场细分过程本身就是深入了解各子市场顾客需求的过程。凡是没有得到满足的需求，就是企业的营销机会，所以说实行市场细分有利于企业开拓新的市场。

2）规划营销方案。通过市场细分，不仅能认识和掌握顾客的需求，而且能了解消费者对不同的营销措施的反应，从而针对不同市场的特点制定不同的策略。

3）选定目标市场。市场细分后，企业可根据主客观条件选定目标市场，将力量集中用于该市场，这样做有助于企业获得理想的市场份额，在市场竞争中占据有利的地位。

4）满足顾客的潜在需求。市场细分可以使企业增强市场调研的针对性，分析潜在需求，发展新产品，开拓新市场。在赚取利润的同时，还引导了消费，提高了顾客的消费质量。

（2）市场细分的要求

在进行市场细分时，企业应注意以下问题：

1）细分标准应选择正确。虽然影响消费者购买行为的因素很多，但在细分时一般只选择较明显的、易于识别的标准，既实用又经济。

2）细分后的市场规模应适度。市场细分并非越细越好，因为分得太细会影响企业的生产规模和效益，甚至必要时需要进行反细分化。如按房型细分时，房型太多会给设计、施工带来不便，有些企业干脆在每户内的框架结构中不做分隔，由顾客入住后自由组合。

3）动态地细分市场。由于市场特性是不断变化的，所以细分市场的标准也不能一成不变，企业应根据市场变化进行有创意的市场细分，准确把握市场变化，开发适销对路的产品。

3.2.3 房地产市场细分的依据和过程

要细分市场，首先要有相应的细分标准，如最基本的分类方法是：按购买者的购买用途不同，可以将房地产市场分成居住物业市场和收益性物业市场。前者的购买目的是居住生活，属消费品范畴，如住宅等；后者的购买目的是从事生产经营活动，属于投资品，它们又可细分为写字楼物业、商业物业、工业物业、宾馆和景区等几大类。但这样的细分仍过于粗略，不足以指导企业从事市场营销活动，还需对每一类物业市场进一步予以细分。

（1）市场细分的依据

市场细分是将企业面对的消费者进行分类，而消费者的购买行为又是受到多方面因素影响的，其中的任何一种因素都可以用作市场细分的标志，只是侧重点有所不同。下面就分别对居住物业市场和收益性物业市场的细分进行论述。

1）居住物业市场细分的依据。相对而言，居住物业的市场较为广阔，购买人数多且较为分散，但每次购买的数量较少，而且大部分缺乏专门的知识。其细分方式有地理细分、人口细分、心理细分和行为细分等。

按消费者所处的地理位置细分，是居住物业市场上最常见的细分方法，因为房地产产品位置固定，在空间上不能转移，而住宅是消费者安身立命之所，某一区域的消费者甚至世代在此居住，生活、学习、工作和社会关系等环境因素的影响根深蒂固，一般不肯轻易迁移，由此便在该区域形成一个稳定的顾客群。

人口细分实际上是一个很综合、很笼统的叫法，具体操作上是按人口统计因素，如年龄、性别、家庭结构、收入、职业、教育、宗教、民族等因素进行细分。当前较常见的有按收入分为一般商品房市场、经济适用房市场、带有解困性质的廉价房市场等；按家庭结构可分为单身公寓市场、小户型市场、大户型市场等。人口细分是居住物业市场的又一重要细分方式，因为住宅主要以家庭为使用对象，故人口因素中的家庭情况较个人情况而言有更重要的影响作用。

2）收益性物业市场细分的依据。对于收益性物业因其购买者是以赚取投资收益为目的，所以具有市场集中、购买人数少、数量多、技术性强等特点，一般属于理智型专家购买和集团决策，通常被称为"组织市场"。细分这类市场的主要依据是客户所在行业、规模、地理位置和客户的购买行为等。如按客户所处行业划分，收益水平从高到低可依次细分为金融与商业用房市场、办公用房市场、工业厂房市场和仓储用房市场等。不同细分市场对于所处环境（如位置、繁荣程度或交通条件）都有不同要求。当然，一个理想的细分市场通常又是由一系列因素组合来确定的。

（2）房地产市场细分的过程

企业进行市场细分的过程一般包括四个步骤：

1）初步选定产品的市场范围。一个企业自成立之初即有自己的经营方向，但还需根据内外环境选定产品的市场范围。如某开发商在分析某市房地产环境时发现普通住宅有潜力，同时自身在这方面也有专长，即成本控制较好，价格竞争有优势，因此可初步选定普通住宅市场。

2）估计潜在消费者的基本需求。要从地理因素、人口因素、心理因素和行为因素等方面大致估计出潜在消费者对产品的特殊需求，这种分析要结合自身产品的特点来进行。

3) 分析消费者的不同需求。通过进行抽样调查，了解哪些需求对潜在的消费者来说更为重要。如消费者在选择商品房时，特别关注的方面：地点、房型、结构等，可据此把消费者市场初步划分为几个消费需求相近的子市场，剔除几个子市场之间的共同需求，而把他们之间的需求差异作为进一步市场细分的依据。

4) 进一步分析各细分市场的特点，做进一步的细分或合并。有些需求上的差异可由产品功能的改进来满足，即所谓"兼容"，这时不同的细分市场就可以合并。另外，有些已按某种标准细分过的子市场又可以进一步的细分，具体细分到什么程度就要以企业的经营策略而定。

3.3　房地产开发项目定位

通过房地产市场调研和市场细分，开发企业就可以选定自己的目标市场。为了在竞争中使企业立于不败之地，除了寻找合适的细分市场以外，还有尽量使自己的房地产产品与竞争对手的产品有差别，包括在质量好、价格低、产权安全、物业管理完善、设计功能齐全等各方面实现产品差异化，这就需要进行房地产项目定位。

3.3.1　房地产细分市场评估

房地产细分市场是为了选择目标市场。市场细分后，企业接下来要对这些子市场进行评估，以辨别哪些细分市场可以进入。对各细分市场进行评估时，一般应考虑以下几个方面：

（1）适度的规模和发展潜力

规模适度是个相对概念，一般要根据企业自身的规模大小而定。如大公司通常选择容量较大的细分市场，规模太小就不值得为之苦心经营；而小企业则不宜进入大的细分市场，以避免与大企业进行竞争。此外，除了应有足够的现实需求外，企业要选择的细分市场还应有足够的发展潜力，为扩大规模、永续经营留下空间，以便能给企业带来预期的利润。如旧城改造项目，若能分期开发、滚动经营，对开发商而言最好不过了。

（2）细分市场的吸引力

这是对细分市场进行评估时最重要的一个方面，即从盈利角度看，该细分市场是否具有长期的吸引力。有五种力量会对企业的盈利产生影响，即同行业竞争者、潜在的新的竞争者、替代产品、购买者和供应商。企业应选择竞争不激烈、新的竞争者不易进入或本企业具有竞争优势的细分市场，还要注意消费者觉醒后的议价能力加强、土地及资金的供应量不足等困难对日后的经营带来的影响，正确估计盈利水平。

（3）企业的目标和资源

即使某些市场具有适当的规模和吸引力，但如不符合企业的长远发展目标，为了不分散精力，也应主动放弃。即使细分市场符合企业发展目标，还要考虑企业是否有足够的资源保证在该细分市场上取得竞争优势。无论在哪个细分市场上取得成功都应具备相当的条件，应反复比较本企业的优势和不足，做到不打无把握之仗。这实际上是考虑进入该细分市场的可能性问题。

3.3.2　目标市场策略

通过对不同的细分市场进行评估，企业有时会发现一个或几个值得进入的细分市场。

到底应进入哪几个细分市场就涉及目标市场策略问题。一般企业的目标市场策略有三种基本类型：

（1）无差异性市场营销策略

无差异性市场营销策略是指企业不进行市场细分，把整个市场作为自己的目标市场，只考虑消费者在需求方面的共同点，而不管其差异如何，以单一标准化的产品来满足大多数消费者的需求的策略。这种策略的优点是可以批量生产，降低成本，但同时因忽略顾客感受而面临相当大的风险。一般用于产品供不应求时，如房地产市场刚刚开放时，建造的商品住宅多为"统建"年代的标准通用房型。

（2）差异性市场营销策略

这是最常用的一种类型，即把整个市场细分为若干个子市场，从中选择两个或两个以上的子市场作为自己的目标市场，有针对性地为目标市场提供适当的产品，以满足目标市场的需求。这种策略的优点是适应顾客需要，有竞争力，易于形成消费者对本企业产品的依赖性，甚至可以起到"东方不亮西方亮"的作用。但这样做会分散企业的资源，而且成本可能较高。具体操作时又可以有几种形式：

1）完全差异化。又叫完全市场覆盖或完全进入，指企业把细分后的每一个子市场都作为自己的目标市场，完全进入各个细分市场，为所有的消费者群体提供不同的产品。因为投资太大，这种形式在房地产业中较少采用。

2）产品专业化。指向各类消费者提供同类产品，如从传统的房管行业起家的开发公司多倾向于住宅建设。

3）市场专业化。指企业专注于一个目标市场，为该市场的消费者提供各种产品。由于城市建设引入了综合开发模式，住宅和公建等配套设施均由开发商一次性完成，可以认为这是市场专业化的一种形式。

4）选择性专业化。指在细分市场的基础上，企业选择若干子市场，为不同的子市场提供不同的产品。这种形式往往是大型开发企业分散投资风险的一种手段。

（3）集中性市场营销策略

集中性市场营销策略也称为密集型市场营销策略或产品—市场专业化策略。这种策略无论从产品角度还是从顾客角度来说，都是集中于一个细分市场，在细分后的全部子市场中，企业只选择一个细分市场进行集中营销。由于企业只生产一种标准化的产品来供应某一顾客群，通常可在一个较小的细分市场上取得垄断地位，即有较高的市场占有率，但在整个市场上占有份额并不大，所以一般适用于实力较弱、规模较小的开发企业在夹缝中求生存。这种策略风险较大，一旦目标市场发生变化或出现新的竞争者，企业就会陷入困境。

企业在选择上述各种策略时，一般要综合考虑自身资源、市场供求状况、产品特点、生命周期和竞争对手情况等因素，以使企业确定适宜的目标市场。

3.3.3　进入目标市场后的市场定位

一旦企业决定进入某一目标市场，又将面临着市场定位的问题。广义的市场定位包括目标市场选择，是指根据市场需求的特性和企业自身经营能力，在市场细分和研究的基础上确定企业的服务方向、目标市场及在目标市场上的地位。通俗地讲，选择目标市场是企业在挑选顾客，而市场定位则是已确定作为目标市场的顾客在反过来挑选企业和产品时，企业期望自己处于什么位置。

市场定位可具体分为产品定位、价格定位、营销渠道定位和广告促销定位等四种。市场定位是企业营销过程中的一个非常重要的战略性决策，它直接决定着营销组合策略的制定。如某一开发商在"低价定位"、"优质定位"和"优质服务定位"等策略中，选择了"优质定位"，即强调自己的房屋在市场上是质量最好的，那么它就应该在精心设计、建造优质房地产产品的同时以高价出售，通过高级代理商配销，并选用最富有说服力的媒体加以宣传，以树立持久的优质形象。

由于市场定位是相对于目标市场上的其他竞争者而言的，故定位方法实际上也反映了竞争方式的不同。总体而言，有两种选择：一是靠近竞争者，短兵相接；二是避开竞争者，不直接作正面抗衡。因为房地产产品位置固定，以现场销售为主，所以企业的选择余地比较小。具体操作时，要注意扬长避短，突出自身的竞争优势，选好"卖点"，准确定位，为占领市场打下基础。

3.3.4 房地产开发项目定位

市场定位策略的最终落脚点就是房地产开发项目定位，它也是整个房地产开发项目策划工作的成果的集中体现，包括产品定位、客户定位和形象定位 3 部分内容。

（1）产品定位

按照市场营销理论，产品包括核心产品、有形产品和延伸产品三个层面。房地产产品定位阶段至少要确定出核心产品层面，即目标客户到底需要什么样的空间？应配备哪些功能要素？产品的每个部分是怎样与消费者的行为相关联？在使用产品时可能对消费者的行为和心理产生怎样的影响？如何最好地满足其使用要求等，从而分析出产品方案构成的主要因素，形成市场差异化产品，为委托规划设计单位设计有形产品提供依据。当然，有时候也可能根据市场竞争状况用 SWOT 分析方法进行定位。

（2）客户定位

客户定位是确定房地产开发项目的目标消费群体和他们的特征。这在目标市场选择时就已经开始考虑，现在需要锁定客户群体后进一步"深耕细作"，解决本项目针对哪些不同的消费群体？产品的差异对他们的消费行为的影响程度和影响方式如何？消费者对本项目的消费习惯有哪些等问题，还可能进一步研究其背景、阶层、偏好和生活方式等，为制定下一步的营销策略打下良好基础。

（3）形象定位

形象定位主要是找到本项目特有的、不同于竞争对手的、能进行概念化描述和宣传的特征，力争为目标客户接受并产生共鸣，实际上就是寻找项目"卖点"的过程。在这里需要明确的是如何使消费者理解产品的特色和内涵？如何对本项目的"卖点"进行描述和提升？如何促使客户认同本项目而产生购买行为等等。形象定位可以通过统一的广告、包装、模型等形式来表达。

3.4 房地产开发经营方案确定

对于一个持有资金准备投资的开发商而言，通过市场分析、目标市场选择和初步的风险分析，一般可以发现若干个投资机会——尚未满足的有效需求，但如何把握住这些机会，实现预期的经济效益呢？要靠开发建设适宜的项目来满足市场需求。按照市场营销学的理论，开发商提供适宜的项目过程应该融合了产品、定价、分销和促销(4P 组合)等多方面内容，是一个极其复杂、专业性很强的活动。要圆满地完成一个项目，就必须充分发挥项目管理的基本职能——计划、组织、协调和控制等，其中首要的职能是计划，因为它能把项目的全过程、全部目标和全部活动统统纳入计划轨道，用一个动态的计划系统来协调控制整个项目，充分估计到可能出现的问题并制定相应的对策，使项目协调有序地达到预期目标。计划职能在开发项目决策和实施前的具体体现就是拟定开发方案，也可以说开发方案是开发项目策划全部活动的最终落脚点和工作成果。

一般而言，完整的方案应包括两大部分：预期达到的目标和实现该目标所必需的途径方法。实现同一目标可能有多种途径和方法，由于在开发项目策划阶段存在着很多不确定因素，为了避免遗漏下最佳方案，给项目的评估和决策(下一章介绍)打好基础，应该尽可能多地提出备选方案，这就需要项目策划人员富有开拓精神，集思广益，不放过任何一种可能性，并大胆假设、小心求证，力争使方案更科学、更严谨。

3.4.1 房地产开发方案的主要内容

作为房地产开发项目，"房"和"地"仍是最重要的两个方面，所以房地产开发方案大多是围绕《规划设计方案》和《取得用地方案》这两项核心内容展开的。当然，这两项内容谁先谁后、谁主谁次并没有多大关系。有的大型房地产开发企业事先储备了一些土地资源，或者在市场上发现了有待开发、正在招商的地块，就可以针对现有地块策划后进行规划设计，即所谓"为地找项目"；也有的开发商是通过调研先大致规划设计出一个项目雏形，或者是先形成了初步的项目"概念"，然后再按照该项目对用地的要求去寻找适合开发的地块(如大型的商业、写字楼项目等常用这种方法)，这就是所谓的"为项目找地"，有些地方政府形象地称之为招商引资后的"项目落地"。总之，先把这两项内容确定以后，其他问题再一一解决也就不难了。一个完整的房地产开发方案至少应包括以下主要内容：

(1) 项目总体目标和进度计划

通过运作该项目，企业将力争达到什么目的、投资什么物业类型、投资规模有多大、预期取得多少收益等，这是开发商首先要确定并为之努力的目标。确定项目的总体目标时要与企业的经营战略密切相关，如一些规模较小的开发企业或者是项目公司，一般是以利润最大化为原则的，因其日常开销较少，有能力承受"三年不开张、开张吃三年"的不均衡经营方式；而大型的综合性开发企业，在确定某一项目开发目标时除了考虑利润因素以外，可能还有其他的诸如平衡产品结构、分散投资风险、扩大市场占有率或创造品牌效应等多方面因素，甚至有时宁肯承担亏损也要为地方政府解决一些难啃的"骨头"项目，目的是换取立足该地区市场或为日后争取"肥肉"项目的机会。无论如何，目标决定方案，确定目标并围绕着如何实现这一目标所制定的各种工作方案就是项目策划的内容。

从减少投资风险和提高资金利用效率的角度讲，当然是项目进度越快越好，但是基本建设过程中的客观规律不能违背，分阶段按顺序进行工作的原则要必须遵守，如坚持先可行性研究而后立项确定建设任务；先规划设计后施工；先市政公用工程施工而后房屋建筑施工；先地下后地上；主体工程、附属工程和配套工程同时建设、同步交付使用的原则等。即使是安排分期滚动开发，也要做到开发建设一批、完成一批、交用一批，提高城市建设的综合效益。所以制定进度计划时要合理安排、科学组织，既要提高效率又适当留有余地。

(2) 建设用地取得方案

房地产的价值就在于位置,因为房地产不可能脱离周围的环境而单独存在,所以开发项目策划阶段的选址至关重要。这需要通过对地块的现状调查、规划条件研究、环境分析等工作多方搜索备用地块,再结合规划建设方案进行选择。现在关键的问题是:一旦我们选中了某一地块,怎样取得目标地块的土地使用权呢?按照现行的城市土地管理制度,不仅一级市场要逐渐由行政划拨向有偿出让转化(协议、招标、拍卖等),而且土地二手交易也将逐渐集中到土地管理部门去公开挂牌交易,开发商利用购买土地使用权这一环节获得较大增值的"暴利时代"已经过去,要想在众多开发商追逐少量可开发地块的残酷竞争中取得优势,就必须精心策划,研究用足政策,制定合理的动迁计划,或者考虑与原有的土地使用者合作开发的可能性。

(3) 规划设计方案

规划设计方案是房地产开发方案中最活跃、最有创造性的部分。一个项目要形成独特的"卖点",才能在市场竞争中占据有利位置,甚至处于垄断地位,这就必须依靠高水平的规划设计方案。当然,房地产开发中,真实的规划设计应发生在可行性研究之后,前期策划阶段的规划只是概念性规划,所以,这时的规划设计不单纯是技术问题,因为规划设计要依据房地产项目定位,充分贴近市场,在研究市场、技术和资金等前提条件下,运用科学方法,构思出房地产项目的产品方案,从而在产品市场和目标顾客中确立其与众不同的价值和地位。实际上这个过程就是将目标顾客的需求转化为房地产产品特性的过程,是一种真正意义的高附加值活动,而市场则是检验这一活动成果的唯一标准。从当前房地产市场的分析表明:适销对路的畅销楼盘不仅价格高,而且销售速度快;而一些积压空置的房屋尽管从建造成本上与之相差无几,但收益却有天壤之别。所以需要组织市场人员和设计人员反复研究讨论,提出有创意的规划设计方案来。

(4) 开发建设方案

如果好的创意和规划设计方案仅仅是停留在纸面上,最终还是因无法满足市场需求而错失良机,因此必须制定操作层面的开发建设方案,落实具体的各项工作计划。市场营销组合中的产品组合实际上不仅包括如何把产品设计出来,还包括如何多、快、好、省地将其生产出来。当然从房地产开发行业的运作惯例来讲,开发建设方案中的前期工作应是重点,事无巨细地都要一一解决好,所以房地产开发企业应属于"管理型"公司;至于工程建设过程一般都要通过招投标方式承包给建筑施工单位完成,但各单项工程的开、竣工时间、进度安排、场地布置和市政工程的配套建设等内容还是需要由开发商组织安排的,制定一个完善合理的开发建设方案无疑会给项目的成功打下坚实的基础。

(5) 产品租售方案

在经过最初的几年房地产开发热潮后,各地的房地产市场都会逐渐由短缺转向饱和甚至过剩,大量的新增空置商品房不仅严重地影响了开发商的经济效益,还极大地浪费了社会资源,是令各级政府十分头疼的事情。本着"不找市长找市场"的原则,开发商应认真做好项目的租售方案,它是直接影响开发项目收益水平的关键。由于房地产在市场上存在着出租和出售两种经营方式,所以对于一个项目而言,产品销售方案中应包括确定租售的面积比例和位置、确定租售的组织方式和进度计划、确定租金和售价水平以及回收资金计划等内容。

（6）资金运作方案

房地产开发是非常典型的投资行为，一般需要实现垫支大量的资金用于项目的开发建设，等项目开发完成后再从项目的租售活动中收回投资，在这个过程中因投入回收的时间差会使开发商的资金流动存在缺口，再加上分散投资风险、利用财务杠杆赚取更大收益等目的，筹集建设资金也就成了资源准备的一个重要内容，因此，成功的开发商也应该是资金运作的高手。资金运作方案包括选择适宜的筹资渠道、确定各类资金来源的比例、合理利用有限资金等内容。当然，价值运动依附于物质运动，开发商毕竟还是应以开发项目为主要工作，所以，资金运作要根据本项目实际需要而定，而且要综合考虑融资成本和融资风险等因素，既保证充分利用，又适度留有余地，以备不可预见之需。

（7）开发项目管理模式

为了成功地完成开发任务，应本着效率优先的原则实施项目管理，以应对项目实施过程中可能出现的各种问题，提高适应能力和决策效率。一般地，当项目规模不大且开发商实力较小、近期只有一个开发项目时，可由公司直接负责项目的具体实施；而对于复杂的大型房地产开发项目，则应该实行以"项目经理负责制"为核心的"项目法人制"，给项目经理充分的授权保证，甚至有时可以专门注册成立一个项目公司，由项目经理吸收精干的专业人员，分工协作，并借助外部专业顾问的力量，确保高效率地实现既定的项目盈利目标。

3.4.2 制定房地产开发方案应注意的问题

从上述开发方案包括的主要内容可以发现，它基本上涵盖了一个完整的开发项目的各方面工作，因此，方案中各部分的具体制定方法将在本书以后的各个章节中详细介绍，这里不再赘述。考虑到开发方案对于一个项目的重要性，这里再强调一下制定开发方案时应注意的问题：

（1）创新问题

创新在策划活动中应是一个永恒的主题。由于房地产开发具有单件性特点，加之价值量大、很少有重复购买现象，所以市场营销学中的产品生命周期理论在某个开发企业的某个项目中并不适用，也就是说开发商自己的某一开发项目（产品）不会经历新产品上市过程的"新生期"、"成长期"、"成熟期"和"衰退期"等阶段。但产品生命周期理论在某一种开发产品类别中还是适用的，比如前一时期出现过的"soho"系列项目等，可能最早由某一开发商在自己的一个项目中提出并得到市场的响应，那么该项目就进入了这类产品的"新生期"；很快其他开发商纷纷效仿，类似的项目大量面世，相当于进入了产品的"成长期"；以此类推，这类产品的"成熟期"和"衰退期"也都能在不同的项目中体现出来。由于处于"新生期"的产品（开发项目）缺少竞争对手，开发企业可以采用"撇脂定价法"来制定高价，获取巨额利润，因此开发企业都应注重创新，没有创新能力的企业终将被市场淘汰。当然，创新有大有小，都需要策划人员具备敏锐的市场洞察力和创造性的思维能力，而且这些创新应能给目标顾客确实带来使用价值的增加，切忌只做形式上的标新立异、哗众取宠、片面炒作所谓的"概念"等。

（2）协调一致问题

这是一个与创新相对立又统一的问题，创新是强调变化、突破传统和引领时尚，而协调一致则是要求跟随时尚,与同期项目保持一致,这也是有些项目策划时必须注意的问题。随着市场的日益成熟,创新的难度也在加大,那么既然不能做市场的领先者,做跟随者也是个不错的选择。毕竟房地产是为城市居民服务的,而在一定时期内人们的生活方式是有着共性的一面的,所以要适应人们的生活习惯,这一时期的房地产项目应大同小异,带有统一的、鲜明的时代特色,特别是当某一项目与其他项目毗邻时,更应按城市规划的要求与周边项目相协调,服从片区的整体发展方向。至于要包装"卖点"、创造特色,也只能在统一中求变化,而不能破坏片区的整体定位。

(3)品牌形象问题

对于消费者而言,通过品牌的作用和各种促销活动的影响,对于特定的产品会产生刺激反映,从而使之具有与众不同的知觉和特殊意义,即树立了品牌形象。由于品牌形象可以帮助企业及其产品在消费者心中确立特殊的地位,大大加强购买倾向,所以众多开发企业都争相制定自己的品牌策略。值得注意的是:在房地产行业里,项目(产品)品牌与企业品牌是联动的,互相促进、共生共荣,所以,越是知名的大房地产开发商,越是需要不断地打造名牌楼盘来巩固自身的企业形象,延续其在市场上的优势地位。因为毕竟一个项目的开发周期不过是几年,为了配合销售而采取的宣传攻势也不可能持续的太久,也许很快就会被其他新项目的宣传所掩盖。所以,为了唤起人们对这一品牌的记忆,必须强化刺激,有时开发商可以在后续的开发项目中继续使用这一品牌(或者其"变种"),从而形成一个品牌项目系列。

复 习 思 考 题

1. 房地产市场细分的作用是什么?
2. 房地产目标市场策略有哪些?
3. 房地产开发方案的主要内容是什么?
4. 如何进行房地产开发项目定位?
5. 房地产项目策划应注意哪些问题?

4 房地产开发项目可行性研究

房地产开发是一项综合性经济活动，虽然房地产投资利润率很高，但是风险也是很大的。要使房地产开发项目达到预期的经济效果，就必须做好可行性研究工作。可行性研究工作主要是弄清两个主要问题：一是在技术上是否可行；二是在经济上是否合算，以便为开发项目投资决策提供依据。

4.1 房地产开发项目可行性研究概述

4.1.1 可行性研究的概念、目的和特点

（1）可行性研究的含义

可行性研究最初是在 20 世纪 30 年代美国为开发田纳西河流域所采用的一种技术经济研究方法，它在田纳西河流域的经济开发和资源的综合利用上起到了重要的作用。从此，可行性研究逐步推广开来，它的应用涉及企业投资、工程项目、经营决策、课题研究、产品开发、技术开发、技术引进与改造等广泛的领域，并不断在实践中得到充实和完善。目前它已成为房地产开发项目前期准备工作中不可缺少的重要一环。

可行性研究又称可行性分析，它是指在投资决策前，对项目进行全面、综合的技术经济分析和论证，从而为项目投资决策提供可靠依据的一种科学方法。它是一种科学性、技术性很强的工作，同时也是决定投资项目开发成败的关键。可行性研究的分析和论证主要是从与投资项目有关的社会、经济和技术等方面进行深入研究；对各种可能的方案进行深入的分析、比较和论证；对投资项目的经济效益、社会效益和环境效益进行预测和评价，从而将投资项目涉及的各个方面以最佳的方式统一起来，并得到结论性的意见，为决策部门进行决策提供科学、可靠的依据，使投资项目取得最优的经济效果。

可行性并非最优而只是可行，只有在可行的基础上才能进一步做出最优决策。可行性研究工作不仅要重视微观的可行性研究，而且更要重视宏观的可行性研究。

（2）可行性研究的目的

我国在 20 世纪 80 年代以前，投资项目的可行性研究没有得到应有的重视，使得投资项目建成后经济效益低下，造成社会资源的极大浪费。1981 年 3 月在国务院《关于加强基本建设体制管理、控制基本建设规模的若干规定》中明确提出，所有新建、扩建大中型项目以及利用外资进行基本建设的项目都必须有可行性研究报告。1983 年 2 月，国家计委颁发了《关于颁发建设项目进行可行性研究的试行管理办法的通知》，对我国进行可行性研究的原则、编制程序、编制内容、审查办法等作了详细规定。这样不仅保证了投资项目决策更客观、更科学、更可靠，而且保证了项目发挥最大的投资效益。房地产开发的投资数额大，建设周期长，涉及面广，所以在投资决策前必须首先做好可行性研究。其目的是要把投资项目决策建立在科学、可靠的基础之上，减少或避免投资决策的失误，提高投资项目的经济、社会和环境效益。

（3）可行性研究的特点

1）先行性

可行性研究是在投资项目建设前所做的研究、分析和论证工作，而在进行该项工作时投资项目尚未确定、尚未实施，只有在进行了可行性研究并得到结论之后，才能确定是否要投资建设。

2）预测性

可行性研究是在投资项目尚未确定、尚未实施时进行的，此时的研究工作只能针对未来事物做出分析论证，而分析论证所用资料数据通常要采用预测的方式得到，所以应尽可能地减少预测误差，提高预测的准确程度，并对预测的结果要客观地对待。

3）不定性

可行性研究的结论会出现可行或不可行的两种可能性的结果。如果得到可行的结论，就为投资项目的决策提供了依据；如果得到不可行的结论，就可避免投资决策失误和不必要的浪费。所以，无论得到可行还是不可行的结论，都是有意义的。

4）决策性

未来事物尚未发生，本身就存在不确定性，所以在投资之前必须严肃认真谨慎进行可行性研究，才能为投资决策提供科学可靠的依据。

4.1.2 可行性研究的作用

房地产开发项目可行性研究的主要作用如下：

（1）可行性研究是确定房地产开发项目投资与否的依据

通过可行性研究，可以预见拟建开发项目在技术经济上是否可行、有无销路和竞争力、有多大的利润空间及投资效果如何，从而得出是否应该投资建设的结论。

（2）可行性研究是申请建设执照的依据

可行性研究报告经有关部门评估和批准后，投资项目即已确立，投资建设单位据此便可向当地政府或城市规划管理部门申请办理建设执照。

（3）可行性研究是筹集开发建设资金的依据

房地产开发建设项目需要大量的资金，仅仅依靠开发企业有限的自有资金是不够的，只有通过资金融通，广泛筹集资金才能解决资金不足的问题。开发企业在向银行等金融机构申请贷款时，银行等金融机构决不会轻易地向其发放贷款。银行等金融机构根据建设单位提供的可行性研究报告，并对其进行全面细致的评估后，才能确定是否同意贷款及贷款方案。

（4）可行性研究是与有关部门签订协议、合同的依据

房地产开发涉及面广，需众多部门的协助与配合。依据可行性研究报告所提供的资料，建设单位可与有关部门或单位进行商谈，签订协议或合同。

（5）可行性研究是项目投资建设的基础资料及进行项目建设施工准备工作的依据

在可行性研究报告中对拟建项目进行了全面地分析和论证，并确定或推荐了建设方案，而建设施工中的每一环节的资料，均可取之于可行性研究报告。因而可作为项目建设施工准备工作的依据。

4.1.3　可行性研究的程序及房地产开发项目可行性研究步骤

(1) 可行性研究的程序

可行性研究的全过程，一般可分为四个阶段，即机会研究阶段、初步可行性研究阶段、详细可行性研究阶段和评价与决策阶段。每一阶段的研究内容都是在前一阶段的基础上进行的。在研究过程中遵循这样一条规律，即分阶段、有步骤、由浅入深进行研究。研究的程序如图 4-1 所示。

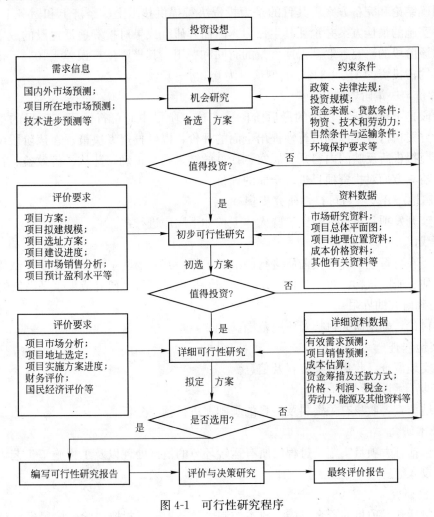

图 4-1　可行性研究程序

1) 投资机会研究阶段

依据对市场需求的调查、预测及各方面条件的初步分析，寻找投资机会，提出投资项目或投资方向的建议。该阶段的工作相当粗略，主要依靠笼统的估计，而不是详细的分析。因而其所需的时间和费用也比较少。投资估算误差程度在 ±30%，研究费用一般占投资的 0.2%～0.8%。

2) 初步可行性研究阶段

初步可行性研究是介于机会研究和详细可行性研究之间的一个研究阶段。它是以机会研究为前提并在机会研究的基础上，通过初步的定性、定量分析，判明项目是否有投资价值，是否可进行详细可行性研究。该阶段的研究和详细可行性研究的内容相似，不同点只是在深度和广度上有差异。初步可行性研究投资估算误差一般为±20％，研究费用一般占投资的 0.25％～1.5％。

3）详细可行性研究阶段

详细可行性研究也称可行性研究，它是在占有大量的原始资料的基础上进行的。在这一阶段的研究中对项目的所有方面进行较为准确的系统分析、计算和论证，提出可行或不可行的明确结论和完备方案。其目的是为投资决策提供技术上、经济上和财务上的依据，选择项目实施的最佳方案并论证其生命力。因而其研究成果对投资项目建设的成败关系极大。所以该阶段的研究一般都占用大量的时间和费用。其投资估算误差±10％，研究费用小型项目约占投资的 1％～3％，大型项目为 0.2％～1％。

4）评价与决策阶段

该阶段是可行性研究程序的最后阶段。在这一阶段中对可行性研究项目的主要优缺点、各个方案执行或实施的可行性提出全面的评价，以供投资者决策。在该阶段中要审核可行性研究报告所反映的内容是否属实，计算的结果是否正确，并从经济效益、社会效益和环境效益等方面对投资项目进行全面的评价。

（2）房地产开发项目可行性研究步骤

房地产开发项目可行性研究步骤大体上按如下顺序进行：

1）策划

策划是在可行性研究开始前所进行的准备工作。其主要的工作是组建研究队伍或选择房地产评估、研究机构。策划工作质量的高与低是决定可行性研究成果水平高低的关键。

2）明确研究的界限

通过讨论，确定研究目标及研究范围。

3）实地调查

通过实地调查，收集有关资料及信息。

4）市场预测分析

在实地调查，收集有关资料及信息的基础上进行预测分析。

5）技术研究

主要包括开发项目实施全过程的所有运转环节的衔接处理以及工程施工工艺、地质处理、物料投入等。

6）经济研究

主要包括开发项目的资金筹措、成本控制、效益预测、投资风险、国民经济评价以及社会效益评价等。

7）方案设计与选择

根据研究内容设计可供选择的开发项目实施方案，并通过比较分析在可供选择的方案中，选出最佳方案或集中不同方案优点重新设计出最佳方案。

8）制定实施计划

制定实施计划是对所选取的方案制定详细的实施计划书。包括所有具体的技术指标范围、投资的成本支出和收益的财务状况、开发项目工程进度情况以及当发生变化时的应变能力、对开发项目可能造成的影响等。

9）编制可行性研究报告

在对开发项目进行了全面、细致的分析研究之后，便可编制可行性研究报告书。

10）专家论证

房地产开发项目具有投资量大、建设周期长、投资风险高的特点，且涉及的因素多而复杂。因此，可行性研究报告需要经过专家进行论证。在进行论证时可邀请城市规划、环境保护、技术经济及财务分析等方面的专家对可行性研究报告进行详细的分析和论证。

4.1.4　可行性研究的内容

房地产开发项目可行性研究的内容不同于一般工业项目的可行性研究的内容。由于房地产开发项目在规模上、性质上及复杂，程度上差异较大，且侧重点不同，因而在可行性研究内容上也存在着差异，一般情况下研究内容如下：

（1）项目的基本概况

包括项目的名称、开发建设单位、项目的地理位置及周围环境状况、项目的特点、开发建设的社会经济意义及可行性研究的依据与范围等。

（2）项目用地状况和拆迁安置

包括开发项目用地范围内的各种类型的土地面积、家庭户数及人口数量、需安置的家庭户数及人口数量、生产经营单位的状况（包括占地面积、建筑面积、营业面积、职工人数、年营业额与年利润额）、建筑物的状况（包括各类建筑物的数量、面积及需拆迁的各类建筑物的数量、面积）、地下地上物的状况及各种管线、补偿安置费用估算等。

（3）市场状况和项目建设规模

包括市场供给与需求的现状及预测分析、销售对象状况分析、营销方案的制订及拟建开发项目建设规模的确定等。

（4）开发项目方案设计与选择

包括各种市政设施的布置及走向、建筑设计方案（包括的占地面积、建筑面积、层高、层数、房间数量及布置等）及平面布置等。

（5）资源供给状况

包括施工建设所需建筑材料的数量、动力及水的供应、施工力量的组织以及开发项目建成并投入使用后水、电、燃气、热力等的供应。

（6）开发项目的组织机构

包括开发项目的机构设置、人员配备等。

（7）开发项目建设实施计划

包括开发前期工作计划、建设施工工作计划、环境保护工作计划及选择施工队伍等。

（8）项目投入费用、收入估算及资金筹措状况

包括项目总投资、开发成本、销售与经营成本的估算、项目销售收入、租金收入及其他营业收入的估算等。

（9）开发项目效益评价

包括国民经济评价、财务评价、风险分析等。通常国民经济评价是在财务评价之后进行的。但是由于财务上的最优方案不一定在国民经济上也是最优的，因此对大型房地产开发项目应先做国民经济评价，从中选出最优方案后再进行财务评价。而风险分析既要进行

定性分析，也要进行定量分析。

（10）研究结论与建议

通过从技术、经济、财务等方面进行分析论证和评价，对开发项目方案进行总结，得到是否可行的结论。如果可行，要推荐最佳方案，并提出存在的问题及建议。

除上述内容之外，近年来国家多次表明了对房地产市场宏观调控的坚定决心，特别是 2009 年至今，调控力度之大，持续时间之长，在房地产市场上是少见的并且始终没有放松迹象。因此在可行性研究的内容中，宏观调控对房地产市场影响的内容不容忽视。

4.2　资金时间价值理论

4.2.1　资金时间价值的概念

所谓资金时间价值是指资金持有者放弃资金的即时使用机会，而将资金转化为资本随时间推移所产生的真实报酬。通常资金时间价值的表现有利润和利息两种形式。由于资金时间价值的客观存在使不同时点上的货币不能直接相加减。在现实生活中，资金时间价值是客观存在的，并不会由于人们不承认它就从社会经济生活中消失，无视其存在所造成的损失与教训已被历史所证实。

资金时间价值的产生是有条件的，首先是资金的所有权或持有权与其使用权能够分离；其次是资金转化为资本所带来利润的一部分。因此，资金时间价值的真正来源是劳动者创造的新价值中的一部分，是劳动者创造的新价值在分配方面的特殊形式。

资金时间价值取决于没有通货膨胀和风险条件下的社会平均利润率。资金时间价值理论正确揭示了资金在不同时点上价值量的大小，能够被用来评价投资项目的可行性，因而成为投资项目决策分析中时间价值计算的主要内容。

4.2.2　现金流量及其图形

（1）现金流量的概念

对任何建设项目而言，都可以将其抽象为一个现金流量系统。在房地产开发项目中，所谓现金流量就是以开发项目为系统，反映开发项目在整个投资过程中流入和流出系统的现金流动。凡是在某一时点上流出项目的货币称为现金流出量，用 CO 表示；流入项目的货币称为现金流入量，用 CI 表示；而现金流入量与现金流出量的代数和称为净现金流量，用 NCF 表示，净现金流量（NCF）在计算中，通常以年为时间单位。

（2）现金流量图及表示

表达现金流量的有效工具是现金流量图（图 4-2），在图中横轴（水平轴）代表开发建设项目，箭头方向向右延伸代表项目的时间延续，水平轴上标注的相等的间隔代表相等的时间长度（通常是年，也可是季或月等任意时间间隔），水平线上方的垂线表示现金流入量，水平线下方的垂线表示现金流出量，垂线长短表示现金流量绝对值的大小。

在图 4-2 中，0 代表开发项目的初始点，t 代表开发项目的寿命期，1，2，3，……，n 分别代表第一期末，第二期末，第三期末，……，第 n 期末，前一期末与紧随其后的期初相重合，即处于同一时点上。

例如某房地产开发项目在寿命期内各年现金流量如表 4-1 所示：

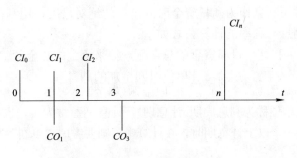

图 4-2 现金流量图

现金流量表

表 4-1

单位：万元

项目	时 间		
	1	2	3
现金流入量			
1. 销售收入		6141.35	9353.40
2. 筹措资金			
(1) 贷款	4000.00	2000.00	
(2) 自有资金	594.22		
现金流入量合计	4594.22	8141.35	9353.40
现金流出量			
1. 投资	4594.22	2000.00	
2. 销售成本		2782.50	4472.82
3. 偿还贷款本息		2300.00	4210.00
4. 销售税金等		193.38	211.20
现金流出量合计	4594.22	7275.88	8894.02
净现金流量	0	865.47	459.38

根据表 4-1 绘制的现金流量图见图 4-3。

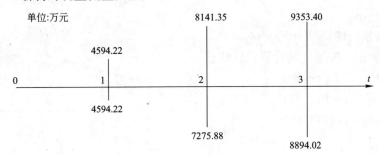

图 4-3 现金流量图

4.2.3 资金时间价值的计算

由于资金时间价值的存在，不同时点上的资金不能直接进行比较（或加减），必须与时间结合，才能表示出其真正的价值。这就需要对资金进行等值变换，即将不同时点上的资金价值转换为相同时点上的价值，使之具有可比性。

（1）利息的计算

利息是资金时间价值的表现形式之一，是指占用资金所支付的代价或放弃资金的使用所得到的补偿。通常用利息作为衡量资金时间价值的绝对尺度,用利率作为衡量资金时间价值的相对尺度。利息与利率的计算公式如下:

$$利息=目前资金的总金额-原来资金的总金额$$

$$利率=\frac{单位时间增加的利息}{原金额(本金)}$$

表示利率的时间单位称为利息周期(计息期),计息期通常为年,也可以是季或月等时间单位。当一年中存在一个以上计息期时,在计算中,则要考虑"单利"与"复利"的问题。

1) 单利计息法

单利计息法也称单利法,是指仅对本金计算利息,利息不再产生利息的方法。

单利法公式: $F=P(1+in)$

2) 复利计息法

复利计息法也称复利法,是指不仅本金要计算利息,前期产生的利息在后期的计息期中也要计算利息的方法。

复利法公式: $F=P(1+i)^n$

在上述两个公式中,P 为本金(现值),F 为本利和(终值),i 为利率,n 为计息期。

在投资项目的经济评价中均采用复利法进行资金时间价值的计算。因为,从资金运动的实际过程看,资金总是在不断地周转与循环,并在周转与循环中得到增值,采用复利法进行计算比较符合资金运动的规律。

(2) 资金等值变换公式

资金等值是指在利率一定的情况下不同时点上绝对数额不等而经济价值相等的若干资金。例如,年利率为 10%,今天的 1000 元与一年后的 1100 元 [$1000\times(1+10\%)=1100$] 在经济上的作用是相等的,虽然二者的绝对数额不等但具有相等的价值。利用资金等值的概念我们就可以把任一时点上的资金额换算为另一时点上的资金额。这种换算称之为资金等值计算。资金等值计算要借助于现金流量图和相应的变换公式。

1) 现值与终值相互变换

如图 4-4 所示。

① 现值变换为终值($P{\rightarrow}F$)

按图 4-4 所示,按照复利计算,显然有

$F_1=P+P\cdot i=P(1+i)$

$F_2=F_1+F_1\cdot i=P(1+i)^2$

$F_3=F_2+F_2\cdot i=P(1+i)^3$

…

图 4-4

$F_n=F_{n-1}+F_{n-1}\cdot i=P(1+i)^n$

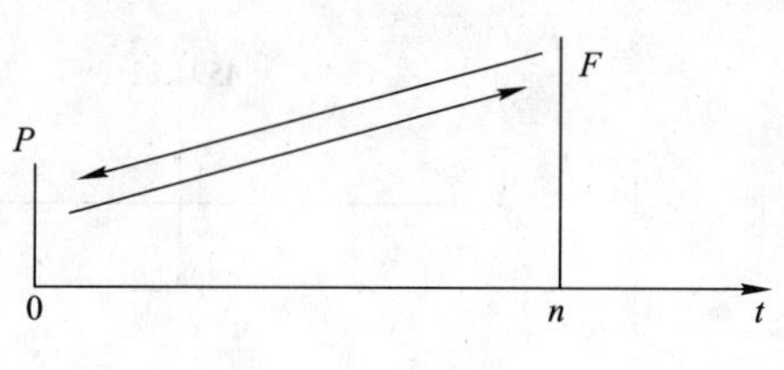

所以与图 4-4 所示的现值变换为终值的公式为:$F=P(1+i)^n$

式中 $(1+i)^n$,称为终值系数,记作 $(F/P, i, n)$。

【例题 4-1】 某房地产开发企业借入款项 100 万元,年利率为 10%,借款期为三年,到期应偿还的本息是多少?

【解】 $F=P(1+i)^n=100\times(1+10\%)^3=133.1$ 万元

到期应偿还的本息是 133.1 万元。

② 终值变换为现值（$F \rightarrow P$）

将公式 $F = P(1+i)^n$ 两边同乘以 $(1+i)^{-n}$，即可得到公式：

$$P = F \frac{1}{(1+i)^n}$$

式中 $\frac{1}{(1+i)^n}$，称为现值系数，记作 $(P/F, i, n)$。

【例题 4-2】 某房地产开发企业三年后需要款项 1000 万元，如果年利率为 10%，现在应准备多少款项？

【解】 $P = F \dfrac{1}{(1+i)^n} = 1000/(1+10\%)^3 = 751.3148$ 万元

现在应准备 751.3148 万元。

2）年金与终值和现值相互变换

所谓年金就是每隔相等的时间收到或付出相等金额的款项，即每期发生的现金流量数额相等，用 A 表示。在现实生活中，年金大量存在，如工资、租金、保险金等通常都采取年金的形式。年金按其收付方式的不同，可以分为先付年金、后付年金、递延年金和永续年金四种。

先付年金是指在一定时期每期期初等额系列收付的款项。后付年金是指在一定时期每期期末等额系列收付的款项。在现实生活中因其最为常见，故又称为普通年金。递延年金是指最初若干期没有收付款项而随后若干期等额系列收付的款项。永续年金是指有开始而没有最后到期日的等额系列收付的款项，如优先股的股利。

在计算年金问题时，如果没有特殊说明通常按后付年金计算，其他几种形式的年金，可在后付年金的基础上，根据其特点进行变化来计算。

① 年金与终值的相互变换

A. 年金变换为终值（$A \rightarrow F$）

如图 4-5 所示。

年金与终值的关系如下：

$$F = A(1+i)^{n-1} + A(1+i)^{n-2} + \cdots + A(1+i) + A$$

上式经推导得到公式：$F = A \dfrac{(1+i)^n - 1}{i}$

式中 $\dfrac{(1+i)^n - 1}{i}$，称为年金终值系数，记作 $(F/A, i, n)$。

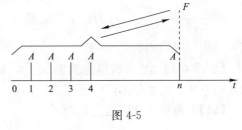

图 4-5

B. 终值变换为年金（$F \rightarrow A$）

按图 4-5 所示，终值变换为年金，将公式 $F = A \dfrac{(1+i)^n - 1}{i}$ 两边同乘 $\dfrac{i}{(1+i)^n - 1}$，即可得到公式：

$$A = F \frac{i}{(1+i)^n - 1}$$

式中 $\dfrac{i}{(1+i)^n - 1}$，称为偿债基金系数，记作 $(A/F, i, n)$。

【例题 4-3】 某房地产开发企业 8 年后需要投资 5000 万元，年利率为 8%，在 8 年中以等额的方式把款项存入银行，每年年末应存入银行多少款项？如果每年年末存入 500 万元，8 年后款项是多少？

【解】　每年年末应存入银行的款项为：

$$A=F\frac{i}{(1+i)^n-1}=5000\times8\%/[(1+8\%)^8-1]=470.0738(万元)$$

如果每年年末存入 500 万元，8 年后款项为：

$$F=A\frac{(1+i)^n-1}{i}=500\times[(1+8\%)^8-1]/8\%=5318.3138\ 万元$$

② 年金与现值相互变换

A. 年金变换为现值（A→P）

如图 4-6 所示。

根据公式 $F=A\dfrac{(1+i)^n-1}{i}$ 和公式 $F=P(1+i)^n$，则可推导出公式：

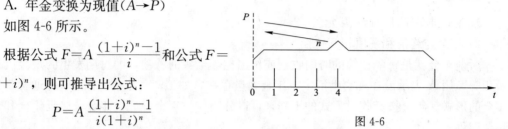

图 4-6

$$P=A\frac{(1+i)^n-1}{i(1+i)^n}$$

式中 $\dfrac{(1+i)^n-1}{i(1+i)^n}$，称为年金现值系数，记作 $(P/A,\ i,\ n)$。

当 n 趋近 ∞ 时，则有：$P=\dfrac{A}{i}$

B. 现值变换为年金（P→A）

如图 4-6 所示。将公式 $P=A\dfrac{(1+i)^n-1}{i(1+i)^n}$ 两边同乘 $\dfrac{i(1+i)^n}{(1+i)^n-1}$，即可得到公式：

$$A=P\frac{i(1+i)^n}{(1+i)^n-1}$$

式中 $\dfrac{i(1+i)^n}{(1+i)^n-1}$，称为资金回收系数，记作 $(A/P,\ i,\ n)$。

当 n 趋近 ∞ 时，则有：$A=Pi$

【例题 4-4】　某人购房贷款 50 万元，贷款期限为 10 年，年利率为 5%，如果采用等额偿还的方式，每年年末应偿还多少？如果每年年末偿还数额为 6 万元，现在能贷款多少？

【解】　每年年末应偿还款项：

$$A=P\frac{i(1+i)^n}{(1+i)^n-1}=50\times5\%\times(1+5\%)^{10}/[(1+5\%)^{10}-1]=6.4752\ 万元$$

现在能贷款为：

$$P=A\frac{(1+i)^n-1}{i(1+i)^n}=6\times[(1+5\%)^{10}-1]/5\%\times(1+5\%)^{10}=46.3304\ 万元$$

3）等差序列现金流量变换为终值、现值和年金

等差序列现金流量是每隔相等的时间以等额递增（或递减）的数量发生变化的现金流量序列。等差递增（或递减）的数值用 G 表示。

现金流量图如图 4-7 如下：

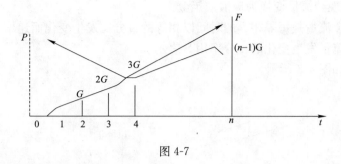

图 4-7

① 等差序列现金流量变换为终值（$G \rightarrow F$）

当现金流量为递增（或递减）的等差数列时，如图所示（图 4-7），则：

$$F = G[(F/A, i, n-1) + (F/A, i, n-2) + \cdots + (F/A, i, 1)]$$

整理上式得到

$$F = \frac{G}{i}\left[\frac{(1+i)^n - 1}{i} - n\right]$$

式中 $\frac{1}{i}\left[\frac{(1+i)^n - 1}{i} - n\right]$，称为等差序列终值系数，记作（$F/G, i, n$）。

② 等差序列现金流量变换为现值（$G \rightarrow P$）

当现金流量为递增（或递减）的等差数列时，如图所示（图 4-7），则：

$$P = F(P/F, i, n) = \frac{G}{i}\left[\frac{(1+i)^n - 1}{i} - n\right]/(1+i)^n = G\frac{1}{i}\left[\frac{(1+i)^n - 1}{i(1+i)^n} - \frac{n}{(1+i)^n}\right]$$

所以得到公式：
$$P = G\frac{1}{i}\left[\frac{(1+i)^n - 1}{i(1+i)^n} - \frac{n}{(1+i)^n}\right]$$

式中 $\frac{1}{i}\left[\frac{(1+i)^n - 1}{i(1+i)^n} - \frac{n}{(1+i)^n}\right]$，称为等差序列现值系数，记作（$P/G, i, n$）。

③ 等差序列现金流量变换为年金（$G \rightarrow A$）

根据公式 $P = G\frac{1}{i}\left[\frac{(1+i)^n - 1}{i(1+i)^n} - \frac{n}{(1+i)^n}\right]$ 和公式 $A = P\frac{i(1+i)^n}{(1+i)^n - 1}$，

得到公式：$A = G\frac{1}{i}\left[1 - \frac{ni}{(1+i)^n - 1}\right]$

式中 $\frac{1}{i}\left[1 - \frac{ni}{(1+i)^n - 1}\right]$，称为等差序列年金系数，记作（$A/G, i, n$）。

【例题 4-5】 某房地产开发企业采用出租方式把一栋建筑物出租，租期为 10 年，第一年末收租金 10 万元，以后每年租金增加 2 万元，当租期期满后，每年等额收取的租金是多少？所收租金的现值是多少？假定年利率为 10%。

【解】 每年等额收取的租金为：

$$A = G\frac{1}{i}\left[1 - \frac{ni}{(1+i)^n - 1}\right] + 10 = 2 \times [1 - 10 \times 10\%/(1.1^{10} - 1)]/10\% + 10 = 17.4509 \text{ 万元}$$

所收租金的现值为：

$$P = G\frac{1}{i}\left[\frac{(1+i)^n - 1}{i(1+i)^n} - \frac{n}{(1+i)^n}\right] + A\frac{(1+i)^n - 1}{i(1+i)^n} = 2 \times [(1.1^{10} - 1)/1.1^{10} \times 10\% - 10/1.1^{10}]$$
$$+ 10 \times (1.1^{10} - 1)/1.1^{10} \times 10\% = 107.2284 \text{ 万元}$$

4）等比序列现金流量变换为现值或年金

等比序列现金流量是每隔相等的时间以相等的百分比发生变化而递增（或递减）的现金流量序列。现金流量发生变化的百分率用 S 表示。

现金流量图如图 4-8 所示。

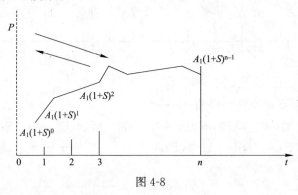

图 4-8

A. 等比序列现金流量变换为现值

如若第一年的现金流量用 A_1 表示，则第 n 年年末的现金流量为 $A_1(1+S)^{n-1}$。

当利率 $i \neq s$ 时

$$P = A_1(1+S)^0/(1+i)^1 + A_1(1+S)^1/(1+i)^2 + A_1(1+S)^2/(1+i)^3 + \cdots\cdots$$
$$+ A_1(1+S)^{n-1}/(1+i) = \frac{A_1}{i-s}\left[1 - \left(\frac{1+s}{1+i}\right)^n\right]$$

所以得到公式： $\qquad P = \dfrac{A_1}{i-s}\left[1 - \left(\dfrac{1+s}{1+i}\right)^n\right] \quad (i \neq s)$

式中 $\dfrac{1}{i-s}\left[1 - \left(\dfrac{1+s}{1+i}\right)^n\right]$，称为等比序列现值系数，记作 $(P/S, i, n)$。

当利率 $i = s$ 时

$$P = A_1(1+S)^0/(1+i)^1 + A_1(1+S)^1/(1+i)^2 + A_1(1+S)^2/(1+i)^3 + \cdots\cdots$$
$$+ A_1(1+S)^{n-1}/(1+i)^n = A_1/(1+i)^1 + A_1/(1+i)^1 + \cdots\cdots + A_1/(1+i)^1 = \frac{nA_1}{(1+i)}$$

所以得到公式： $\qquad P = \dfrac{nA_1}{(1+i)} \quad (i = s)$

B. 等比序列现金流量变换为年金

等比序列现金流量变换为年金，其现金流量图的变化如图 4-9(a)变化为图 4-9(b)。

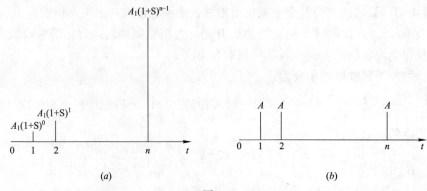

(a)　　　　　　　　　　　(b)

图 4-9

根据公式 $P=\dfrac{A_1}{i-s}\Big[1-\Big(\dfrac{1+s}{1+i}\Big)^n\Big]$ 和公式 $P=A\dfrac{(1+i)^n-1}{i(1+i)^n}$

可得到公式：$A=A_1\dfrac{i}{i-s}\Big[1-\dfrac{(1+s)^n-1}{(1+i)^n-1}\Big]$

式中 $\dfrac{i}{i-s}\Big[1-\dfrac{(1+s)^n-1}{(1+i)^n-1}\Big]$，称为等比序列年费用系数，记作 $(A/S,\ i,\ n)$。

【例题 4-6】 某开发商所建商品房的售价为 3500 元/m^2，在未来的一年中房价在每月月末上调 2%，假如每月可销售商品房 1000m^2（看作月末销售），月利率为 5%，则在该年所得销售款的现值是多少？年金是多少？

【解】 该年所得销售款的现值为：

$$P=\frac{A_1}{i-s}\Big[1-\Big(\frac{1+s}{1+i}\Big)^n\Big]=3500\times1000\times[1-(1.02/1.05)^{12}]/(5\%-2\%)$$
$$=34276143.24\ 元$$

年金为：

$$A=A_1\frac{i}{i-s}\Big[1-\frac{(1+s)^n-1}{(1+i)^n-1}\Big]=3500\times1000\times5\%\times[1-(1.02^{12}-1)/(1.05^{12}-1)]/(5\%-2\%)$$
$$=3867219.92\ 元$$

4.2.4 名义利率与实际利率

(1) 名义利率与实际利率的概念

在资金时间价值的计算中，通常采用年利率，且每年计息一次。但在实际问题中，往往有按半年、季、月或日计算利息的情况。在这种情况下，计息周期短于一年，当利率标明的时间单位与计息周期不一致时，于是就出现了名义利率与实际利率的区别，就需要对不同计息周期的利率进行换算。

通常年利率为名义利率，名义利率除以年计息次数得到计息周期利率。名义利率相同，而计息周期不同时，年末的本利和是不同的。如年初存款 100 元，年利率为 12%，若每年计息一次，年末的本利和是 $100\times(1+12\%)=112$ 元。若每月计息一次，年末的本利和是 $100\times(1+12\%/12)^{12}=112.68$ 元。它相当于按年利率 12.68% 计息一次。这个利率才是真正的计息利率，称为实际利率。

(2) 名义利率与实际利率的关系

设 P 为本金，F 为本利和，i 为实际利率，r 为名义利率，m 为一年内的计息次数。

则：$F=P(1+r/m)^m$

年末利息：$F-P=P(1+r/m)^m-P$

年实际利率：$i=(F-P)/P=[P(1+r/m)^m-P]/p=(1+r/m)^m-1$

所以名义利率与实际利率的关系：$i=\Big(1+\dfrac{r}{m}\Big)^m-1$

【例题 4-7】 若年利率为 10%，按季度计息，实际利率是多少？

【解】 $i=\Big(1+\dfrac{r}{m}\Big)^m-1=(1+10\%/4)^4-1=10.38\%$

名义利率与实际利率通过计算可以看到，二者在数值上是不等的，除年计息一次时二者相等之外，一般情况下实际利率大于名义利率。

【例题 4-8】 某开发商向国外银行贷款 2000 万元，借款期限 5 年，年利率为 10%，每周复利计息一次。在进行资金运用效果评价时，误将年利率认为是实际利率。问该开发商少算多少利息？

【解】 该开发商原计算的本利和：$F' = 2000 \times (1 + 10\%)^5 = 3221.02$ 万元

实际利率：$i = (1 + 10\%/52)^{52} - 1 = 10.506\%$

实际的本利和：$F = 2000 \times (1 + 10.506\%)^5 = 3295.79$ 万元

少算的利息：$F - F' = 3295.79 - 3221.02 = 74.77$ 万元

(3) 瞬时计息

瞬时计息是指一年内无限多次地计算利息，即连续计息。从理论上讲，资金在不停地运动，每时每刻都在增值，瞬时计息能反映资金运动的实际状况，而在实际工作中，是按一定的时间间隔计算利息。

瞬时计息年实际利率的计算是在一年内的计息次数趋近于无穷次时，对名义利率与实际利率的关系式取极限，即可得到瞬时计息年实际利率。

瞬时计息年实际利率：$i = e^r - 1$

4.3 房地产开发项目的财务评价

一个房地产开发项目从前期准备工作到竣工投入使用，需投入大量的资金，为做出科学的投资决策，必须对房地产市场进行分析与预测(具体内容见其他章节)；必须对开发项目投资进行估算；必须对项目租售收入进行测算，在此基础之上，才能做好房地产开发项目的财务评价工作。

4.3.1 房地产开发项目的投资估算

投资估算是房地产开发项目前期工作的重要环节，也是制定融资方案、进行财务评价的主要依据之一。要准确估算房地产开发项目的投资，必须首先明确开发项目的成本费用构成，并在对开发项目的全部成本费用进行估算的基础上，估算出房地产开发项目的投资。

房地产开发项目的成本费用及投资估算应做到方法科学、依据充分。估算的主要依据有：专门机构发布的建设工程造价费用构成、估算指标、计算方法以及其他有关计算工程造价的文件；专门机构发布的工程建设其他费用计算办法和费用标准以及政府部门发布的物价指数；拟建开发项目各单项工程的建设内容及其工程量。

(1) 房地产开发项目的成本费用构成及估算

开发项目的成本费用包括开发直接费用和开发间接费用两部分。

1) 开发直接费用的构成及估算

开发直接费用包括土地费用、前期工程费用和房屋开发费用三个部分。

① 土地费用

土地费用是为取得开发项目用地使用权而发生的费用，由土地出让金(或征地费)、城市建设配套费和拆迁安置补偿费构成。土地出让金是指土地使用者为得到一定时期的国有土地使用权而向国家支付的土地使用权的价格。土地出让金的估算可参照当地近期出让的类似地块的出让金数额，并进行相关因素的修正后得到，也可以按城市基准地价，并进行相关因素的修正后得到。征地费是因国家建设需要而征用农村土地所发生的费用，主要由土地补偿费用、土地投资补偿费用、人员安置补助费用、新菜地开发基金、土地管理费用、耕地占用税和拆迁费用等构成。征地费的估算可按国家和各个地方的有关规定及标准执行。城市建设配套费是因政府投资进行城市基础设施建设并由受益者分摊的费用。城市建设配套费的估算可按各个地方的有关规定及标准执行。拆迁安置补偿费由拆迁安置费和拆迁补偿费两部分构成。拆迁安置费是对被拆除房屋的使用人按照有关规定及被拆除房屋的建筑面积进行安置所需费用，通常付给搬迁补助费或临时搬迁安置费，而拆迁补偿费是对被拆除房屋的所有权人按照有关规定给予补偿所需费用，其形式包括产权调换、作价补偿或将二者相结合的形式，产权调换按照被拆除房屋的建筑面积进行计算，作价补偿按照被拆除房屋的区位、用途、建筑面积以及成新度进行计算。在拆迁非住宅房屋时所造成的停产、停业的补偿费，按照当地有关规定给予补偿，被拆迁房屋室内自行装修装饰的补偿费，可由拆迁双方协商确定或经评估确定。

② 前期工程费用

前期工程费用主要由项目前期规划、设计、可行性研究、地质水文勘测以及三通一平等土地开发费用构成。一般情况下，项目前期规划、设计所需费用可按建筑安装工程费的3％进行估算，可行性研究所需费用可按总投资的1％～3％进行估算，地质水文勘测所需费用可根据所需工作量及有关收费标准进行估算，三通一平等土地开发费用可根据实际工作量及参照有关计费标准进行估算。

③ 房屋开发费用

房屋开发费用由建筑安装工程费、附属工程费和室外工程费构成。建筑安装工程费是直接用于工程建设的总成本费用，主要由建筑工程费、设备及安装工程费和室内装饰家具费构成。附属工程费是附属于主体工程的变电室、锅炉房等的建设费用。室外工程费主要是室外照明、道路、绿化、环卫等的建设费用。房屋开发费用可采用单元估算法、单位指标估算法、工程量近似匡算法、概算指标估算法等方法进行估算。

2）开发间接费用构成及估算

开发间接费用包括管理费用、销售费用、财务费用、其他费用、不可预见费用和税费六个部分。

① 管理费用

管理费用是开发项目从立项至竣工验收交付使用全过程管理所需的各种费用。管理费用包括的项目很多，主要有开办费、管理工作人员的工资、奖金及福利费、劳动保护费、办公费、差旅费、工会经费、职工教育培训费、工程招标费、咨询费、审计费、法律咨询费、排污费、房地产税、业务招待费、坏账损失、报废损失、竣工验收费等费用。在估算时可按项目投资或开发直接费的一定比率进行计算。

② 销售费用

销售费用是在销售产品中所发生的费用以及专设销售机构或委托销售代理的各项费用。包括销售人员的工资、奖金、福利费、差旅费、销售机构的折旧费和修理费、销售许可证申领费、广告费、代理费等。可根据开发项目的营销设想进行估算。

③ 财务费用

财务费用是企业为筹集资金所发生的各项费用，主要表现为借款的利息、手续费、融资代理费等各项费用。财务费用可根据筹集资金的方式、金额及其筹资费率等进行计算。其中利息费用在各项费用中占的比例较大，是主要的财务费用项目。

④ 其他费用

其他费用主要包括临时用地费和临时建设费、施工图预算和标底编制费、工程合同预算和标底审查费、合同公证费、施工执照费、开发管理费、工程质量监督检查费、工程监理费、竣工图编制费、保险费等各项费用，它一般按当地有关部门规定的费率进行估算。

⑤ 不可预见费用

不可预见费用是在开发建设过程中，对未来的事物不可能百分之百的预见到，为应对一些事先没有预想到的情况出现，而根据开发项目的复杂程度和上述各项费用估算的准确程度，按上述各项费用之和的 3%～7% 进行估算。

⑥ 税费

税费是开发建设项目应负担的各种税金和地方政府或有关部门征收的费用，税费可根据国家或当地有关法规标准进行估算。

在对房地产开发项目各项成本费用进行估算的基础上，可将估算的结果汇入"房地产开发项目成本费用及投资估算表"（表4-2），以便对房地产开发项目各项成本费用进行分析、比较和汇总。

(2) 房地产开发项目投资估算

投资估算是在对房地产开发项目成本费用估算及对开发建设规模、施工方案、实施进度等进行研究并基本确定的基础上，估算开发项目投入的总资金并测算分年度资金需要量的过程。

房地产开发项目成本费用及投资估算表　　　　　　表 4-2

序号	费用项目	单价(元/m²)	总价(万元)	备注
一	开发项目成本费用总计			
(一)	土地费用			
1	土地出让金			
2	城市建设配套费			
3	征地、拆迁安置补偿费			
…	…			
小计				
(二)	前期工程费			
1	规划、勘测设计费			
2	可行性研究费			
3	三通一平费			
…	…			
小计				
(三)	房屋开发费			
1	建安工程费			
2	附属工程费			
3	室外工程费			
4	其他费用			
…	…			
小计				

序号	费用项目	单价(元/m²)	总价(万元)	备注
(四)	管理费用			
…	…			
小计				
(五)	销售费用			
1	广告费			
2	代理费			
…	…			
小计				
(六)	财务费用			
1	融资费用			
2	利息费用			
…	…			
小计				
(七)	其他费用			
…	…			
小计				
(八)	不可预见费			
…	…			
小计				
(九)	税费			
…	…			
小计				
二	开发项目总投资			

4.3.2 房地产开发项目租售收入的估算

在对房地产市场进行分析与预测的基础上,测算开发项目的租售收入是可行性研究的一项重要内容。在测算之前,首先要确定所采用的租售方案,以搞清开发项目是出租、出售、还是租售并举;出租与出售的面积比例;出租与出售的时间安排及其进度安排;租金水平与出租收款计划的安排;售价水平与销售收款计划的安排等。

测算开发项目的租售收入除对房地产市场进行分析与预测之外,还应结合开发项目的位置、周围环境、开发项目的档次、开发项目的租售服务对象等因素进行综合考虑。

4.3.3 房地产开发项目的财务评价

房地产开发项目的财务评价是着重对项目投资从财务成本角度所进行的投资损益状况分析,是根据国家现行财务和税收制度以及现行价格,分析测算拟建开发项目未来的效益费用,考察项目建成后的获利能力、债务偿还能力等的财务状况,其目的是要确认项目在财务上的可行性,以寻求项目的最佳投资方案。

对一些高级豪华的宾馆、饭店、公寓大楼等开发项目,不但投资巨大,而且往往还要使用大量外汇进口一些装修装饰材料及设施设备,使开发投资面临很大的风险,同时与国民经济资源合理有效的使用也有很大的关系。所以，对于一些开发项目不仅要进行财务评价即微观的经济分析，而且还要进行国民经济评价即宏观的经济分析。本教材只涉及微观的经济分析。

为了从财务角度评价房地产开发项目，需要有评价指标、评价方法和评价标准。

(1) 财务评价指标概述

基于房地产开发项目的复杂性，在对房地产开发项目进行评价时，可以采用不同的指标来进行。因为一种评价指标只能反映项目的某一侧面或某些侧面，单一的指标难以达到全面评价项目的目的，所以应采用不同的指标予以全面地反映。

按是否考虑资金时间价值，可将评价指标与方法分为静态评价指标与方法和动态评价指标与方法。静态评价指标与方法不考虑资金时间价值，而动态评价指标与方法考虑资金时间价值。在财务评价中应采用动态与静态相结合、以动态评价指标与方法为主来进行。

财务评价的主要指标包括投资回收期、财务净现值、财务内部收益率、贷款偿还期等，在有些情况下，根据项目特点和实际需要，还可以计算投资利润率、成本利润率、投资收益率等指标，以满足项目决策部门的需要。

(2) 房地产开发项目主要经济评价指标与方法

1) 投资回收期

投资回收期可分为静态投资回收期和动态投资回收期。在对房地产开发项目进行评价时，投资回收期指标一般用于评价开发完结后用来出租或用来经营的房地产开发项目，在计算投资回收期指标时要从开发投资的起始点算起。通常投资回收期越短越好，表明开发项目能在最短的时期内回收投资。

① 静态投资回收期

静态投资回收期是在不考虑资金时间价值条件下，以开发项目净收益抵偿项目全部投资所需的时间。通常用 P_t 表示。

根据静态投资回收期的概念，其定义式为：

$$\sum_{t=0}^{P_t}(CI-CO)_t = 0$$

在计算 P_t 时，可用财务现金流量表累计其净现金流量并用下列公式求出：

$$P_t = (累计净现金流量开始出现正值的年份数-1)+\frac{上年累计净现金流量的绝对值}{当年净现金流量}$$

对于开发项目的现金流量如图 4-10 所示的情况，投资在期初一次性投入(数值为 I)，且当年竣工并受益，收入项目与费用项目从开始就保持不变，则可采用下列公式进行计算投资回收期：

$$P_t = \frac{I}{CI-CO}$$

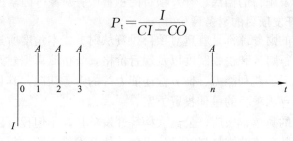

图 4-10

对所求出的 P_t 数值,必须与基准的投资回收期(P_c)进行比较。比较时的判别标准是:$P_t \leqslant P_c$,可以考虑接受该项目;$P_t > P_c$,可以考虑拒绝该项目。

静态投资回收期指标经济意义明确、直观,计算简便,但也存在着局限性,首先静态投资回收期只考虑了投资回收之前的效果,不能反映投资回收之后的情况;其次静态投资回收期没有考虑资金时间价值,有可能会给投资项目带来不必要的损失;再次基准的投资回收期(P_c)因部门或行业不同而不同,且随着技术进步要不断地投入人财物对其加以调整,故其很难确定。所以静态投资回收期指标只能用于对项目进行粗略评价或作为辅助指标和其他指标结合起来使用,而不能将其作为主要指标使用。

【例题 4-9】 某房地产开发项目投资、收益如表 4-3,求投资回收期 P_t?该开发项目是否可行?(该类项目的 $P_c = 6$ 年)表中单位为万元。

例题 4-9 表 1　　　　　　　　　　　　　　　　表 4-3

时间(年)	0	1	2	3	4	5	6	…	12
现金流出(投资)	200	400	200						
现金流入(收益)				250	250	250	250	…	250

【解】 利用现金流量累计法得到表 4-4 如下:

例题 4-9 表 2　　　　　　　　　　　　　　　　表 4-4

时间(年)	0	1	2	3	4	5	6	7	8	9	10	11	12
现金流出(总投资)	200	400	200										
现金流入(总收入)				250	250	250	250	250	250	250	250	250	250
净现金流量	−200	−400	−200	250	250	250	250	250	250	250	250	250	250
累计现金流量	−200	−600	−800	−550	−300	−50	200	450	700	950	1200	1450	1700

$$P_t = (6-1) + 50/250 = 5.2 \text{ 年} < P_c = 6 \text{ 年}$$

该开发项目可行。

② 动态投资回收期(P_t')

动态投资回收期是把投资项目各年的净现金流量按基准收益率折成现值之后,再来推算的投资回收期。这是它与静态投资回收期的根本区别。

动态投资回收期指标考虑了资金的时间价值,是净现金流量学计现值收回初始投资所需的时间,动态投资回收期克服了静态投资回收期指标的缺点。动态投资回收期指标通常用 P_t' 表示。其定义式为:

$$\sum_{t=0}^{P_t'} (CI - CO)_t (1+i)^{-t} = 0$$

在实际计算时一般采用净现金流量现值累计并结合插值公式求解。插值公式为:

$$P_t' = (\text{净现金流量现值累计值开始出现正值的年份数} - 1)$$
$$+ \left(\frac{\text{上年净现金流量现值累计值的绝对值}}{\text{当年净现金流量现值}} \right)$$

如果开发项目的现金流量如图 4-10 所示,假设投资为 I,各年净现金流量为 N,项目寿命为 n,则可采用下列公式进行计算:

$$P'_t = -\frac{\ln\left(1 - \frac{Ii}{N}\right)}{\ln(1+i)}$$

该公式推导过程为：根据动态投资回收期定义式 $\sum_{t=0}^{P'_t}(CI-CO)_t(1+i)^{-t}=0$（即现金流入量累计现值与现金流出量累计现值相等时所需时间），则有

$$N/(1+i)+N/(1+i)^2+N/(1+i)^3+\cdots\cdots+N/(1+i)^{P'_t}=I$$

$$(1+i)^{-1}+(1+i)^{-2}+(1+i)^{-3}+\cdots\cdots+(1+i)^{-P'_t}=I/N$$

$$\frac{(1+i)^{P'_t}-1}{i(1+i)^{P'_t}}=\frac{I}{N}$$

$$(1+i)^{-P'_t}=(N-Ii)/N$$

$$-P'_t\cdot\ln(1+i)=\ln(1-Ii/N)$$

所以得到公式
$$P'_t = -\frac{\ln\left(1 - \frac{Ii}{N}\right)}{\ln(1+i)}$$

在用 P'_t 对开发项目进行评价时，其判别标准为：$P'_t \leqslant n$，考虑接受该项目；$P'_t > n$，考虑拒绝该项目。n 是投资项目的寿命。

【例题 4-10】 承上例，如果年利率为 10%，计算动态投资回收期 P'_t 是多少？假如该开发项目为 12 年，该开发项目是否可行？

【解】 通过列表(表 4-5)求动态投资回收期 P'_t。

例题 4-10 表

表 4-5

年份	净现金流量	10%现值系数	现值	累计现值
0	−200	1.000	−200.00	−200.00
1	−400	0.909	−363.60	−563.60
2	−200	0.826	−165.20	−728.80
3	250	0.751	187.75	−541.05
4	250	0.683	170.75	−370.30
5	250	0.621	155.25	−215.05
6	250	0.564	141.00	−74.05
7	250	0.513	128.25	54.20
8	250	0.467	116.75	170.95
9	250	0.424	106.00	276.95
10	250	0.386	96.50	373.45
11	250	0.350	87.50	460.95
12	250	0.319	79.75	540.70

$$P'_t = 7-1+74.05/128.25 = 6.57 \text{ 年} < 12 \text{ 年}$$

该开发项目可行。

另一种解法是将第一年初的投资 200 万元和第二年初(也是第一年末)的投资 400 万元利用公式等值变换到第二年末的值，并计算出投资 I，在计算 P'_t 时应加上 2 年(因投资 I

已不再第一年初，而在第二年末)。

$$I = 200 \times (1 + 10\%)^2 + 400(1 + 10\%) + 200 = 882 \text{ 万元}$$

$$P'_t = -\frac{\ln\left(1 - \dfrac{Ii}{N}\right)}{\ln(1 + i)} + 2 = \text{Ln}(1 - 882 \times 10\%/250)/\text{Ln}(1 + 10\%) + 2 = 6.57 \text{ 年}$$

2）财务净现值

财务净现值(FNPV)是指投资项目按行业基准投资收益率或预期投资收益率将各年的净现金流量折现到投资起点的现值之代数和。它是评价房地产开发项目的一个重要经济指标。基准投资收益率或预期投资收益率指投资要求达到的最低收益率，用 i_c 表示。一般来说，开发项目大多都要带有一定的风险和不确定性，所以 i_c 应高于贷款利率。

财务净现值的公式：

$$FNPV_{(ic)} = \sum_{t=0}^{n} (CI - CO)_t (1 + i_c)^{-t}$$

在用 $FNPV$ 对开发项目进行评价时，其判别标准为：$FNPV \geqslant 0$，考虑接受该项目；$FNPV < 0$，考虑拒绝该项目。当 $FNPV = 0$ 时，表示投资项目达到预定的收益率标准，而不是投资项目盈亏平衡；当 $FNPV < 0$ 时，表示投资项目未能达到预定的收益率标准，而不能确定投资项目已经亏损。

应用财务净现值指标对房地产开发项目进行评价，事先必须确定一个较为符合现实的 i_c，如若确定的太高，会失掉一些经济效益好的项目；如若确定的太低，一些经济效益并不好的项目可能会被接受。所以 i_c 的确定有一定的难度。

【例题 4-11】　某房地产开发项目的现金流量如下（表 4-6)，若 $i_c = 10\%$，求其财务净现值是多少？

例题 4-11 现金流量表

表 4-6
单位：万元

年份	0	1	2	3	4	5
现金流量	−1000	−800	500	500	500	1200

【解】　$FNPV = -1000 - 800(P/F, 10\%, 1) + 500(P/A, 10\%, 3)(P/F, 10\%, 1)$
$+ 1200(P/F, 10\%, 5) = 148.22 \text{ 万元}$

3）财务内部收益率

财务内部收益率(FIRR)是指项目在整个计算期内，使净现值等于零时的折现率。其经济含义是项目在这样的折现率下，在计算期结束时，以每年的净收益恰好把投资全部回收过来。财务内部收益率可用下式表示：

$$\sum_{t=0}^{n} (CI - CO)_t (1 + FIRR)^{-t} = 0$$

在用 $FIRR$ 对开发项目进行评价时，其判别标准为：$FIRR \geqslant i_c$，考虑接受该项目；$FIRR < i_c$，考虑拒绝该项目。

$FIRR$ 的求解原理及方法是，首先确定一个 r，代入公式求 $FNPV$，如果财务净现值为正值，则增大 r 的数值，如果为负值，则减小 r 的数值，直到财务净现值等于零为止，此时 r 的值即为所求的财务内部收益率。

计算 $FIRR$ 时通常采用试插值法,即经过试算,找到两个 r 值,一个是 r_1 使 $FNPV_1$ 大于 0,另一个是 r_2 使 $FNPV_2$ 小于 0,且要使 $FNPV$ 足够接近于 0,然后用试插值公式计算,就可得到财务内部收益率。

试插值公式:

$$r = r_1 + (r_2 - r_1) \frac{FNPV_1}{FNPV_1 - FNPV_2}$$

式中　r——所求的财务内部收益率;

　　　r_1——较小的试算值;

　　　r_2——较大的试算值;

$FNPV_1$——与 r_1 对应的财务净现值;

$FNPV_2$——与 r_2 对应的财务净现值。

根据财务净现值函数图 4-11,该公式推导如下:

试算的 r 值	财务净现值
r_1:	$FNPV_1$:
r	0
r_2	$FNPV_2$

则有

$$(r_2 - r_1)/(r - r_1) = (FNPV_2 - FNPV_1)/(0 - FNPV_1)$$

整理上式得

$$r = r_1 + (r_2 - r_1) \frac{FNPV_1}{FNPV_1 - FNPV_2}$$

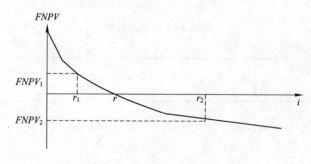

图 4-11

【例题 4-12】　承上例,求其财务内部收益率是多少?

【解】　$FNPV = -1000 - 800(P/F, i, 1) + 500(P/A, i, 3)(P/F, i, 1)$
　　　　　　　　$+ 1200(P/F, i, 5)$

取 $r_1 = 12\%$, $FNPV_1 = 39$

取 $r_2 = 15\%$, $FNPV_2 = -106$

$$r = 12\% + (15\% - 12\%) \times 39/(39 + 106) = 12.8\%$$

4) 成本利润率

成本利润率是开发利润与开发总成本的比率,是初步评判房地产开发项目财务可行性的一个指标。计算公式为:

$$成本利润率=\frac{开发利润}{开发总成本}\times100\%$$

$$开发利润=开发总价值-开发总成本$$

$$开发总价值(出售经营)=销售总收入-销售税费$$

$$(出租经营)=\sum项目持有期内净经营收入的现值$$

$$开发总成本=直接开发费用+间接开发费用$$

$$=土地费用+前期工程费用+房屋开发费用+管理费用+销售费用$$

$$+财务费用+不可预见费用+其他费用+开发过程中的税费$$

5）投资收益率

投资收益率是开发项目达到正常盈利年份时的年净收益与项目投资的比值。房地产开发项目投资收益率的确定一般应综合考虑如下一些因素：国家的宏观经济状况、金融机构的贷款利率、其他行业的投资收益率水平、开发房地产项目的具体情况及对其的预期、投资规模的大小、开发项目的寿命长短、租金增长及支付能力等。

4.4　房地产开发项目的不确定性分析

房地产开发项目的未来情况和可行性研究中所做的预测不可能完全一致，计算开发项目的评价指标所用到的有关成本费用和收益情况的数据是在理想状态下的估计值，这些数值的确定取决于许多变量。因此对房地产开发项目进行不确定性分析，即预估这些变量的变化对开发项目评价结果的影响程度是十分必要的。通过不确定性分析，使财务评价的结果更加真实可靠和符合实际，从而为房地产开发决策提供更加科学的依据。

4.4.1　风险与不确定性

（1）风险与不确定性分析的含义

风险与不确定性不同。风险是在一定条件下和一定时期内可能发生的各种结果的变动程度。项目风险是指项目在其环境中和寿命周期内自然存在的导致经济损失的变化。房地产开发项目投资的风险是客观存在的，是否去冒风险和冒多大风险投资于房地产开发项目是由主观决定的。而不确定性是由于投资项目的未来状况与目前预测的结果不可能完全一致，两者的偏差就是不确定性。项目的不确定性分析是对风险大小的分析，即分析项目在其存续时空内自然存在的导致经济损失之变化的可能性及其变化程度。

（2）不确定性分析程序

1）鉴别关键变量或因素

可行性研究中各个变量或因素在不同条件下的不确定程度是不同的。鉴别关键变量或因素是要从各个变量或因素中找出不确定程度较大的变量或因素。这些变量或因素一般对可行性研究所用到数据的影响是比较大的，在房地产开发项目可行性研究中要特别注意诸如地价及附加费用、土地开发成本、建造成本、开发规模与开发数量、容积率、开发周期、建设期或租售期、租金或售价、贷款利率、投资收益率等变量或因素的变动，它们的变动对财务评价指标的结果影响很大。因此首先要把它们鉴别出来，并作为不确定性分析的重点。

2）估计变量或因素的变化范围，并求出其可能数值或概率

对找出的关键变量或因素，要估计其变化范围或变化幅度，以确定这些变量或因素变

化的边界值，为进行定性或定量分析奠定基础。对于各个关键变量或因素，在确定的变化范围内，还要估计出其出现较多的各种可能数值或概率。

3）采用相应方法进行不确定性分析

不确定性分析的基本方法包括敏感性分析和概率分析。通常盈亏平衡分析也可用于不确定性分析。

4.4.2 盈亏平衡分析

盈亏平衡分析是将房地产开发项目的成本划分为固定成本和变动成本两部分之后，假定产销量一致，根据产量、成本、售价和利润四者之间的函数关系所进行的分析。它可用于不确定性分析中。

固定成本是指在一定时期和一定业务量范围内，成本总额不受业务量增减变动影响而固定不变的成本。变动成本是指成本总额与业务量总数呈现正比例增减变动关系的成本。

盈亏平衡分析关键要找到盈亏平衡点，即当不确定性变量或因素的数值等于某一数值时，恰好使方案决策的结果达到临界标准，即利润为0，此时的数值就是该变量或因素的盈亏平衡点。财务内部收益率就是房地产开发项目关于利率这一不确定性因素的动态盈亏平衡点。房地产开发项目盈亏平衡点越低，项目盈利的可能性就越大，造成亏损的可能性就越小，抗风险的能力就越强。

房地产开发项目通过盈亏平衡分析可以看出该项目对市场需求变化的适应能力，合理确定开发建设规模，找出拟建开发项目建成后的盈亏界限，以了解项目承担风险的能力。

在进行盈亏平衡分析时只就静态线性分析方法进行介绍。

（1）产量、成本、售价和利润四者之间的关系

在对房地产开发项目进行分析过程中，产量或销量、开发成本（包括固定成本总额和单位变动成本总额）、销售价格和利润四者之间的关系可用下列公式表示：

$$利润＝销售收入－总成本$$
$$销售收入＝销售单价×产销量$$
$$成本总额＝固定成本总额＋变动成本总额＝固定成本总额＋单位变动成本×产销量$$
$$销售税金＝销售收入×税率$$

以上关系式中可以看出销售收入和成本都是开发产销量的函数，可用图4-12表示。

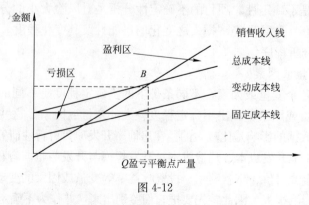

图 4-12

在盈亏平衡分析图中，横坐标表示产销量（开发的建筑面积），纵坐标表示销售收入或开发成本的金额。销售收入线和开发成本线相交于B点，表明当开发量达到一定数量的时

候，销售收入等于开发成本，此时的利润为零，交点 B 称之为盈亏平衡点（也称保本点）。B 点将销售收入和开发成本两条直线所围范围划分为盈利区和亏损区，当产销量大于 B 点时，则开发项目盈利，反之，则亏损。盈亏平衡点表达了开发项目最小的开发量。

（2）盈亏平衡分析模型

盈亏平衡分析模型是指用数学方程来描述变动费用和销售收入随开发量增加而成正比例增加的模型。在盈亏平衡分析模型中，

产量或销量：用 Q 表示；

开发成本：其中固定成本总额用 a 表示，单位变动成本用 b 表示；

单位售价：用 P 表示；

目标利润：用 M 表示；

销售税率：用 R 表示。

根据盈亏平衡的概念，可建立下列方程式：

$$PQ = F + Qb + PQR$$

于是有：

$$Q^* = \frac{a}{P(1-R)-b}$$

式中　Q^*——盈亏平衡点的产销量。

因此必须满足条件 $Q > Q^* = \dfrac{a}{P(1-R)-b}$，即 $Q[P(1-R)-b]-a > 0$，开发项目才会盈利。否则项目将亏损或利润为 0。

盈亏平衡点的保本金额为：

$$PQ^* = \frac{Pa}{P(1-R)-b}$$

当房地产开发项目有利润时，产销量的公式为：

$$Q = \frac{a+M}{P(1-R)-b}$$

此外，房地产开发项目在盈亏平衡点的抗风险能力公式为：

$$\frac{Q^*}{Q_c} = \frac{a}{Q[P(1-R)-b]} \times 100\%$$

式中　Q_c——房地产开发项目设计方案的产销量。

通常根据经验值，若 Q^*/Q_c 低于 70%，则项目相当安全或可以承担较大风险。

【例题 4-13】　某房地产开发项目设计建筑面积为 50000m²，建成后的售价根据市场预测可确定为 3500 元/m²（建筑面积），固定成本为 2800 万元，单位变动成本为 2400 元，销售税率为 6.5%，试确定该开发项目的抗风险能力。

【解】　$Q^* = \dfrac{a}{P(1-R)-b} = 25000000/[3500 \times (1-6.5\%)-2400] = 28653.3\text{m}^2$

$Q^*/Q_c = (28653.3/50000) \times 100\% = 57.31\%$

所以项目可以承担较大风险。

（3）盈亏平衡分析的假设条件

静态线性盈亏平衡分析方法成立的条件是以许多约束条件为前提的，主要条件有：

① 开发量与销售量相等；

② 在所分析的范围内，固定成本不变；

③ 变动成本是产销量的线性函数；

④ 销售收入随产销量的变动而变动且呈线性关系；

⑤ 分析中，销售单价保持不变。

4.4.3 敏感性分析

敏感性分析是在投资项目评价中常用的一种不确定性分析方法。在房地产开发项目评价中所采用的数据，不可能完全准确，必然存在一定的误差，这种误差也必然会影响评价指标的结果，甚至会引起评价指标向相反的方向变动。因此，出于房地产开发项目决策的需要，在项目财务评价的基础上进一步进行敏感性分析，以判定各个不确定性因素的变化对评价指标的重要性及影响程度。

(1) 敏感性分析的步骤

敏感性分析是指反映投资项目效益评价指标对不确定性因素变化的敏感程度。敏感性分析的步骤为：

1) 确定分析指标

敏感性分析应围绕财务评价指标进行。一般而言，敏感性分析的指标应与财务评价指标一致，不能超出所选用的财务评价指标而另立分析指标，当有多个财务评价指标时，可围绕其中一个最重要的或部分指标进行分析。通常敏感性分析分析是围绕财务内部收益率、财务净现值、投资回收期以及开发利润等指标进行的。

2) 选定需分析的不确定性因素，并设定其变化范围

通常在选择需要分析的不确定性因素时，主要基于两个方面的条件进行选择，首先是作为需要分析的不确定性因素预计在其可能变动的范围内，其变动将较强烈地影响经济效益指标；其次是在财务评价中对所采用数据的准确性把握不大。凡是符合这两个条件之一的都将作为选定的不确定性因素，并设定其可能的变化范围，以进行分析。

3) 计算所选定的不确定性因素在其变化范围内的变动导致评价指标变动的数量

在计算时，首先对某特定因素设定变动数量或幅度，其他因素固定不变，然后计算评价指标的变动结果。直至将所有选定的不确定性因素的变动导致评价指标变动的数量计算出来。对每一因素的每一变动不仅要计算，而且要将因素变动及指标变动结果绘制图形或列表，以便于测定敏感性因素。

4) 确定敏感性因素

敏感性因素的确定是针对某一特定因素数值的变化、甚至是微小的变化都会对评价指标产生严重影响，则该因素就是该项目的敏感性因素。反之，则为非敏感性因素。测定敏感性因素的方式有两种，第一种是需要分析的因素均从基本数值开始变动，且每次变动的幅度相同，计算每次变动对评价指标的影响效果；第二种是使某一特定因素朝经济效果不利的方向变动，并取其可能发生的最坏数值，然后计算评价指标，看其是否达到使项目无法接受的程度。通过这两种测定方式之一，就可将敏感性因素找到。

(2) 敏感性分析的方法

1) 单因素敏感性分析

在进行单因素的敏感性分析时，每次只改变该因素的一个参数值，而其他参数值保持不变，在这种情况下研究其对评价结果影响的程度。这种方法忽略了变量和变量之间的联

系，是在各个变量相互独立的条件下所进行的分析。

① 敏感度系数

单因素敏感性分析可用敏感度系数表示项目评价指标对不确定因素的敏感程度。公式为：

$$\beta = \frac{\Delta Y/Y}{\Delta X/X}$$

式中 $\Delta X/X$——不确定因素 X 的变化率；

$\Delta Y/Y$——不确定因素 X 发生 ΔX 的变化率时，财务评价指标 Y 的变化率；

β——财务评价指标 Y 对不确定因素 X 的敏感度系数。

② 临界点

临界点是项目允许不确定因素向不利方向变化的极限数值，它可以用临界点的百分比或临界值来表示。当某一变量的数值超过临界点的极限数值时，开发项目的指标将从可行变为不可行。

2) 多因素敏感性分析

多因素的敏感性分析是在分析两个或两个以上的参数值同时发生变化时，对评价结果影响的程度。由于事物是普遍联系的，一个因素发生变化，势必会引起另外的因素也发生变化，即在现实中，通常是两个或两个以上的不确定因素同时发生变化，这种情况在现实中非常普遍，所以多因素的敏感性分析实用性很强。

（3）敏感性分析表和敏感性分析图

多因素敏感性分析较为复杂，故只进行单因素敏感性分析。

1) 敏感性分析表

表 4-7 中所列的不确定因素是可能对财务评价指标产生影响的因素。在分析时可选择一个或多个因素进行分析，不确定因素的变化范围可自行设定。评价指标可根据需要选定（表 4-7 中以财务内部收益率为例）。

敏 感 性 分 析 表 表 4-7

序号	不确定因素	变化率	财务内部收益率	敏感系数	临界点	临界值
0	原始状态					
1	土地开发成本					
2	建造成本					
3	开发规模与开发数量					
4	租金或售价					
5	开发周期					
6	利率					
...						

2) 敏感性分析图

敏感性分析图如图 4-13 所示。图中每一条斜线的斜率反映财务评价指标对该不确定因素的敏感程度，斜率越大敏感程度越高。一张图可以反映多个不确定因素的敏感性分析结果。每条斜线与基准收益率线的交点即是所对应的不确定因素变化率，图中 C_1、C_2、C_3、

C_4 等为该因素的临界点,将临界点上的变化率转化为绝对数值即为不确定因素的临界值。

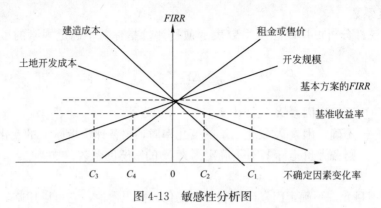

图 4-13　敏感性分析图

【例题 4-14】　某开发商拟在××市 CBD 商圈内建一豪华公寓,总投资计划为 30400 万元(假设在建设期第一年末投入),总销售面积为 50400m²,拟销售价格为 1 万元/m²(均价)。该项目建设期为 1 年,在建设期第一年末,期房销售面积预计可达总销售面积的 25%,价格打九五折。第二年末全部售出,折现率为 10%。试分析该项目的风险。

【解】　进行敏感性分析,找出敏感因素,确定其影响程度

① 确定项目财务评价指标及影响该项目收益的主要因素

在该例题中,选择财务净现值($FNPV$)作为经济评价指标。其计算式为:

$$FNPV_{(ic)} = \sum_{t=0}^{n} (CI - CO)_t (1 + i_c)^{-t}$$

在影响房地产项目收益的因素中,起主要作用并可量化的因素是项目的投资额、商品房的销售价格以及空置率,并且,受房地产业泡沫的影响,这些因素在未来的变化将会很大,因此,将这三个因素作为该项目敏感性分析的主要因素。

② 计算该项目在初始条件下的财务净现值(基本方案)

$$FNPV_0 = (50400 \times 25\% \times 1 \times 0.95 - 30400)(1 + 10\%)^{-1} + 50400 \times (1 - 25\%)$$
$$\times 1 \times (1 + 10\%)^{-2} = 14470 \text{ 万元}$$

③ 单因素敏感性分析,找出敏感因素

$$\text{敏感度系数为 } \beta = \frac{\Delta Y / Y}{\Delta X / X} = \frac{|FNPV \text{ 的变化率}|}{|\text{影响因素的变化率}|}$$

β 值越大,因素对项目的影响越敏感,即为敏感因素。令投资额、销售价格逐一在初始值的基础上按 ±10%、±20% 的幅度变动,空置率按 10%、20% 的幅度变动,分别计算相对应的 $FNPV$ 的值及敏感度系数,得出结果如表 4-8。

单因素敏感性分析　　　　　　　　　　　　　　　　　表 4-8

单位:万元

	−20%	−10%	0	10%	20%	β 值
投资额	19997	17233	14470	11707	8943	1.91
销售价格	6049	10260	14470	18680	22891	2.91
空置率			14470	10307	6144	2.88

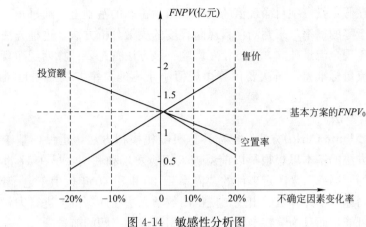

图 4-14　敏感性分析图

由表 4-8 和图 4-14 可以看出，销售价格和空置率的敏感程度最高，它们是影响该项目的敏感因素。

通过以上分析，目前影响房地产项目投资收益的敏感因素是商品房的销售价格及空置率。它们的变化及发生的概率将直接影响投资效果。

（4）敏感性分析的局限性

进行敏感性分析能够有助于在房地产开发项目评价中鉴别出哪些因素是敏感性因素，并把研究的重点主要放在敏感性因素上，可以在研究及评价中及早排除对非敏感性因素的注意力，以达到减小房地产开发项目风险，增加决策可靠性的目的。

但是，在房地产开发项目评价中，当两个敏感性程度相同的因素，在一定的不利变动幅度内，一个发生的概率很大，另一个发生的概率很小，以致可以忽略不计时，很明显这两个敏感性程度相同的因素所引起房地产开发项目风险的大小则不同。敏感性分析无法解决在房地产开发项目评价中不确定性因素发生变化可能性大小的问题，这就要借助于概率分析。

4.4.4　概率分析

概率分析也称风险分析，它能够克服敏感性分析的不足。概率分析是事先给出各个变量或因素发生某种变动的概率，并根据各种变量或因素的概率分布，来求出房地产开发项目在面临不同风险时，获利的可能性大小。概率分析的方法主要有决策树法、概率法、蒙特卡罗法等。

（1）决策树法

决策树法是通过绘制决策树并进行计算，在已知各种情况发生概率的基础上，求取净现值的期望值大于零的概率，以评价房地产开发项目的风险并进行可行性决策分析的方法。

决策树法分析的步骤如下：

1）根据房地产开发项目的现金流量绘制现金流量决策树图；

2）计算现金流量的联合概率，联合概率是各年现金流量概率的连乘积；

3）计算各现金流量的可能净现值；

4）计算期望净现值。

（2）概率法

概率法是在假定投资项目净现值的概率分布为正态的基础上，通过正态分布图像面积计算净现值小于零的概率，来判断项目风险程度的决策分析方法。这种方法适用的前提条件是项目的各年现金流量独立，且不相互影响。该方法首先要计算期望净现值；其次要计算项目的现金流量标准差，再次要计算净现值小于零的概率并判断项目风险和项目的可行性。

（3）蒙特卡罗法

蒙特卡罗（Monte Carlo)方法，也称计算机随机模拟方法，是一种基于"随机数"的计算方法。该方法的基本思想很早以前就被人们所发现和利用。早在 17 世纪，人们就知道用事件发生的"频率"来决定事件的"概率"。20 世纪 40 年代由于电子计算机的出现，特别是近年来高速电子计算机的出现，使得用数学方法在计算机上进行大量、快速地模拟试验不仅成为可能，而且为蒙特卡罗方法的使用开辟了广阔的前景。

蒙特卡罗方法是以概率论与数理统计原理为基础，通过反复进行随机抽样来模拟影响项目投资的不确定因素的变化，计算分析这些不确定因素对项目的影响。它能够真实地模拟实际过程，所以解决问题与实际非常符合，可以得到很圆满的结果。

在房地产开发项目的评价中，蒙特卡罗方法实施的步骤是：首先分析各个变量的变化范围并确定其变化的概率分布；其次通过计算机模拟实验，在各个变量的变化范围内按照概率分布随机抽取随机变量的数值，加以组合后进行模拟实验；再次反复多次地随机抽取随机变量的数值并反复进行模拟实验，通过多次进行模拟实验所得的结果，得到反映房地产开发项目各项效益指标的概率分布以及其他所需数值。运用蒙特卡罗方法对房地产开发项目进行风险分析，不仅可以使开发项目的决策依据充分，而且在一定程度上也提高了决策的准确性。

4.5　可行性研究报告与撰写

项目的可行性研究是一门专业性较强的投资决策科学，它的最终表现形式是项目的可行性报告。可行性研究报告是项目报批、融资的重要文件，其质量好坏关系到项目能否立项，能否筹集到需要的资金，乃至项目能否成功。可行性研究报告有固定的格式和特有的写作方法，规范地撰写可行性研究报告是投资决策者的一种不可缺少的专业能力。在撰写可行性研究报告之前，首先应该知道可行性研究大致的过程及规范的可行性研究报告应包含的基本内容。

4.5.1　可行性研究报告的类型

分类标准不同，可行性研究报告的类型也不同。按可行性研究的内容划分，可分为政策可行性研究报告和建设项目可行性研究报告；按可行性研究的范围划分，可分为一般可行性研究报告和大中型项目可行性研究报告；按可行性研究的性质划分，可分为肯定性可行性研究报告和否定性可行性研究报告。肯定性可行性研究报告即肯定项目具备实施的必要性和可行性的报告；否定性可行性研究报告即否定项目不具备实施的必要性和可行性的报告。

4.5.2　可行性研究报告的特点

可行性研究报告，又称可行性报告，是对拟建或拟改造项目进行周密的调查、分析进而论证该项目的可行性和效益性的书面报告。其特点主要有：

（1）材料的真实性

材料的真实性即可行性研究报告所需要运用的大量的数据、资料，必须是真实的，它们是以科学的方法阐明拟建项目在技术上和经济上是否合理和是否可行的前提。

（2）论证的全面性

可行性研究报告必须围绕影响拟建或拟改造项目的各种因素进行全面系统的分析，以求做出正确的结论。因而，在分析方法上，既要注重动态和静态分析相结合，还要注重定量分析与实物量分析、阶段性经济效益分析与全过程经济效益分析、宏观效益分析与微观效益分析等多种分析方法的综合运用。

4.5.3　可行性研究报告的结构

可行性研究报告是房地产开发投资项目可行性研究结果的体现。在正式撰写前，应首先对可行性研究报告的内容进行筹划。可行性研究报告一般由标题、目录、报告和附件四个部分组成。

（1）标题

标题由项目主办单位、项目名称和文种三部分组成。如《天津××公司办公楼改扩建项目可行性研究报告》。标题下应署编制单位名称、编制日期。这些内容应写在可行性研究报告首页即封面上。

（2）目录

封面后是可行性研究报告的目录部分。可行性研究报告往往内容较多，篇幅较长。目录能起到方便了解可行性研究报告内容以及把握前后之间关系的作用。它主要是注明正文各部分所在位置，同时还需注明附件及其名称。

（3）报告

报告即可行性研究的正文，是可行性研究报告的主体和核心部分，由前言、论证和结论三部分组成。正文要按照逻辑顺序从总体到细节循序渐进的撰写。但不同的被评估项目之间可能会有一些差异，因此，正文的具体内容要视被评估项目的评估目的及可行性研究报告使用者所关心的问题来具体确定。

1）前言

前言也称概述、概论或总说明。前言一般介绍立项的原因、目的、依据、范围、实施单位、承担者及报告人的简况，研究工作的依据和范围等。

2）论证

论证是可行性研究（分析）报告的核心，是结论和建议赖以产生的基础。要求使用系统分析的方法，以经济效益为核心，围绕影响项目的各种因素，运用大量的数据资料，全面论证拟建项目是否可行。

3）结论和建议

对拟立项的项目完成了所有方面的分析研究之后，便可以对其提出综合性的评价或结论，指出其优缺点，提出可行或不可行的建议。

（4）附件

附件是作为对正文的补充，即必须附上的有关资料或证明文件，它是可行性研究报告的重要组成部分。包括：附表及附图、有些篇幅过长、类别较多的统计资料及说明文字，技术论证材料，财务测算，设备清单，批文，有关协议，意向书，地址选择报告、环境影响报告等。附表主要是项目进度计划表、投资估算表、投资计划表、资金筹措表、销售计划表、销售收入测算表、成本及利润测算表、财务现金流量表(包括自有资金及全部资金)、资金来源与运用表、贷款偿还估算表和敏感性分析表等。这些表格通常不便于插入正文中，将其按一定的顺序编号并附于正文之后。附图主要是项目位置示意图、规划项目用地红线图、建筑设计方案平面图等，有时还会包括一些数据分析图。这些附图可以起到辅助文字说明的作用。

房地产投资项目可行性研究报告附件还包括公司的营业执照、经营许可证、土地使用证、建设用地规划许可证、施工许可证、销售许可证等。

在可行性研究报告中往往在封面后、目录前写明摘要，主要是介绍被评估项目的情况、特点、项目所在地的市场状况以及评估的结论等。该部分的内容应简短，且言必达意。

4.5.4 可行性研究报告的写作要求

(1) 客观、全面、实事求是地收集与研究资料

可行性研究报告的撰写必须实事求是，在调查研究的基础上，比较多个方案，按客观情况进行论证和评价，按科学规律办事，尤其是项目决策部分不能先定调子。由于可行性研究报告的财务评价部分涉及大量的指标计算，一旦基础数据发生变更，将会影响到财务评价的准确性和客观性。因此在收集数据、资料时，一定要注意数据、资料的准确性和全面性。

(2) 明确可行性报告的写作目的

可行性研究报告要用于立项和申请贷款等方面，因此在内容上要满足项目审批部门和银行等特定读者的需要。撰写可行性研究报告不仅要考虑项目的先进性，技术、经济和资金筹措方面的可行性，还要从法律、政策等方面审查项目的合法性和合理性，以及投资各方的经济实力等。在撰写中需要综合分析，以便提供项目审批部门进行审批需要的信息。如果可行性研究报告用于提交银行申请贷款，就要写明贷款的数额、种类、用途、期限等，还要提供贷款的还款保证。

(3) 全面、准确、具体地回答可行性研究必须回答的问题

可行性研究报告有特定的内容和较为固定的格式，所以要全面、准确、具体地回答可行性研究必须回答的问题。可行性研究报告要对提出的设想和解决办法加以分析，说明其合理性和项目实施的前提条件。同时还应对各种制约因素提出解决办法，深入分析和说明项目的风险和不明确因素。

(4) 综合体现论文、请示、报告的写作特点

论文的特点是通过论点、论据、论证来提出问题、分析问题、解决问题；请示的特点是在叙述请示依据、陈述请示原因的基础上，主次分明、条理清楚地写出请示事项，并表示具体的要求；报告的特点是以陈述为主并在有倾向的叙述中表明观点。

可行性研究主要是在广泛调查研究的基础上，对某个项目进行分析和论证。由于它是在经过调查研究基础上所形成的分析和论证，所以它既具有论证性质，又具有报告性质。因为分析论证后的项目往往是为征得有关部门的批准，所以可行性分析报告还带有请示之意。因此，可行性研究报告是论证、报告、请示三者兼而有之的一种综合文体。

（5）目标明确

撰写可行性研究报告要目标明确，前后一致，始终围绕项目的必要性、可能性和可行性进行分析、比较和论证，切忌因内容繁杂、资料多而出现目标不明、前后脱节等问题。在具体论证时一定要算好两笔账，一是投资规模账，尽量做到以最少的投资取得最好的效益；二是收益账，投资利润率是投资各方都关心的问题，所以投资利润率要客观准确并留有余地，避免满打满算。

（6）论据充分，论证科学、灵活、周密

撰写可行性研究报告要进行大量细致的调查研究工作，广泛收集资料数据，充分调查了解项目是否符合产业政策和本地条件，以及配套资金、原材物料、能源供应、运输能力等情况；调查了解整个市场对项目的质量、价格等方面的要求；特别要调查研究销售问题，使资料数据丰富且完整，论据充分且客观。在论证时要注意综合比较论证，实事求是，客观公正，思维周密灵活，避免主观臆断，防止挂一漏万。

（7）重视附件的特殊作用

可行性研究报告往往附有大量的附件与图表，这些附件与图表是可行性研究报告必需的重要组成部分。与其他应用附件相比，可行性研究报告附件更具有专业性和技术性。它除了有使正文表达简练的作用外，更具有补充正文，使正文论证观点更严密、更具科学性的独特作用。

一份可行性研究报告往往要附上项目一览表、初期资金来源和计划表、成本估算表、投资总额和资金筹措表、销售收入和销售预测表等。

4.5.5　房地产开发项目(住宅)可行性研究报告范本大纲

房地产开发项目可行性研究报告(大纲)

一、总论

1. 项目建设背景

2. 项目概况

2.1　项目名称

2.2　建设地点

2.3　建设单位

2.4　企业性质

2.5　经营范围

2.6　公司类别

2.7　资质等级

2.8　企业概况

2.9　工程概况

2.10　资金来源

3. 可行性研究报告编制依据

4. 可行性研究报告研究范围

5. 研究结论及建议

6. 主要经济技术指标

项目主要经济技术指标见表1。

项目主要经济技术指标 表1

序号	项目名称	单位	指标
1	总占地面积	平方米	
2	总建筑面积	平方米	
3	建筑容积率		
4	小区绿化率	%	
5	户均面积 多层住宅 联排低层住宅	平方米/户 平方米/户 平方米/户	
6	地下停车库车位	平方米/车位	
7	综合售价 多层住宅 联排低层住宅	元/平方米 元/平方米 元/平方米	
8	地下停车库	元/位	
9	建设投资	万元	
10	每平方米建设投资	元	
11	投资利润率	%	
12	全部投资财务内部收益率(税前)	%	
13	全部投资财务净现值(税前)	万元	
14	全部投资投资回收期(税前)	年	

二、住宅市场分析与营销战略

1. 当前住宅市场现状

2. 商品房市场现状与市场需求

3. 商品房的市场需求及发展

4. 当前住宅市场面临的矛盾和问题

5. 营销战略

三、项目选址及建设条件

1. 项目选址

2. 建设条件

2.1 位置优越

2.2 交通方便

2.3 建设场区"五通"条件具备

2.3.1 供水

2.3.2 供电

2.3.3 煤气

2.3.4 通信

2.3.5 场地

2.4 住宅小区商业及文化教育配套设施齐全

2.5 土地征用情况

四、建设规模及功能标准

1. 建筑面积和内容

2. 功能设施标准

2.1 建筑使用功能

2.2 设施标准

2.2.1 住宅装饰及设施标准

2.2.2 小区配套设施

2.3 住宅户型规划

3. 工程项目一览表

依据初步规划方案，主要工程项目见表2。

主 要 工 程 项 目　　　　　　　　　　　　　　　　表2

序号	项目名称	说明
1	土建工程	建筑面积　　　　m²
1.1	多层住宅	建筑面积　　　　m²
1.2	联排低层高档住宅	建筑面积　　　　m²
1.3	地下停车库	建筑面积　　　　m²
2	给排水工程	水箱、水池、水泵机房
3	普通消防系统	住宅区
4	变配电工程（强电）	配电房变配电设备
5	照明工程	小区照明
6	通信工程	普通电话配线（端子接单元口）
7	火灾报警及安全监视	公共场所火灾报警，可视防盗门
8	通风工程	地下停车库通风
9	闭路电视	住宅区
10	室外工程	室外绿化及部分道路场地

五、建设方案

1. 建设场地环境

1.1 地形

1.2 场地自然条件

1.2.1 地貌

1.2.2 水文地质

1.2.3 地震烈度

1.2.4 地基土工程地质评价

2. 总体规划布局

2.1 片区规划

2.2 小区整体规划设计原则

2.3 总平面布局

2.4 交通组织

2.5 规划指标

根据项目初步方案及建设规模，规划指标见表3。

规 划 指 标 表3

序号	项 目	指标
1	总用地面积	m²
2	总建筑面积	m²
3	地下建筑面积(地下停车场)	m²
4	地上建筑面积 　其中：多层住宅 　　　　联排低层高档住宅	m² m² m²
5	建筑层数 　地上 　地下	层 层 层
6	建筑总高	m
7	建筑层高 　地上 　地下	m m m
8	建筑容积率	
9	绿地率	%以上
10	停车 　地上 　地下	不停车 辆

3. 建筑方案设计

3.1 建筑方案总体构思

3.2 平面设计

3.2.1 住宅。住宅经济技术指标见表4。

住宅经济技术指标 表4

序号	指标名称	单位	指标
1	套内使用面积	m²/套	
2	住宅标准层总使用面积	m²	
3	住宅标准层总建筑面积	m²	
4	住宅标准层使用系数	%	
5	套内建筑面积	m²	
5.1	多层住宅　　A型	m²/套	
5.2	多层住宅　　B型	m²/套	
5.3	联排低层高档住宅　　C型	m²/套	
6	户内平均居住人数	人/户	
7	居住户数	户	
8	居住人数	人	

3.2.2 公用建筑。

3.3 立面设计

4. 结构设计

4.1 基础造型及处理

4.2 上部结构

5. 公用设施方案

5.1 供水排水

5.2 供电

5.2.1 供配电系统。

5.2.2 照明及电力设备。

5.3 供气

5.4 中央空调

5.5 弱电设计

6. 消防

7. 环境保护

六、项目实施进度安排

本项目计划在____年(____个月)左右的时间内建成。建设进度计划如下：

____年____月____日：项目建议书批复。

____年____月____日～____年____月____日：编制可行性研究报告并报批。

____年____月____日～____年____月____日：建筑方案设计。

____年____月____日：综合管网设计。

____年____月～____年____月：施工图设计。

____年____月：报建、领取建设规划许可证。

____年____月____日：工程开工。

____年____月：完成投资 25％，开始预售。

____年____月：主体工程断水。

____年____月～____年____月：单体工程验收。

____年____月～____年____月：分项工程验收。

____年____月：正式入住。

七、投资估算与资金筹措

1. 投资估算

总投资造价见表 5 和附表 1。

总 投 资 造 价 表5

序号	项目	开发产品成本	分期计划进度			
			1	2	3	4
1	土地费用					
2	前期工程费					
3	基础设施建设费					

续表

序号	项目	开发产品成本	分期计划进度			
			1	2	3	4
4	建筑安装工程费					
5	公共配套设施建设费					
6	开发间接费					
7	管理费用					
8	销售费用					
9	开发期税费					
10	其他费用					
11	不可预见费					
	合计					

2. 资金筹措

详见附表2。

八、经济效益分析

1. 住宅销售价格

2. 销售进度及付款计划

本项目计划在_____年内完成销售,各年销售计划见表6。

各类建筑销售计划表(%) 表6

项目	合计	1	2	3
多层住宅				
联排低层高档住宅				
地下停车场				

3. 税费率

本报告采用的各种税费率见表7。

税 费 率 表(%) 表7

税费项目	税费率	税费项目	税费率
营业税		土地增值税	
城市维护建设税		公益金	
教育费附加费		法定盈余公积金	
企业所得税		任意盈余公积金	
房产税(按租金)		不可预见费	

4. 盈利能力分析

项目盈利能力详见附表3~附表7。

敏 感 性 分 析 表　　　　　　　　　　　　表 8

序号	项目	变动幅度(%)	全部投资(所得税前)		
			内部收益率(%)	净现值(万元)	投资回收期(年)
0	基本方案				
1	开发产品投资				
2	售房价格				
3	预售款回笼进度				
4	租房价格				

5．清偿能力分析

6．资金平衡分析和资产负债分析

资金平衡分析详见附表8，资产负债分析详见附表9。

7．敏感性分析

敏感性分析的因素及分析结果详见表8。

敏感性分析图(略)。

8．临界点分析

详见表9。

临 界 点 分 析 表　　　　　　　　　　　　表 9

敏感因素	基本值	临界点	
全部投资税前内部收益率		期望值	
开发产品投资(万元)		最高值	
售房价格(元/m²)		最低值	
土地费用(万元)		最高值	
售房面积(m²)		最低值	

9．主要经济指标

项目的主要经济指标见表10。

主要经济指标表　　　　　　　　　　　　表 10

序号	名称	单位	数据	备注
I	建设规模			
1	房地产开发产品总建筑面积	m²		
1.1	商品房销售	m²		
	其中：多层住宅	m²		
	联排低层高档住宅	m²		
	地下停车场	m²		
1.2	出租房	m²		
	地下停车场	m²		

续表

序号	名称	单位	数据	备注
II	经济数据			
1	总投资	万元		
2	资金筹措	万元		
	其中：资本金	万元		
	使用预售房款	万元		
3	经营收入	万元		年平均
4	经营税金及附加	万元		年平均
5	总成本费用	万元		年平均
6	利润总额	万元		年平均
7	所得税	万元		年平均
8	税后利润	万元		年平均
9	土地增值税	万元		年平均
III	财务评价指标			
1	商品房投资利润率	%		
2	商品房投资利税率	%		
3	商品房资本金净利润率	%		
4	全部投资内部收益率(所得税前)	%		
5	全部投资投资回收期(所得税前)	年		
6	全部投资内部收益率(所得税后)	%		
7	全部投资投资回收期(所得税后)	年		
8	资本金内部收益率	%		

九、风险分析及对策

1. 市场风险分析

2. 经营管理风险分析

3. 金融财务风险分析

项目总投资估算表　　　　　　　　　　　　　**附表 1**

单位：万元

序号	项目	总投资	估算说明
1	开发建设		
1.1	土地费用		
1.2	前期工程费		
1.3	基础设施建设费		
1.4	建筑安装工程费		
1.5	公共配套设施建设费		
1.6	开发间接费		
1.7	管理费用		
1.8	销售费用		
1.9	开发期税费		
1.10	其他费用		
1.11	不可预见费		
1.12	财务费用		
2	经营资金		
3	项目总投资		
3.1	开发产品成本		
3.2	固定资产投资		
3.3	经营资金		

投资使用计划与资金筹措表　　　　　　　　　　附表 2

单位：万元

序号	项目	合计	1	2	3	4	5	6
1	总投资							
1.1	自营资产投资							
1.2	自营资产投资借款建设期利息							
1.3	自营资产投资方向调节税							
1.4	经营资金							
1.5	开发产品投资							
	其中：不含财务费用							
	财务费用							
2	资金筹措							
2.1	资本金							
2.2	预售收入							
2.3	预租收入							
2.4	其他收入							
2.5	借款							
2.5.1	固定资产投资长期借款							
	自营资产投资人民币借款							
	自营资产投资外币借款							
	房地产投资人民币借款							
2.5.2	自营资产投资建设期利息借款							
2.5.3	经营资金人民币借款							

售房收入与经营税金及附加估算表　　　　　　　附表 3

单位：万元

序号	项目	合计	1	2	3	4	5	6
1	售房收入							
1.1	可销售面积（m²)							
1.2	平均售价（元/m²)							
1.3	销售比例（%)							
2	经营税金及附加							
2.1	营业税							
2.2	城市维护建设税							
2.3	教育费附加							
3	土地增值税							
4	商品房销售净收入							

租房收入与经营税金及附加估算表　　　　　　　附表 4

单位：万元

序号	项目	合计	1	2	3	4	5	6
1	租房收入							
1.1	可出租面积（车位）							
1.2	单位租金（元/车位）							
1.3	出租率（%)							

续表

序号	项目	合计	1	2	3	4	5	6
2	经营税金及附加							
2.1	营业税							
2.2	城市维护建设税							
2.3	教育费附加							
3	租金净收入							
4	净转售收入							

损 益 表　　　　　　　　　　　　附表 5

单位：万元

序号	项目	合计	1	2	3	4	5	6
1	经营收入							
1.1	商品房销售收入							
1.2	房地产租金收入							
1.3	自营收入							
2	经营成本							
2.1	商品房经营成本							
2.2	出租房经营成本(摊销)							
3	出租房经营费用							
4	自营部分经营费用							
5	自营部分折旧、摊销							
6	自营部分财务费用							
7	经营税金及附加							
8	土地增值税							
9	利润总额							
10	弥补以前年度亏损							
11	应纳税所得额							
12	所得税							
13	税后利润 　公益金 　法定盈余公积金 　任意盈余公积金							
14	加：年初未分配利润							
15	可供投资者分配的利润							
16	应付利润 　A方 　B方 　C方							
17	年末未分配利润							

财务现金流量表(全部投资)　　　　　　　　　　　　　　附表 6

单位：万元

序号	项目	合计	1	2	3	4	5	6
1	现金流入							
1.1	售房收入							
1.2	租房收入							
1.3	自营收入							
1.4	其他收入							
1.5	回收固定资产余值							
1.6	回收经营资金							
1.7	净转售收入							
2	现金流出							
2.1	固定资产投资(含方向税)							
2.2	开发产品投资							
2.3	经营资金							
2.4	自营部分经营费用							
2.5	出租房经营费用							
2.6	经营税金及附加							
2.7	土地增值税							
2.8	所得税							
3	净现金流量 累计净现金流量							
4	所得税前净现金流量 累计所得税前净现金流量							

计算指标　　　　　　　　　所得税前　　　　　　　　所得税后
　内部收益率(*FIRR*)
　财务净现值(*FNPV*)
　投资回收期(年)
　基准收益率(i_c)

财务现金流量表(资本金)　　　　　　　　　　　　　　附表 7

单位：万元

序号	项目	合计	1	2	3	4	5	6
1	现金流入							
1.1	售房收入							
1.2	租房收入							
1.3	自营收入							
1.4	其他收入							
1.5	回收固定资产余值							
1.6	回收经营资金							
1.7	净转售收入							
2	现金流出							
2.1	资本金							
2.2	预售(租)收入用于开发产品投资							
2.3	自营部分经营费用							
2.4	出租房经营费用							
2.5	经营税金及附加							
2.6	土地增值税							
2.7	所得税							
2.8	长期借款本金偿还							
2.9	流动资金借款偿还							
2.10	短期借款本金偿还							
2.11	借款利息支付							

续表

序号	项目	合计	1	2	3	4	5	6
3	净现金流量							
4	累计净现金流量							

计算指标
  内部收益率($FIRR$)
  财务净现值($FNPV$)
  基准收益率(i_c)

资金来源与运用表

附表 8

单位：万元

序号	项目	合计	1	2	3	4	5	6
1	资金来源							
1.1	商品房销售收入							
1.2	房地产租金收入							
1.3	自营收入							
1.4	自营资产长期借款							
1.5	自营资产经营资金借款							
1.6	房地产投资借款							
1.7	短期借款							
1.8	资本金							
1.9	其他							
1.10	回收固定资产余值							
1.11	回收经营资金							
1.12	净转售收入							
2	资金运用							
2.1	自营固定资产投资(含方向税)							
2.2	自营固定资产建设期利息							
2.3	房地产投资(含利息)							
2.4	经营资金							
2.5	自营部分经营费用							
2.6	自营部分财务费用							
2.7	出租房经营费用							
2.8	经营税金及附加							
2.9	土地增值税							
2.10	所得税							
2.11	应付利润							
2.12	自营资产长期借款本金偿还							
2.13	自营资产经营资金借款偿还							
2.14	房地产长期借款本金偿还							
2.15	偿还其他应付款							
2.16	短期借款本金偿还							
3	盈余资金							
4	累计盈余资金							

资 产 负 债 表 　　　　　　　　　　　　附表9

单位：万元

序号	项目	合计	1	2	3	4	5	6
1	资产							
1.1	流动资产总额							
1.1.1	应收账款							
1.1.2	存货							
1.1.3	现金							
1.1.4	累计盈余资金							
1.2	在建工程							
1.3	固定资产净值							
1.4	无形及递延资产净值							
2	负债及所有者权益							
2.1	流动负债总额							
2.1.1	应付账款							
2.1.2	短期借款							
2.2	借款							
2.2.1	经营资金借款							
2.2.2	固定资产投资借款							
2.2.3	开发产品投资借款							
	负债小计							
2.3	所有者权益							
2.3.1	资本金							
2.3.2	资本公积金							
2.3.3	累计盈余公积金							
2.3.4	累计未分配利润							
	比率指标							
	资产负债率(%)							
	流动比率(%)							
	速动比率(%)							

4.6　可行性研究在现实中存在的问题及解决方法

要提高开发项目决策的科学性，首先要有全面、理性的研究论证。但是分析现实中一些开发项目失败的原因，除了经营管理上的不足之外，可行性研究未能起到应有的把关作用。一些具有一定规模的开发项目，事先都大张旗鼓地组织过"可行性研究"，有的甚至请到大牌专家参与论证。可是很多所谓的论证却流于形式，只讲好处不谈风险，致使大量其实并不可行的"问题项目"堂而皇之地上马。例如在世界文化遗产都江堰附近修建大坝的做法备受批评，在项目论证过程中两度发生这样的事情：工程建设部门组织专家进行讨论，第一次，多数专家认为工程不可行，再开论证会时，持不同意见的专家都被排除在外，项目方案于是得以通过。

4.6.1　存在的问题

目前可行性研究存在的主要问题，一是开发项目方案的研究论证深度不够，只谈优势和强项，对其劣势及不足轻描淡写或避而不谈；二是在市场分析方面的研究深度严重不足，忽视周边地区同类项目的存在，不进行客观的竞争势态分析，未明确指出项目的目标市场主体是什么地域、什么层面，未进行目标市场、地区总量比例的调查及类似项目比照的工作，也未进行项目发展趋势的预测，主观臆断，对市场盲目乐观或故意夸大；三是不重视多方案的比选及项目风险分析，或者分析的内容、深度严重不足，缺乏项目周期各阶段风险管理的统一筹划及策略论证；四是故意夸大或缩小投资规模，夸大是为了大造声势，力求形成今后的轰动效应，缩小则是采取"化整为零"、"分期建设"等手段缩小投资规模，通过部分项目的上马造成既定事实。

4.6.2 解决方法

鉴于上述可行性研究的种种弊端，有必要在开发项目决策实施前，同时组织两个方面的研究：一个是可行性研究，另一个是不可行性研究。忽视不可行性研究的分析论证注定是残缺的。不可行性研究，就是对开发项目的合理性进行挑剔，或对其可行性进行吹毛求疵，寻找它潜在的、隐藏的问题和实施后可能带来的后遗症，以尽可能减少未来损失的发生。不可行性研究的本质，不是要恶意地否定开发项目，而是要善意地完善开发项目。它的重要功能，是站在与可行性方案相反的角度，站在更加公正的立场指出还存在的问题或缺陷，给开发项目决策者提供更广阔的思路和信息，并在很大程度上弥补一般可行性研究的不足，从而使开发项目方案的决策更加合理、更加科学、更加切合实际。这是保障开发项目论证充分，实现科学决策的重要一环。同时必须防止不可行性研究像某些可行性研究一样流于形式。

国外"不可行性研究"成功经验很多，其关键就在于"独立"二字。加拿大、英国、澳大利亚等国，在政府部门内部专门设有决策咨询评估机构，韩国、印度等国则将咨询评估机构升格为政府直属部门。这类机构没有直接管理计划和项目的职能，在经济利益上比较超脱。在美国，政府委托一大批高水平、相对稳定的社会咨询评估机构，承担具体的评估论证工作。国外的这些做法值得我们借鉴。

复习思考题

1. 简述可行性研究的概念、目的及作用。
2. 房地产开发项目可行性研究步骤有哪些？
3. 简述房地产开发项目的成本费用构成。
4. 房地产开发项目主要经济评价指标有哪些？其各自的含义是什么？
5. 房地产开发项目可行性研究为什么要进行不确定性分析？不确定性分析的基本方法有哪些？
6. 简述可行性研究报告的构成即写作要求。
7. 某房地产开发企业拟投资开发一项目，现有两个方案可供选择：A 项目开发经营期限为三年，第一年初投资 800 万元，第一年末、第二年末和第三年末均会产生 300 万元的净收益；B 项目开发经营期限为五年，第一年初投资 1400 万元，第一年末至第五年末每年均会产生 300 万元的净收益，在期满后，可回收残值收入 30 万元。假设预期收益率为 7%，该开发企业选择哪一个开发项目更为有利？（要求采用两种以上方法求解）

5　房地产开发建设用地

5.1　土地管理制度及其演变

5.1.1　土地管理基本制度

《中华人民共和国土地管理法》确立的基本制度主要有以下几种：

（1）国家实行土地登记制度

县级以上人民政府对所管辖的土地进行登记造册。属于国有土地的，核发《国有土地使用证》；属于集体土地的，核发《集体土地所有证》；使用集体土地的，核发《集体土地使用证》。依法登记的土地所有权和使用权受法律保护，任何单位和个人不得侵犯。

（2）国家实行土地有偿有限期使用制度

除了国家核准的划拨土地以外，凡新增土地和原使用的土地改变用途或使用条件、进行市场交易等，均实行有偿有限期使用。

（3）国家实行土地用途管制制度

根据土地利用总体规划，将土地用途分为农用地、建设用地和未利用土地。土地用途管制的核心是不能随意改变农用地的用途。土地用途的变更须经有批准权的人民政府核准。控制建设用地总量，严格限制农用地转为建设用地。

（4）国家实行保护耕地的制度

耕地主要是指种植农作物的土地，包括新开垦荒地、轮歇地、草田轮作地；以种植农作物为主有零星果树、桑树或其他树木的土地；耕种 3 年以上的滩地和滩涂等。国家对耕地实行特殊保护，严格控制耕地转为非耕地。

（5）国家建立土地调查制度

县级以上人民政府土地行政主管部门会同同级有关部门进行土地调查。土地所有者或者使用者应当配合调查，并提供有关资料。

（6）国家建立土地统计制度

县级以上人民政府土地行政主管部门和同级统计部门共同制定统计调查方案，依法进行土地统计，定期发布土地统计资料。土地所有者或者使用者应当提供有关资料，不得虚报、瞒报、拒报、迟报。

（7）国家实行占用耕地补偿制度

非农业建设经批准占用耕地的，按照"占多少，垦多少"的原则，由占用耕地的单位负责开垦与所占用耕地的数量和质量相当的耕地；没有条件开垦或者开垦的耕地不符合要求的，应当按照省、自治区、直辖市的规定缴纳耕地开垦费，专款用于开垦新的耕地。

（8）国家实行基本农田保护制度

下列耕地应当根据土地利用总体规划划入基本农田保护区，严格管理：

（一）经国务院有关主管部门或者县级以上地方人民政府批准确定的粮、棉、油生产基地内的耕地；

（二）有良好的水利与水土保持设施的耕地，正在实施改造计划以及可以改造的中、低产田；

（三）蔬菜生产基地；

（四）农业科研、教学试验田；

（五）国务院规定应当划入基本农田保护区的其他耕地。

5.1.2　土地使用权获取方式的历史演变

我国的土地使用权获取方式是通过四个阶段进行演变的：

（1）第一阶段（1949—1954 年）

1954 年以前，国家从制度上承认城市土地的商品属性，对城市国有土地实行有偿使用，无论全民所有制单位还是集体所有制单位，只要使用城市国有土地，都必须向国家缴纳租金和有关税费。这种有偿使用制度实质上是具有市场配置含义的。

（2）第二阶段（1955—1987 年）

1954 年以后，我国建立了高度集中的计划经济体制，土地管理制度也由市场配置转变为计划配置，城市土地取消了有偿使用，确立了行政划拨土地制度。国有土地的行政划拨制度具有划拨手段的行政性、使用期限的无限制性、土地获取和使用的无偿性、土地物权的无流动性四个特征。

（3）第三阶段（1988—2000 年）

1987 年，深圳市敲响了国有土地拍卖的第一槌。1988 年，《宪法》修正案规定，土地使用权可以依照法律的规定转让。1990 年，国务院出台《城镇国有土地使用权出让和转让暂行条例》，确立了国家实行城镇国有土地使用权出让、转让制度。1995 年，《城市房地产管理法》规定，国家依法实行国有土地有偿、有限期使用制度。1998 年，《土地管理法》规定，国家依法实行国有土地有偿使用制度，建设单位使用国有土地应当以出让等有偿方式取得。自此，国有土地有偿使用制度正式确立。

（4）第四阶段（2001 年至今）

2001 年国务院下发的《关于加强国有土地资产管理的通知》明确提出，为体现市场经济原则，确保土地使用权交易的公开、公平和公正，各地要大力推行土地使用权招标、拍卖。同年，国土资源部发布了《划拨用地目录》，不符合目录的建设用地，不得划拨供地，必须有偿供应。2002 年、2003 年，国土资源部陆续发布了《招标拍卖挂牌出让国有土地使用权规定》和《协议出让国有土地使用权规定》。在这三年间，国有土地划拨供应的范围进一步明确，招拍挂出让和协议出让有了具体细化的范围与操作程序，国有土地市场配置的制度框架初步确立。

现阶段，房地产开发项目除经济适用房、廉租房等保障性住房可以通过划拨方式获得土地使用权外，其他商品房开发项目获取土地使用权的主要方式有三种，分别是：土地使用权出让、在建项目收购和项目公司入股。

5.2　城市土地的储备

5.2.1　城市土地储备制度的建立

土地储备制度最早可追溯到 1896 年的荷兰，当时荷兰的主要城市都进入了高速发展阶段，为涌入城市的大量工人提供住房是政府的当务之急，因此，由国家而不是私人来购买土地并进行开发成为顺理成章的事情，土地储备这种政府获取发展土地的制度应运而生。自20世纪初以来，瑞典、瑞士等许多欧洲国家也相继建立起了土地储备，此外，加拿大、澳大利亚等国也实行土地储备，美国的夏威夷、纽约等部分地区也推行过类似于土地储备的制度。而在我国，土地储备制度则还是新生的制度。自1996年上海土地发展中心成立至今，这一制度在全国许多城市得到了广泛推行。这一制度的建立意味着我国城市土地使用制度的重大变革。

土地储备制度是政府高效控制城市土地开发利用的一种常用手段。利用土地储备来有效解决城市发展建设中遇到的诸如市政基础设施建设、住房困难、旧城改造等问题。

我国现行城市土地储备制度的基本特点是：土地储备中心代表国家统一征收、统一储备、统一开发、统一经营管理和统一供应。土地采用"招、拍、挂"市场化运作方式供应土地。土地收益上交财政，除中央政府参与分成的部分外，其余留给城市政府。

5.2.2　城市土地储备制度的概念和意义

（1）城市土地储备制度的概念

城市土地储备制度是指受城市政府委托的城市土地储备机构依照法律程序，通过征用、收购、置换、回收等形式从原土地所有者或土地使用者手中取得土地，由城市土地储备机构或其委托机构组织进行前期开发、土地整理并予以存储，根据按照土地利用总体规划、土地供应计划、城市规划等因素，有计划地以协议、招标、拍卖、挂牌等方式将土地投入市场，以调整土地收益分配格局，实现土地资源优化配置与土地利用可持续发展的土地使用与管理制度。

就目前我国土地储备的实践看来，城市土地储备制度的运作主体主要包括三方城市土地储备机构、原土地所有者或土地使用者、一级市场土地使用权取得者。其中，城市土地储备机构作为城市土地储备制度运作主体，是一个相对独立的专业性机构，是非营利性、全额拨款的单位，其主要目的是通过垄断城市土地一级市场并控制土地市场的供应量来影响城市土地市场价格，从而达到培育和完善市场机制、实现土地资源优化配置的目的。土地使用权构成了城市土地储备制度的运作客体。土地是一种特殊的商品，具有总量稀缺，位置固定等特点。城市土地市场的交易行为的基本特征，是城市土地各种权利的流转，而不是土地物质的转让和移动。因此，在土地交易过程中作为商品流转的实际上只能是土地使用权，具体表现为土地产权凭证。

（2）建立城市土地储备制度的意义

1）有利于规范和培育城市土地市场的需要

我国城市土地归国家所有，通过实行土地有偿、有限期使用，形成土地市场。在这种土地储备制度框架下，国家是唯一的土地所有者，国有土地使用权出让和出租形成垄断性的城市土地一级市场从国家取得的合法土地使用权在合同规定的范围内可以进入市场流通，进行转让和转租，形成竞争性的土地二级市场。然而，由于过去长期实行土地无偿、无限期划拨使用制度，大量城市存量土地的产权不明晰，管理制度不完善，城市政府一直未能实现城市土地一级市场的垄断供应，许多单位和企业绕开政府私自进行土地出租和转让，既造成了国有资产的流失，又扰乱了房地产市场秩序，给城市规划和城市管理也造成很大困难。城市土地储备制度作为一种制度创新，对于规范和有效管理土地市场提供了一个有益的尝试。

2）有利于合理调控与配置土地资源

经营城市是一种全新的城市建设理念，它是把市场经济中的经营意识、经营机制、经营主体、经营方式等多种要素引入城市建设，盘活资产，促使城市资产重新配置和优化组合，从而建立多元化的投融资渠道，不断扩充城市建设的资金来源。经营城市的核心即为经营土地。建立土地储备制度，可以合理调控与配置土地资源，从整体上提高城市土地资本的利用效率和地域空间的生态环境效益及经济效益。

3）有利于促进城市总体规划的实施

我国原来城市用地开发建设模式对城市总体规划实施已产生种种不利的影响。它主要表现在大部分地块还来不及规划就由土地受让方签了约，然后进行规划设计，致使规划部门被迫就范，这样就打乱了原有的区域规划和用地布局，影响了整个城市规划的实施。在土地储备体系运作过程中，由于实行规划优先的政策，加上集中统一的前期开发和土地整理，城市规划的有关政策和要求可以得到切实的贯彻落实，有利于提高城市土地资源配置效率。土地储备机制一方面减少了原用地企业与规划的关联度，另一方面也使土地招商优先落实规划指标，避免意向开发单位对具体规划指标的影响，有利于促进城市总体规划的实施。

4）有利于推行招标、拍卖土地政策的实现

土地招标、拍卖出让是规范土地市场，创造公开、公平、公正土地市场环境的客观需要。而招标、拍卖出让土地的先决条件是政府手中要有土地，土地出让市场政府要垄断。但长期以来，由于土地"供应权"没有掌握在政府手中，使这项工作难以全面推开。随着土地收购储备机制的建立和垄断土地一级市场、净地出让政策的落实，土地"批发权"掌握在政府手中，从机制上保证了土地招标、拍卖出让的实施，使一批真正有实力的开发商来参与城市建设，促进土地市场的充分发育和健康发展。城市政府通过建立土地储备制度，利用新的体制和机制，真正意义上实现国家供应土地的高度垄断政策，为推行土地招标、拍卖奠定基础。

5.2.3　城市土地储备制度的特点

（1）土地储备的行政性及公益性

土地储备的主体一般是城市政府或受其控制的其他储备机构，是由与政府有密切关系的公营企业或公私合营企业来运作。土地储备是城市政府或受其委托的储备机构依照法律程序收回、优先购买或征用适量的土地，并加以储存，土地储备的主体与运行方式都具有行政性。同时，土地储备制度在目的上具有公益性特征，如为公共基础设施提供用地或为调控市场而进行的收购储备，因此公益性是建立城市土地储备的首要目标，是实施城市土地储备制度的根本。

（2）土地储备的统一性与整体性

建立城市土地储备制度，要求按"统一回收、统一供应"原则。凡是在辖区内需要盘活的土地都必须统一纳入土地储备运作机制，由政府统一收回，进行调控。同时，城市土地储备要注重目标的协调性与整体性，包括在空间上的经济、社会、生态环境等三个效益的统一和时间上近期效益和长远效益的统一，把宏观调控土地市场与土地的生态经济管理相结合，以社会效益、生态环境效益为主要目标，兼顾经济效益。

（3）土地储备的增值性

城市土地储备机构取得的土地一般是未进行基础设施开发的生地或者毛地，为了让储备土地增值，土地储备机构通常要对那些已经规划好的、准备投入市场的土地先搞好前期开发，然后再将这些土地供应出去。这样通过前期开发实现了储备土地的增值。

（4）土地储备的地域差异性

土地具有很强的区位性与地域性，这是由土地本身所固有的自然、经济特性所决定的。城市间、区域间土地利用类型、利用方式、土地供求状况等差别很大。即使在同一城市内部，由于区位条件的不同，不同地区、不同地段的土地利用程度、人口密度等差别很大，具有很强的区位性。因此，城市土地储备要根据不同城市、不同区域的土地位置、自然环境条件、开发历史、周围社会经济状况等因素特点，坚持因地制宜的原则。

（5）土地储备资金占用量大

土地储备不仅是土地的储备，也是资金的储备。土地收购、征用、前期开发与整理等过程都需要大量的资金投入来实现。土地储备的资金来源一般包括政府拨款、政府贷款、发行房地产证券或土地债券、各种社会福利基金等，保证资金有效供给对于城市土地储备具有重要意义。从目前来看，我国在资金来源上的单一性已经制约了土地储备的发展。

5.2.4 城市土地储备的实施

建立城市土地储备制度是我国城市土地使用与管理制度改革的客观要求，其目的主要在于提高政府对城市土地市场的调控能力，优化土地资源配置，实现城市可持续发展。为满足城市土地储备制度的一系列功能定位要求，就应当建立其合理的城市土地储备运作程序。我国城市土地储备制度设想的一般运作程序大致包含三个环节：土地收购——土地储备——土地供应。

（1）土地收购

土地收购是指根据土地储备计划，储备机构依法采用收回、收购、置换或征用等方式，实现土地使用权由集体或其他使用者手中向政府集中。

1）土地收购的对象

根据《土地管理法》等相关法律法规的规定，"市区范围内的无主土地；政府待征的土地；土地使用期限已满被城市土地管理部门依法收回的土地；土地管理部门依法收回的荒芜、闲置的国有土地；土地违法案件经依法查处，被土地管理部门依法收回的土地；因单位拆迁、解散、撤销、破产、产业结构调整或其他原因调整出的原划拨的国有土地；以出让方式取得国有土地使用权无力继续开发又不具备转让条件的土地；应是城市规划、土地整理、政府指令收购的土地；土地使用权人申请市土地储备机构收购的土地；其他需要进行储备的国有土地"等10类土地必须通过统一收购进入土地储备体系。

2）土地收购的工作程序

① 申请收购

市区范围内符合规定的国有土地使用权人，可以向土地储备机构提出申请。在申请收购时，申请人必须提交土地收购的申请书、法人资格证明、授权委托书、营业执照、土地使用权合法证明、房屋所有权合法凭证、土地平面图、单位主管部门意见等。

② 权属核查

土地储备机构对申请收购的土地和地上附着物权属、土地面积、房屋面积、四至范围土地用途等情况进行实地调查审核。

③ 征询意见

土地储备机构根据申请人提出的申请和实地调查情况，向市规划部门征询控制性详细意见；需要进行综合开发的，还应征询市综合开发管理部门的意见。

④ 费用测算

土地储备机构根据调查和征询的意见，会同有关部门和单位测算评估拟收购地块的收购补偿费用。拟实行土地置换的，需测算相应地块的置换费用。

⑤ 方案报批

在以上工作的基础上，土地储备机构提出土地收购的具体方案，报市土地管理部门审批。特殊地块还要报市土地储备收购管理委员会批准。

⑥ 签订合同

收购方案获得批准后，由市土地储备机构与原土地使用权人签订《国有土地使用权收购合同》。

⑦ 收购补偿

土地储备机构根据合同约定的金额、期限、方式，向原土地使用权人支付土地补偿费用。实行土地置换的，进行土地置换的差价结算。

⑧ 权属变更

土地储备机构根据合同支付收购定金后，向原土地使用权人与土地储备机构向市土地管理部门、房产管理部门申请办理权属变更登记手续。

⑨ 交付土地

根据合同约定的期限和方式，原土地使用权人向土地储备机构交付被收购的土地和地上建筑物，被收购的土地随即纳入土地储备体系。

3）土地收购的方式

土地收购的方式主要有四种：土地的收回、收购、置换和征用。

① 土地的收回又包括无偿收回和有偿收回。

对于土地使用者擅自改变土地用途并逾期拒不改正的、土地使用期限届满而未续期的、超过土地出让合同约定的动工开发日期满二年未动工开发的，土地无偿收回；对政府为公共利益需要而使用原划拨土地的、企事业单位申请政府收回其原使用的划拨土地的，土地由政府依法收回并对原土地使用者予以补偿。

② 土地的收购。

当社会公共利益需要或政府特殊需要使用以出让方式取得的土地时，城市土地储备中心可以普通市场主体的身份收购该土地使用权，并且在同等条件下拥有优先购买权。土地购买主要有以下几种情况：土地受让人进行土地开发后进行转让的土地；银行抵押需处置的土地；市场交易价格明显偏低的土地。对城市里的存量土地包括过去行政划拨的土地、旧城改造、退二进三企业用地、搬迁以及其他原因需要改变用途进入市场的土地，也由土地储备机构进行收购。

③ 土地置换是运用价值杠杆，实现不同土地使用权的置换，使政府达到收回土地使用权的目的。采用置换方式收购的土地范围一般不限，只需考虑是否符合土地置换的要求。

④ 土地征用主要是针对集体土地，考虑到集体所有权的利益，有必要改革现有的土地征用制度。即集体土地转化为国家土地，除确认为公共用地外，应采用市场化土地收购方式。土地征用是为满足城市对增量土地的需求所必须经历的法律程序，控制较严格。

（2）土地储备

土地储备是指建立政府土地储备库，将征用、收回和收购的土地以及政府控制的其他土地进行统一管理，适时储备，待市场条件适宜时推向市场，以实现土地的增值。

1）土地储备方式

随着城市建设的快速发展，一方面，中心城区内改造要求土地储备，另一方面城市化的扩张建设以及城市基础设施和公益设施也要求土地储备。其中不论是建成区内的拆迁补偿，还是农村用地的征用，都面临巨大的资金压力和具体实施的各种难度，因此，应采取多种土地储备方式：

① 土地实物储备。

实现土地储备的最终形式都是实物储备。即由储备机构投入资金直接收回或收购取得土地。

② 规划红线储备。

直接将城市规划红线范围的土地划给土地储备中心，有土地储备中心在实施征用、拆迁安置、土地平整和基础设施配套后推向市场。

③ 信息储备。

对于一些不急于收购储备建设或受财力限制一时无法进行资金收购的地块，可以进行信息储备，待时机成熟后再进行实物储备或红线储备。土地的信息储备主要是充分掌握土地的供应和需求信息，把握土地信息资源。

④ 土地预储备。

对于一些规划上远期建设的地块，如果过早收购，会造成土地的限制和储备资金压力，为此根据规划，对符合要求的土地实行土地预储备不失为解决上述问题的一种有效手段。

2）储备土地的开发经营

对于进入土地储备体系的土地，在出让给新的土地使用单位以前，由土地储备机构进行前期的开发和经营管理。前期开发包括地上建筑物和附属物的拆迁和土地平整等。经营管理指在土地预出让和招标拍卖前，土地储备机构可以依法将土地的使用权单独或连同地上建筑物出租、抵押或临时改变用途，以防土地闲置或浪费。

（3）土地供应

土地供应环节是由城市土地储备机构根据城市发展取向和土地市场需求制定土地供应计划，并由具体执行机构向用地单位有计划统一出让。为提高土地供应市场化程度，城市土地储备机构在土地出让环节中一般都要求采用招标、拍卖出让方式，以减少国家土地收益流失，促使用地单位提高土地利用效率。

现阶段应根据土地供应计划和用地计划指标体系，对不同用地应采用不同的土地供应方式。

1）对经营性用地，由于用地主体多数为企业，以利润最大化为目标，城市土地以生产要素形式介入生产。因此，选择市场机制配置经济性用地是有效的。经营性用地的供应需通过市场以招标或拍卖方式出让和出租。

2) 对非经营性用地，如政府机构用地、城市公共绿地等，由于其用地主体以公共利益最大化为目标，主体行为的外部性使用的主体无法以市场形式把全部潜在收益内部化，从而非经营性用地主体缺乏以相同价格支付具有相同级别地租土地的能力，政府以协议或划拨的方式供给更能满足非经营性用地的需求。

对进入土地储备体系的土地，有土地储备机构根据城市发展的需要和土地市场的需要制定土地供应计划，有计划的统一向用地单位供应土地。未来提高一级市场的公开性和透明度，土地储备机构要定期将土地储备信息向社会公布。对于拟推出的具体地块，还要在充分考虑城市规划、城市设计和城市发展的具体要求的基础上，测算土地供应成本，拟定招商方案。

根据现行的土地管理法规，储备土地供应方式可以分为协议出让、招标出让、拍卖出让和挂牌出让。在土地储备供应方式的选择上，用于房地产开发和经营性建设的应通过招标、拍卖或挂牌的方式确定开发单位。以招标、拍卖或挂牌方式直接出让储备土地使用权的，由土地储备机构提出计划和方案，城市政府土地管理部门按照有关法规组织实施。

5.2.5 城市土地储备制度运行的支持体系

（1）资金支持

资金是土地储备制度实施的关键。土地的价值量巨大这一特点，决定了城市土地储备制度的启动和运行需要巨额资金。如何多方筹措资金来保障土地收购、储备、供应的顺利进行，控制土地储备规模等主要是资金方面的问题。收购储备的土地太少，无法实现政府储备土地的目标，对土地市场难以发挥调节作用。目前，土地收购储备资金主要来源于财政拨款、银行贷款、部分土地使用权出让收益、储备土地的经营性收入、其他社会资金、发行土地债券等。在城市土地储备制度运行的支持体系中，完善资金配套政策，建立合理的资金筹措、运行机制并防范风险，形成强有力的资金支持体系是土地储备的一个十分重要的问题。

（2）法律支持

在我国现行的法律法规体系下，还没有专门的土地储备制度的相关立法，而只能以《土地管理法》、《城市房地产管理法》等法律的有关内容加以引申。政府要行使强制性的土地统一收购权，首先要有相关的立法赋予政府行使强制性收购权力为前提，同时还要有一系列完善的相关法律法规为保障，否则势必会受到各方阻力和质疑，致使收购行为难以实现。因此，建立土地储备制度，要以现行的法律、法规、条文为依据，制定土地收购储备的法律法规体系，为城市土地储备制度的实施提供法律支持。

（3）体制支持

城市土地储备制度是一项综合性的系统工程，体现的是一种政府行为，因而在土地征购、储备、出让过程中，必将涉及政府相关职能部门。土地收购储备工作需要决策、监督、宏观管理机构和具体执行土地收购储备工作的实施机构。如果没有一个有效的组织体制保障，得不到有关职能部门的支持和配合，必然会增加土地储备制度的运作成本，降低运作效率，提高运作风险。政府部门之间形成互相支持、协同运作的工作机制，是顺利实现城市土地储备制度运行的重要保障。因此，政府应成立一个统一的权威的组织决策机构来领导、协调各方面问题；同时设立一个运作实施土地储备制度的执行机构。

5.2.6　城市土地储备对房地产市场的影响

土地储备制度及相关制度的实行，从根本上改变了房地产开发供地渠道、供地方式、从而引发开发程序的重大调整。因此，这一新的土地使用制度，给中国的房地产市场带来了深刻的影响。

（1）土地出让方式对房地产市场的影响

土地的出让方式对房地产市场的影响是巨大的。招、拍、挂充分引入了市场竞争机制，不同需求者为获得土地展开激烈的竞争，地价在需求者之间的激烈竞争中形成，从而体现了市场经济等价交换和公正、公开、公平交易的基本准则。土地透明取得，减少了原有供地制度下的黑幕和寻租现象，所有的开发企业在同一起点竞争，为建立成熟完善的房地产市场提供了必要前提。出让方式改变后，房地产企业的土地取得成本也发生变化，土地供应的价格以市场为信号，与协议供地相比价格会上升，就个别企业来说成本是提高的。就整个房地产市场而言，杜绝了协议供地时期的不公平竞争，改变了通过金钱权力寻租取得土地进行房地产开发的现象。虽然暂时土地成本增加，削减了开发商利润，但是长期而言，良性竞争后的开发企业更能适应市场经济的发展，有效利用资源，满足最终消费者的需求，形成持续、健康、有效的房地产市场。

（2）土地价格和土地供应量对房地产市场的影响

随着配置土地资源指导思想的变化，土地供应方式的改变，政府影响土地价格的能力越来越弱。在非经营性用地上，由于协议出让形式的保留，政府对地价仍然有较强控制的能力。而经营性用地采用招拍挂的市场主导的供应方式，土地的价格是供需双方力量对比决定的，政府只是价格决定双方中的一方，不能控制和决定价格。

土地价格的变动短期看的确影响了房地产生产，由于短期的土地供给没有弹性，房地产市场的供需力量受地价变动的影响不大，房地产均衡价格并没有因此改变，所以地价变动对房地产市场的影响主要表现在成本变化带来的开发商的利润空间变化。价格的决定受供需双方力量的作用是普遍适用的，在经济学的理论中，数量总是和价格相伴随的，目前对两个市场的价格关系研究很多，但是对更重要的土地数量关注不足。首先，价格作为一个表象，是土地市场和房地产市场的供求数量关系的反映和信号的传递，而实质是作为生产要素的土地转化为房地产产品，是土地市场和房地产市场的物质流动。其次，土地的供应量能够直接转化为房地产供应量，形成房地产供给，能够直接影响房地产市场价格均衡。再次，土地的供应量是政府能够调节的，改变市场的土地供给数量能切实可行地解决房地产市场的问题。政府对供应量的控制能力远远大于对土地价格的能力，政府增加土地供应会增加房屋供应量，缓解供需紧张矛盾从而降低房屋的售价。供地计划是政府调控的重要手段，要以市场信号为导向，注意提高市场效率，同时要注意克服市场失灵的弊端，保证市场效率的同时要保障居民住房需求，在房地产市场发生波动的情况下及时修正供应计划。

（3）土地供给结构对房地产市场的影响

政府出让的土地根据所开发房地产性质不同划分为高档商品房用地、普通商品房用地、中低价商品房包括经济适用房用地，通常将这几种用地的构成和比例称为土地的供给结构。土地的供给结构决定了房地产市场各种比例住房的构成，是政府调控的重点。如果由市场自发调节，由于高档房屋的利润高，而普通商品房和中低价商品房的利润低，开发商根据市场的信号抉择房屋开发的种类，会加大高档商品房的比例来获取更多收益，既削减普通商品房和中低价商品房的比重，又会造成高档住房的闲置。政府出于稳定房价和解决居民住房问题的目的进行调控，可以控制土地供应结构，限制高档住房用地，稳定普通商品房用地、大力发展中低价商品房包括经济适用房用地，既可以平抑总体房价水平，又可以提供更多的中低收入阶层能够负担的住房。

（4）土地供应时间对房地产市场的影响

土地供应的数量、价格和结构都会对房地产市场产生影响，土地供应的时间不同，对市场也会产生不同的效果。同样一块土地，今年供应和明年供应可能有着很大的区别，在需求的谷底供应对市场作用不大，而在需求旺盛的时机推出，却有着削峰填谷的作用，缓解市场的紧张。改变土地的供应时间除了改变土地供应计划以外，还有一个措施就是房屋预售。出于金融安全的考虑，防止开发商利用预售款垫资和炒楼花现象的出现，我国对期房销售限制很严格，对开发进度完工情况都有具体要求，但是私下操作违规预售的现象在现实中还是存在的。预售使得下期供应的土地转移到当期，缓解了一部分房屋需求，减小了市场压力，但是在市场配套不完善的情况下，也有很大的负面影响。所以在市场监管到位、配套齐全的前提下，市场供给不足时，放宽预售条件可以改变土地供应时间、缓解供应矛盾，而在市场供大于求的情况下，限制预售减少了当期房地产供应，防止市场衰落。

5.3 开发建设用地土地使用权的获取方式

当完成房地产项目定位与房地产可行性研究之后，进入了实施阶段，而实施阶段的第一步就是获取土地使用权。土地使用权的获取是指房地产开发商通过出让、划拨、转让或其他合法方式，有偿有限期获取国有土地使用权的行为。房地产开发企业获取房地产项目建设用地主要是三种方式：出让、划拨和转让。其中出让和划拨方式属于土地一级市场交易行为，转让属于土地二级市场交易行为。

5.3.1 土地使用权出让

（1）土地使用权出让的含义

土地使用权出让是指国家以土地所有者的身份将土地使用权在一定年限内出让给土地使用者，并由土地使用者向国家支付土地使用权出让金的一种行为。

土地使用权出让金是指通过有偿有限期出让方式取得土地使用权的受让者按照土地使用权出让合同规定的期限，一次或分次提前支付的整个使用期间的地租。

（2）土地使用权出让的基本特征

1）土地使用权是一种独立物权

土地使用权的出让是以土地使用权和所有权的分离为基础，国家作为土地所有者的地位不变，而土地使用权受让人取得一种独立的财产权利，包括所有权中占有、使用、收益和一定程度的处分权(如土地使用权转让、出租、抵押等)，出让土地使用权是一种与土地所有权相分离的独立物权。

2）土地使用权的出让由国家垄断

土地使用权的主体只能是国家，土地使用权出让的土地只能是国有土地，出让行为的标的物也只限于国有土地使用权。集体所有土地必须经依法征收为国有土地后，方可有偿出让。

土地使用权出让只能是国有土地，土地使用权出让方只能是市、县(市)人民政府的土地管理部门，其他任何部门、单位、个人不得实施土地出让行为。

土地使用者在土地使用期限内没有所有权，只有使用权。

3）土地使用权的出让有年限限制

土地使用者享有土地使用权的期限以出让合同中约定为限，但不得超过法律规定的最高出让年限。

土地使用权的最高年限由国务院规定，《城镇国有土地使用权出让和转让暂行条例》规定：土地使用权出让最高年限按下列用途确定：

① 居住用地70年；

② 工业用地50年；

③ 教育、科技、文化、卫生、体育用地50年；

④ 商业、旅游、娱乐用地40年；

⑤ 综合或者其他用地50年。

4）土地使用权出让的有偿性

受让方获得一定年限的土地使用权是以向出让人支付"出让金"为代价，一般在出让合同签订后的法定期限内，由受让方向出让方一次性支付或法定期限内分期支付。

5）国家与使用者之间的权利义务关系具有平等、自愿性

土地使用权的出让是土地使用权作为商品进入市场流通的第一步，反映作为土地所有者的国家与土地使用者之间的公平合理的商品经济关系。

（3）土地使用权的收回和终止

1）土地使用权的收回

国家收回土地使用权有多种原因，如使用期限届满、提前收回、没收等，主要有：

① 土地使用权届满

依据《物权法》规定，住宅建设用地使用权年限届满的，自动续期。对非住宅建设用地使用权在合同约定的期限届满时，土地使用者可以申请续期，应当至迟于届满前一年申请续期，除根据社会公共利益需要收回该幅土地的，应当予以批准。经批准准予续期的，应当重新签订土地使用权出让合同，按照规定支付土地使用权出让金。《城市房地产管理法》第21条第2款规定："土地使用权出让合同约定的使用年限届满，土地使用者未申请续期或者虽申请续期但依照前款规定未获批准的，土地使用权由国家无偿收回。"土地使用权无偿收回时，该土地上的房屋及其他不动产的归属，有约定的，按照约定；没有约定或者约定不明确的，依照法律、行政法规的规定办理。

② 土地使用权提前收回

《城市房地产管理法》第19条规定："国家对土地使用者依法取得的土地使用权，在出让合同约定的使用年限届满前不收回；在特殊情况下，根据社会公共利益的需要，可以依照法律程序提前收回，并根据土地使用者使用土地的实际年限和开发土地的实际情况给予相应的补偿。"

因土地使用者不履行土地使用权出让合同而提前收回土地使用权分两种情况：

一种是未如期支付地价款的，在签约时应缴地价款的一定比例作为定金，60日内应

支付全部地价款，逾期未支付全部地价款的，出让方依据法律和合同约定，收回土地使用权。

另一种是土地使用者未按合同约定的期限和条件开发和利用土地，由县、市人民政府土地管理部门予以纠正，并根据情节可以给予警告、罚款，甚至无偿收回土地使用权。

2）土地使用权的终止

土地使用权终止，是指因法律规定的原因致使受让人丧失土地使用权。土地使用权的终止分两种情况：

① 土地使用权因土地灭失而终止

土地灭失，是指由于自然原因造成原土地性质的彻底改变或原土地面貌的彻底改变。如因地震、塌陷等自然灾害引起的不能使用土地而导致土地使用权的自然终止。

② 土地使用权因土地使用者的抛弃而终止

由于各种原因土地使用者抛弃使用的土地，致使土地使用合同无法履行而终止土地使用权。

（4）土地使用权出让的注意事项

依据《城镇国有土地使用权出让和转让暂行条例》规定，关于土地使用权的出让应注意以下几条内容：

1）土地使用权出让应当签订出让合同。

土地使用权出让合同应当按照平等、自愿、有偿的原则，由市、县人民政府土地管理部门（以下简称出让方）与土地使用者签订。

《物权法》第138条：采取招标、拍卖、协议等出让方式设立建设用地使用权的，当事人应当采取书面形式订立建设用地使用权出让合同。

建设用地使用权出让合同一般包括下列条款：

① 当事人的名称和住所；

② 土地界址、面积等；

③ 建筑物、构筑物及其附属设施占用的空间；

④ 土地用途；

⑤ 使用期限；

⑥ 出让金等费用及其支付方式；

⑦ 解决争议的方法。

2）土地使用者应当在签订土地使用权出让合同后六十日内，支付全部土地使用权出让金。逾期未全部支付的，出让方有权解除合同，并可请求违约赔偿。

3）以出让方式取得土地使用权进行房地产开发的，必须按照土地使用权出让合同约定的土地用途、动工开发期限开发土地。

① 超过出让合同约定的动工开发日期满1年未动工开发的，可以征收相当于土地使用权出让金20%以下的土地闲置费。

② 满2年未动工开发的，可以无偿收回土地使用权。但是，因不可抗力或者政府、政府有关部门的行为或者动工开发必需的前期工作造成动工开发迟延的除外。

③ 出让方应当按照合同规定，提供出让的土地使用权。未按合同规定提供土地使用

权的，土地使用者有权解除合同，并可请求违约赔偿。

④ 土地使用者在支付全部土地使用权出让金后，应当依照规定办理登记，领取土地使用证，取得土地使用权。

⑤ 土地使用者应当按照土地使用权出让合同的规定和城市规划的要求，开发、利用、经营土地。

未按合同规定的期限和条件开发、利用土地的，市、县人民政府土地管理部门应当予以纠正，并根据情节可以给予警告、罚款直至无偿收回土地使用权的处罚。

《城镇国有土地使用权出让和转让暂行条例》第十八条规定：土地使用者需要改变土地使用权出让合同规定的土地用途的，应当征得出让方同意并经土地管理部门和城市规划部门批准，依照本章的有关规定重新签订土地使用权出让合同，调整土地使用权出让金，并办理登记。

⑥ 依据《城镇国有土地使用权出让和转让暂行条例》规定，因收回土地使用权引发的纠纷，出让方可以收回土地使用权的法定情形主要有如下五种：

一是未按照出让合同的约定支付土地使用权出让金的；

二是未经出让方和规划主管部门同意擅自改变土地用途的；

三是不按出让合同约定的期限动工开发，土地闲置超过两年的；

四是土地使用权出让期限届满的；

五是根据社会公共利益需要提前收回土地使用权的。

5.3.2 土地使用权的划拨

（1）土地使用权划拨的含义

《城市房地产管理法》第 22 条规定："土地使用权划拨，是指县级以上人民政府依法批准，在土地使用者缴纳补偿、安置等费用后将该幅土地交付其使用，或者将土地使用权无偿交付给土地使用者使用的行为。"

（2）土地使用权划拨的特征

土地使用权划拨作为一种特殊的土地资源配置方式具有以下特征：

1）土地使用权划拨是一种政府行政行为，而非民事行为

土地使用权划拨无需划拨双方协商，土地使用者只要经过法定的程序，即可获得土地使用权。

2）土地使用权划拨只需付较小费用或无偿取得

依照《土地管理法》及《城市房地产管理法》的有关规定，有偿划拨的形式也只是开发商支付少量的土地补偿费和安置补助费，这些费用远比土地使用权出让金小。

3）土地使用权划拨没有使用期限的规定

《城市房地产管理法》第 22 条 2 款规定，"以划拨方式取得土地使用权的，除法律、行政法规另有规定外，没有使用期限的限制。"

4）土地使用权划拨的转让、出租、抵押依法受到限制

《城镇国有土地使用权出让和转让暂行条例》第 44 条规定："土地使用权划拨，除本条例第 45 条规定的情况外，不得转让、出租、抵押。"

《城镇国有土地使用权出让和转让暂行条例》第 45 条规定："符合下列条件的，经市、县人民政府土地管理部门和房产管理部门的批准，其土地使用权划拨和地上建筑物、其他

附着物所有权可以转让、出租、抵押。

① 土地使用者为公司、企业、其他经济组织和个人；

② 领有国有土地使用证；

③ 具有地上建筑物、其他附着物的产权证明；

依照本条例第二章的规定签订土地使用权出让合同，向当地市、县人民政府补交土地使用权出让金或者以转让、出租、抵押所获收益抵交土地使用权出让金。特别需要注意的是在土地使用者因客观原因不需要使用土地或不按批准用途使用土地时，国家可根据实际情况注销国有土地使用证，收回土地使用权。"

（3）土地使用权划拨的适用范围

土地使用权划拨是国家的一种特殊政策。《土地管理法》第54条规定，"建设单位使用国有土地，应当以出让等有偿使用方式取得；但是下列建设用地，经县级以上人民政府依法批准，可以以划拨方式取得：

1）国家机关用地和军事用地；

2）城市基础设施用地和公益事业用地；

3）国家重点扶持的能源、交通、水利等基础设施用地；

4）法律、行政法规规定的其他用地。"

以划拨方式取得土地使用权的使用者通常是国家机关、军队、人民团体以及由国家财政部门拨付事业经费的单位等。将国有土地使用权无偿划拨上述单位使用，其目的是为了实现社会公益事业的需要，具有社会公益性。

因此，在我国上述单位的用地不仅通过划拨取得，还通常免征城镇土地使用税和耕地的占用税。

（4）土地使用权划拨的程序

土地使用权划拨的程序根据《土地管理法》及其实施条例规定，土地使用权划拨，须申报条件和材料

1）建设用地申请表；

2）建设用地预审通知书；

3）项目可行性研究报告批复或其他立项批准文件；

4）建设用地规划许可证及附页；

5）规划部门批准的总平面布置图；

6）有土地勘测资质单位出具的勘测定界报告；

7）土地使用协议书；

8）1：500地籍图或地形图(或数字地形图电子文档)；

9）其他相关文件。

（5）土地使用权获取的主要流程

1）建设用地预审

用地申请前，在建设项目可行性研究论证时，应由土地管理部门对建设项目用地有关事项进行审查，提出建设项目用地有关事项进行审查，提出建设项目用地预审报告；可行性研究报告报批时，必须附土地管理部门出具的建设项目用地预审报告。

2）建设用地申请和审核

由建设用地单位持经批准的设计任务书或初步设计、年度基建计划等有关文件向拟划拨土地所在地县级以上人民政府土地管理部门提出建设用地申请。由县级以上人民政府土地管理部门对建设用地进行审核，划定用地范围，组织商定用地补偿、安置或者征收安置方案。

3）建设用地批准

供地方案经批准后，由市、县人民政府向建设单位颁发建设用地批准书。批准用地、建设用地单位完清税费后，签订《国有土地划拨决定书》，领取《建设用地批准书》。

4）划拨

由用地所在地的县级以上地方人民政府土地管理部门根据批准用地文件所确定的用地面积和范围，到实地划拨建设用地。

5）登记

建设项目竣工后，由县级以上地方人民政府土地管理部门核查实际用地，经认可后，办理土地登记手续，核发国有土地使用证。

土地使用权划拨完成以上法定程序后，土地使用者取得了国有土地使用证，即取得了土地使用权划拨。

（6）土地使用权划拨的收回与终止

1）土地使用权划拨收回的条件

《土地管理法》第 58 条规定，有下列情形之一的，由有关人民政府土地主管部门报经原批准用地的人民政府或者有批准权的人民政府批准，可以收回国有土地使用权：

① 为公共利益需要使用土地的；

② 为实施城市规划进行旧城区改建，需要调整使用土地的；

③ 土地出让等有偿使用合同约定的使用期限届满，土地使用者未申请续期或者申请续期未获批准的；

④ 因单位撤销、迁移等原因，停止使用原划拨的国有土地的；

⑤ 公路、铁路、机场、矿场等经核准报废的。

国家无偿收回土地使用权划拨时，对其地上建筑物、其他附着物、应根据实际情况给原土地使用者适当补偿。对于开发企业来说，可以通过划拨方式取得的开发用地，主要是经济适用房项目建设用地。

2）土地使用权划拨的终止

划拨地使用是为特定目的而设，降非该特定目的被取消否则不存在撤销划拨土地使用问题。但下列情况下，下土地使用权划拨终止：

① 国家征收；

② 使用人不再需要；

③ 特定项目终止；

④ 土地灭失。

（7）划拨国有土地使用权的有关规定

按照《城镇国有土地使用权出让和转让暂行条例》的规定，土地使用权划拨必须经过所在地市、县人民政府土地管理部门批注并补办土地使用权出让手续，签订土地使用权出让合同、补缴土地使用权出让金、办理土地出让登记手续后，才取得转让、出租、抵押的合法权利。

1）土地使用权划拨可以转让

土地使用权划拨转让有两种规定：

① 报请有批准权的人民政府审批准予转让的，应由受让方办理土地使用权出让手续，并依照国家有关规定缴纳土地使用权出让金；

② 可以不办理出让手续，但转让方应将所获得收益中的土地收益上缴国家。

2）土地使用权划拨可以出租

房产所有权人以营利为目的，将土地使用权划拨的地上建筑物出租的，应当将租金中所含土地收益上缴国家，仍按划拨土地进行管理。

3）土地使用权划拨可以抵押

以土地使用权划拨作抵押，抵押金额不应包括土地价格，因该使用权的获得未付地价，不是一项独立的财产权利。当由于抵押土地使用权划拨而造成土地使用权转移时，应办理土地出让手续，并向国家补交地价款方可变更土地权属。

4）对未经批准擅自转让、出租、抵押土地使用权划拨的单位和个人，有批准权的政府土地管理部门应当没收其非法收入，并根据情节处以罚款。

5）国有企业改革中的划拨土地

对国有企业改革中所涉及的土地使用权划拨，可分别采取国有土地出让、租赁、作价出资（入股）和保留土地使用权划拨等方式予以处置。

5.3.3　土地使用权转让

（1）土地使用权转让的含义

土地使用权转让是土地使用人将有偿取得的土地使用权再转移的行为。这里的"再转移"，是指土地使用人在从政府或其他人手中取得土地使用权，已经发生至少一次土地使用权主体的变更，而转让意味着至少第二次主体变更，包括出售、交换、赠与和继承等内容，属于土地的二级市场范畴。

未按土地使用权出让合同规定的期限和条件投资开发、利用土地的，土地使用权不得转让。土地使用权转让必须签订合同，受让方还必须到土地行政主管部门申请登记。

土地使用权转让时，土地使用权出让合同和登记文件中所载明的权利、义务随之转移，土地使用权转让时，其地上建筑物、其他附着物的所有权转让，应当依照规定办理过户登记。土地使用权和地上建筑物、其他附着物所有权分割转让的，应当经市、县人民政府土地管理部门和房地产管理部门批准，依法办理过户登记。

（2）土地使用权转让的条件

1）缴清土地出让金是土地使用权得以转让的前提条件，此规定见于《城市房地产管理法》第三十八条第（一）款。

2）投入开发建设的资金要达到规定的最低限额，一般情况下，投入开发的建设资金应达到投资总额的 25%，土地使用权才可以转让。

3）转让年限不超过原出让年限扣除已使用年限后的余额。

4）未经过原出让人同意，转让合同不得违背原出让合同规定的使用要求。

5）转让房地产时房屋如果已经建成的，还应当持有房屋所有权证。

（3）土地使用权转让的特点

1）土地使用权与地上建筑物、附着物一并转移

依我国法律，建筑物和其他定着物、附着物均附属于土地，土地使用权转让，地上物一并转让。

2）权利义务一并转移

权利义务同时转移是指在土地使用权转让时，转让人与原土地使用权出让人所签订的出让合同以及登记文件中所载明的权利、义务也随之转移给新的受让人，权利应按照土地使用权出让合同和登记文件中所载明的权利进行转移，不得扩张权利。

3）土地使用权的转让需办理变更登记

我国现行立法对物权变动采取登记要件主义，即土地使用权转让合同的签订并不直接意味着土地使用权的移转，土地使用权的移转以登记为要件，转让合同中的受让人不是在转让合同签订以后，而是在土地使用权依法登记到受让人名下后方可取得土地使用权。

（4）土地使用权转让的原则

1）土地使用权转让时，其地上建筑物、其他附着物所有权随之转让。

2）土地使用权转让方式由当事人确定，可采取招标、拍卖、协议等方式，转让必须签订土地使用权转让合同。

3）土地使用权转让后，土地使用权出让合同规定的全部权利和义务也随之转让给新的受让人。再受让人需要改变土地出让合同规定的权利和义务，须经土地使用权出让方批准，办理有关手续并补交相应地价款。

4）土地使用权、地上建筑物所有权、其他附着物所有权转让，都要依法办理过户登记手续。

（5）土地使用权转让的主要方式

根据《城镇国有土地使用权出让和转让暂行条例》的规定："当国有土地使用权转让时，转让双方必须签订转让合同，即以合同的形式进行土地使用权的转让。"目前，土地使用权转让主要有出售、交换、赠与三种主要方式。

1）土地使用权出售

土地使用权出售是土地使用权转让的最主要表现形式，它是指以出让方式取得土地使用权的土地使用者按照出让合同规定的期限和条件对土地进行投资、开发、利用后，再将土地使用权有偿转让给其他公民、法人，并获得土地使用权转让金的行为。

土地使用权出售后，出让合同中的所有权利义务全部转让给新的土地使用者。但是，这种出售与一般的买卖有所不同，一般买卖行为是将出卖财产的所有权进行转移，而土地使用权的出售只转移使用权，所有权不发生转移，仍属于国家。

2）土地使用权交换

土地使用权交换一般指的是以地换地，是指两个以上的土地使用权人约定互相交换各自的土地使用权转让方式，其本质是一种权利互换，它是以双方当事人都需要支配对方的物为前提的。土地使用权交换后，双方同土地管理部门因"转让"而产生的权利义务关系也同时转移。

3）土地使用权赠与

土地使用权赠与是指赠与人将其土地使用权无偿转移给受赠人的行为。土地使用权作

为一种财产，其权利人可以将其无偿赠与给任何公民、法人。以赠与方式转让土地使用权的没有直接的代价，无需支付土地使用权转让金或提供相应的财产权利来作为对应条件，是单方面的转移。土地使用权赠与后，赠与人与土地管理部门因"转让"而产生的权利由受赠人享受。

在实际操作中，根据"土地使用权转让必须导致其权利的主体发生变更"这一特点，转让还有其他方式，如抵债，作价出资(入股)、合建、继承等，抵债是买卖的一种特殊形式；作价出资(入股)是指土地使用权人以一定年期的国有土地使用权作价，作价额按规定分股形成股权，该土地使用权由股份公司持有。合建是房地产开发过程中常见的一种方式，是指享有土地使用权的一方以土地使用权作为投资与他人合作建房的行为，一方提供土地使用权，另一方提供资金；继承公民、法人按照法律规定或者合法有效的遗嘱取得死者生前享有的土地使用权的行为。

（6）土地使用权出让与转让的区别

土地使用权出让是国家以土地所有者身份将土地使用权在一定年限内让与土地使用者，并由土地使用者向国家支付土地使用权出让金的法律行为。出让指土地所有权的部分权能(占有、使用、收益)与所有权相分离而作为独立的财产权；转让则是指土地使用者将有偿取得的土地使用权再转移的法律行为。二者的主要区别如下：

1）当事人不同

土地使用权出让是从土地所有者到土地使用者之间的纵向流动，是指受让人从国家手中得到土地使用权，出让方是国家，是市、县人民政府土地管理部门。

转让是在土地使用者之间的横向流动，其转让方不可能是国家，只能是土地使用者，是土地使用者以买卖、交换、赠与等方式再转移土地使用权的行为。

2）转移条件与程序不同

出让条件无限制，签订出让合同，缴出让金，即可办证。

转让条件有限制，转让须经申请、审批或补办出让手续，缴纳税费，方可登记过户。

3）运行机制不同

出让具有垄断性，表现为国家是土地使用权的唯一提供者，土地的供给量、供给时间和供给地点由国家控制。

转让具有竞争性。其竞争性表现为有多个土地供给者和土地需求者，转让的方式和价格均由市场决定，市场机制的作用较强。

（7）土地使用权转让的程序

1）申请

交易双方就土地使用权情况向当地政府土地管理部门提出转让、受让申请交易当事人办理转让手续申请，还应提供转让协议、土地使用证、宗地界址点图、建筑物产权证明、法人资格证明，委托书、身份证明等资料。

2）审查

接到申请后，土地管理部门应对资料及宗地情况进行详细审查了解，凡未按出让合同规定的期限和条件投资开发、利用土地的，抵押、查封、出租而未通知承租人知道的，权属不清、四邻有纠纷的等不予办理转让手续，并在15日内通知转让当事人。

如改变土地用途须有规划部门意见。转让时需分割建筑物的应有房地产主管部门意见。

3）现场勘察

现场勘察应与有关资料对照核实。如需分割转让，应考虑土地利用率、出路及他项权利等因素，并制图确定四至、面积，必要时需经四邻签章认可。

4）签订合同

土地使用权转让方与受让方确定好转让合同的各项内容，且转让合同的内容必须符合出让合同要求，协商一致后签订转让合同。

5）合同公证

土地使用权转让属于民事行为，转让合同性质属于经济合同，转让合同须到当地司法部门公证，并对转让与受让双方的身份证明公证，并发转让合同公证书。

6）缴纳税费

转让合同签订后，受让方依法按照转让合同及时支付转让金，同时按照规定，及时向当地政府机关缴纳税费。

7）权属变更登记

转让方与受让方共同到当地政府土地管理部门办理土地变更登记手续，需要提交转让登记申请、土地使用权证、地上建筑物和其他附着物产权证、土地转让合同、付款凭证、受让人资质证明等有关材料，并领取土地使用权证书。

（8）土地使用权转让的相关法律注意事项

依据《中华人民共和国城镇国有土地使用权出让和转让暂行条例》，土地使用权转让应注意的事项：

1）土地使用权转让是指土地使用者将土地使用权再转让的行为，包括出售、交换和赠与。未按土地使用权出让合同规定的期限和条件投资开发、利用土地的，土地使用权不得转让。

2）土地使用权转让应当签订转让合同。

3）土地使用权转让时，土地使用权出让合同和登记文件中所载明的权利、义务随之转移。

4）土地使用者通过转让方式取得的土地使用权，其使用年限为土地使用权出让合同规定的使用年限减去原土地使用者已使用年限后的剩余年限。

5）土地使用权转让时，其地上建筑物、其他附着物所有权随之转让。

6）地上建筑物、其他附着物的所有人或者共有人，享有该建筑物、附着物使用范围内的土地使用权。土地使用者转让地上建筑物、其他附着物所有权时，其使用范围内的土地使用权随之转让，但地上建筑物、其他附着物作为动产转让的除外。

7）土地使用权和地上建筑物、其他附着物所有权转让，应当按照规定办理过户登记。土地使用权和地上建筑物、其他附着物所有权分割转让的，应当经市、县人民政府土地管理部门和房产管理部门批准，并依照规定办理过户登记。

8）土地使用权转让价格明显低于市场价格的，市、县人民政府有优先购买权。土地使用权转让的市场价格不合理上涨时，市、县人民政府可以采取必要的措施。

9）土地使用权转让后，需要改变土地使用权出让合同规定的土地用途的，依照本条例第十八条的规定办理。

5.4 土地使用权的招拍挂方式

5.4.1 土地使用权的招拍挂方式

目前我国国有土地使用权出让即土地一级市场，主要有协议、招标、拍卖和挂牌出让等四种出让方式。其中协议出让的运用范围受到严格限制，而后三者是通过市场公开交易的方式来出让土地使用权，目前广泛采用的是挂牌出让。

国有土地使用权招标、拍卖或者挂牌出让活动是有计划有组织地进行的。国土资源管理部门根据社会经济发展计划、产业政策、土地利用总体规划、土地利用年度计划、城市规划和土地市场状况，编制国有土地使用权出让计划，报经当地政府批注后向社会发布。

《物权法》第一百三十七条规定："工业、商业、旅游、娱乐和商品住宅等经营性用地以及同一土地有两个以上意向用地者的，应当采取招标、拍卖等公开竞价的方式出让。"《城镇国有土地使用权出让和转让暂行条例》第十三条规定，国有土地使用权出让可以采取拍卖、招标或者双方协议的方式。

（1）协议出让方式

协议出让是指市、县国土资源管理部门作为国有土地所有者的代表以协议方式将国有土地使用权在一定年限内出让给土地使用者，由土地使用者支付土地使用权出让金的行为。

1）协议出让国有土地使用权范围

出让国有土地使用权，除依照法律、法规和规章的规定应当采用招标、拍卖或者挂牌方式外，方可采取协议方式，根据 2006 年 8 月起试行的《协议出让国有土地使用权规范》（试行），可以采取协议方式出让的主要包括以下情况：

供应商业、旅游、娱乐和商品住宅等各类经营性用地以外用途的土地，其供地计划公布后同一宗地只有一个意向用地者的；

原划拨、承租土地使用权人申请办理协议出让，经依法批准，可以采取协议方式，但《国有土地划拨决定书》、《国有土地租赁合同》、法律、法规、行政规定等明确应当收回土地使用权重新公开出让的除外；

土地使用权划拨转让申请办理协议出让，经依法批准，可以采取协议方式，但《国有土地划拨决定书》、法律、法规、行政规定等明确应当收回土地使用权重新公开出让的除外；

出让土地使用权人申请续期，经审查准予续期的，可以采用协议方式；

法律、法规、行政规定明确可以协议出让的其他情形。

2）协议出让方式的特点

我国实行土地使用制度改革以来，土地作为一种特殊商品，逐步从无偿无限期逐步过渡为有偿有限期使用，而协议出让是有偿供地的主要方式之一。尽管协议方式具有政府对地价较易控制、灵活性大的特点，但没有引入充分的竞争机制，缺乏公正性，不利于公平竞争。针对协议出让中的种种问题，2003 年 6 月 11 日，国土资源部以 21 号部令发布了《协议出让国有土地使用权规定》，对于进一步规范土地市场秩序，保证政府供应土地使用权的公开、公平、公正，优化土地资源配置，遏制腐败现象，必将发挥重要作用。

协议出让方式适用于公共福利事业和非盈利性的社会团体、机关单位用地和某些特殊用地土地使用权的出让。协议方式出让土地使用权时，应有市、县人民政府土地管理部门根据土地用途、建设规划要求、土地开发程度等情况，与土地受让人协商用地条件和土地使用权出让金，双方达成协议后，受让方便依照协议取得土地使用权。应当以招标拍卖挂牌方式出让国有建设用地使用权而擅自采用协议方式出让的，对直接负责的主管人员和其他直接责任人员依法给予处分；构成犯罪的，依法追究刑事责任。

（2）招标出让方式

招标出让国有建设用地使用权是指市、县人民政府国土资源行政主管部门发布招标公告，邀请特定或者不特定的自然人、法人和其他组织参加国有建设用地使用权投标，根据投标结果确定国有建设用地使用权人的行为。

招标方式包括邀请招标和公开招标。招标公告也应采取两种方式，即招标广告和招标通知（或者招标邀请书）。招标广告适用于公开招标。公开招标是一种在一定范围内的无限制竞争性招标，凡对招标方欲出让的土地感兴趣，自认为合格的有意受让人均可申请投标。

招标出让土地使用权方式有利于公平竞争，适用于需要优化土地布局以及用于重大工程的较大地块土地的出让。

（3）拍卖出让方式

1）拍卖出让方式的概念

拍卖出让国有建设用地使用权，是指市、县国土资源管理部门发布拍卖公告，由竞买人在指定时间、地点进行公开竞价，根据出价结果确定国有建设用地使用权人的行为。

2）拍卖出让方式的使用范围

拍卖出让土地使用权方式的特点是有利于公平竞争，主要适用范围包括：

政府出让经营性房地产项目和其他具有竞投性的项目用地；

原经批准划拨或出让，因改变土地用途、使用条件等用于经营性房地产项目的土地；

土地使用权转让申请以拍卖方式进行的用地；

经法院判决需拍卖用于清偿债务的土地使用权转让。

（4）挂牌出让方式

挂牌出让国有土地使用权，是指市、县国土资源管理部门发布挂牌公告，按公告规定的期限将拟出让宗地的交易条件在指定的土地交易场所挂牌公布，接受竞买人的报价申请并更新挂牌价格，根据挂牌期限截止时的出价结果或现场竞价结果确定土地使用者的行为。

挂牌出让方式的特点，一是具备公开、公平、公正特点；二是挂牌时间长，且允许多次报价，有利于投资者理性决策和竞争；三是操作简便，便于开展；四是有利于土地有形市场的形成和运作。为此，国土资源部将挂牌出让与招标拍卖方式并列，将挂牌出让作为招标拍卖方式出让国有土地使用权的重要补充，对挂牌出让的适用范围、程序等作了较为详细的规定。考虑到在挂牌截止时有可能出现众多竞价人竞相竞价的情况，为了实现土地效益最大化，根据《招标拍卖挂牌出让国有土地使用权规定》（国土资源部第11号令）法律法规规定："在挂牌期限截止时，仍有两个或者两个以上的竞买人要求报价的，出让人应当对挂牌宗地进行现场竞价，出价最高者为竞得人。"

5.4.2　土地使用权出让的程序

（1）申报制度

土地使用权出让方案初步确定后，要经上级政府机关批准的，土地管理部门应及时向上级政府机关土地管理部门申报，申报内容主要有：出让地块的位置、面积、形状、出让年限、规划用途、出让方式、地价评估、效益预测、方案实施进展等。

（2）拟定出让方案

土地管理部门在向上级土地管理部门申报后，要会同城市规划、建设管理、房管等部门共同拟定出让具体方案，包括面积、年限、出让金底价、使用条件等，编制相关的合同、文件等，并报同级人民政府审批。

（3）出让方案正式报批

出让方案经审核同意后，按土地使用权批准权限规定，向上级政府正式报批。对报批的出让方案，上级土地管理部门负责审核，报政府批准。如涉及集体土地先征用后出让的，征地和出让可以同时审批。

（4）组织实施

出让方案经批准后，由土地管理部门组织实施。根据出让方式不同，各自工作程序如下：

1）协议方式出让土地使用权的实施程序

① 出让方向受让方提供出让土地使用权地块的必要资料和有关规定。

② 有意受让方持上级主管部门批准文件及有关的文件资料，向土地管理部门提出用地申请。

③ 土地管理部门接到用地申请后，在规定时间内进行审查，并向选定的受让方提供土地使用权出让合同等必要的文件、规定和资料。选定的受让方得到文件资料后，在规定的时间内向土地管理部门提交土地开发建设方案、出让金、付款方式等有关文件。

④ 土地管理部门对选定的受让方提供的文件、资料进行审查，双方在约定时间内进行协商。协商一致后，出让方与受让方签订土地使用权出让合同，按合同约定交纳土地使用权出让金。

2）招标方式出让土地使用权的实施程序

① 出让方通过一定媒介向有意受让方发出招标公告，指明出让地块位置、面积、出让年限、投标者应具备资格、投标地点、截止日期及其他要求；

② 有意受让人发出投标书；

③ 出让方经过评标、决标，择优确定中标者，向受让人发出中标证明通知书；

④ 出让、受让双方签订土地使用权出让合同，并按合同规定交纳土地使用权出让金。

3）拍卖方式出让土地使用权的实施程序

① 通过新闻媒介发出拍卖公告，公告拍卖的时间、地点、地块位置、用途、使用年限、面积及其他有关事宜；

② 在规定的时间、地点实施拍卖过程，价高者得；

③ 出价最高者即受让者当场签订土地使用权出让合同，并按规定交纳定金。

5.5 开发建设用地征收、拆迁、补偿与安置

在现代城市规划中，只有国有土地才能投入到房地产开发建设中，房地产开发企业如果需要使用城市规划区内的集体土地作为建设用地的需通过征收将集体土地转为国有土地

才能用于房地产开发经营。

5.5.1 开发建设中农地征收

(1) 开发建设中农地征收的含义

开发建设中的农地征收是指为了满足公共公益事业发展的需要和城市规划建设需要，政府部门按照国家法律法规规定的程序和条件，依靠国家权利强制性地转移农村集体土地所有权并给予原权利人合理经济补偿的行政行为。

《中华人民共和国宪法》第 10 条第三款规定，"国家为了公共利益的需要，可以依照法律规定对土地实行征收或者征用并给予补偿。"《物权法》第 42 条第一款规定，"为了公共利益的需要，依照法律规定的权限和程序可以征收集体所有的土地和单位、个人的房屋及其他不动产。"

(2) 开发建设中农地征收的特点

一般情况下，房地产开发建设主要在两类地域内进行，一类是旧城区房地产开发，另一类是新城区房地产开发。旧城改造通常只改变土地的使用性质和使用状况，而新区开发通常是在城市的外围进行房地产开发建设，是要改变土地的所有权，因此需要征收农地。

1) 强制性

征收是一种国家的强制行为，是政府行使征收权的行政行为，因此，享有征收征用权的主体只能是国家，只有国家才能利用公权力对集体或私人财产进行干预，甚至将其强制性地移转给国家。

农地征收是国家权利的一种重要表现，国家权利的作用具有一定的强制性，拟征用的农地一旦被划定，农地的所有者就应服从城市建设的需要。

2) 改制性

国家对集体土地实行征收后土地所有权性质发生了转移，原属农村集体所有的土地转为国家所有，国家再将土地的使用权出让给开发企业，土地所有制的改变即改制性。

3) 安置性

《中华人民共和国土地法》和《物权法》都规定，国家征收集体土地的所有权后应妥善安置被征收所有人的生产和生活，向被征地单位和个人支付土地补偿费、安置补助费等，以保障被征地人因征地行为造成的损失给予相应的补偿。

(3) 开发建设征收土地的原则

征收土地时，土地管理部门和用地单位必须严格遵守下列原则：

1) 珍惜耕地，合理利用土地的原则

土地是人类赖以生存和生活的基础，具有有限性和不可再生性的特点。因此，它是最珍贵的自然资源，最宝贵的物质财富，必须坚持"十分珍惜、合理利用土地和切实保护耕地"的基本国策。坚持精打细算、珍惜土地、合理利用的原则。坚决反对征而不用、多征少用、浪费土地的行为。

2) 保证国家建设用地的原则

征收土地尤其是占用耕地，必然会给被征地单位和人员带来一定困难，但为了国家的整体和长远利益，就要求被征地单位和人员从全局出发，克服暂时的困难，保证国家建设用地。即在节约用地的基础上，保证国家建设项目所必需的土地。

3）妥善安置被征地单位和人员的原则

用地单位应根据国家和地方政府的规定，妥善安置被征地范围内的单位和人员的生产和生活。妥善安置主要体现在：

① 给被征地单位妥善安排生产用地；

② 妥善安置征地范围内的征收户；

③ 对征用的土地要适当补偿；

④ 对因征地给人员造成的损失要适当补助；

⑤ 征地造成的剩余劳动力要适当安排。

4）有偿使用土地的原则

有偿使用土地是土地使用制度改革的核心内容，是促进节约用地、合理利用土地、提高土地效益的经济手段。土地征收后除公共设施和基础设施外，国有土地供应原则上应该实行有偿使用原则。

5）依法征地的原则

建设单位征收土地，必须根据国家的有关规定和要求，持有经批准的证书和文件，并按照征收土地的程序和法定审批权限，依法办理征收手续后，才能征收土地。《土地管理法》第78条规定，"无权批准征收、使用土地的单位或者个人非法批准占用土地的，超越批准权限非法批准占用土地的，不按照土地利用总体规划确定的用途批准用地的，或者违反法律规定的程序批准占用、征收土地的，其批准文件无效，对非法批准征收、使用土地的直接负责的主管人员和其他直接责任人员，依法给予行政处分；构成犯罪的，依法追究刑事责任。非法批准、使用的土地应当收回，有关当事人拒不归还的，以非法占用土地论处。"

（4）农用地转为建设用地的批准程序

依据《中华人民共和国土地法》规定：建设占用土地，涉及农用地转为建设用地的，应当办理农用地转用审批手续。

省、自治区、直辖市人民政府批准的道路、管线工程和大型基础设施建设项目、国务院批准的建设项目占用土地，涉及农用地转为建设用地的，由国务院批准。

在土地利用总体规划确定的城市和村庄、集镇建设用地规模范围内，为实施该规划而将农用地转为建设用地的，按土地利用年度计划分批次由原批准土地利用总体规划的机关批准。在已批准的农用地转用范围内，具体建设项目用地可以由市、县人民政府批准。

房地产开发企业作为土地使用者，从申请使用农地开始到获得土地使用权一般包括以下程序：

1）开发企业申请用地

经批准的建设项目需要使用国有建设用地的，开发企业应当持法律、行政法规规定的相关文件，包括可行性研究报告、用地规划许可证、初步涉及批复文件、设计图纸等向有批准权的县级以上人民政府土地行政主管部门提出建设用地申请，经土地行政主管部门审查，报本级人民政府批准，同时填写《建设用地申请表》，并附以下材料：

① 建设单位有关资质证明；

② 项目可行性研究报告批复或其他批准文件；

③ 土地行政主管部门出具的建设项目用地预审报告；

④ 初步设计或其他有关资料；

⑤ 建设项目总平面图；

⑥ 占用耕地的，提出耕地补充方案；

⑦ 建设用地位于地质灾害区的，提出地质灾害性危险评估报告；

⑧ 提供地价评估报告。

2）审核申请文件

土地管理部门审核申请文件的可行性，核定。对建设单位提供的文件要审查其可行性，是否遵守节约用地原则，并核定用地范围。

3）安置补偿方案，报批出让申请

建设用地选定后，土地管理部门组织开发企业、被征地集体或个人及相关部门共同拟订土地补偿、补助、征收安置的方案，并报有批准权的人民政府审核。征地补偿安置方案确定后，有关地方人民政府应当公告，并听取被征地的农村集体经济组织和农民的意见。《中华人民共和国管理法》规定：国家建设征用土地，由用地单位支付土地补偿费和安置补偿费，同时还要通过土地管理部门向税务局缴纳税费。

4）签订合同，核发土地使用证

一旦土地管理部门上报的征地出让意见获得政府批准，即意味着国家取得了被征收土地的所有权，也意味着开发企业获得了建设用地的使用权。土地管理部门还需与房地产开发企业签订出让合同，依法办理土地使用权登记手续，核发国有土地使用权，开发企业要按照合同的规定，缴纳土地使用权出让金和相关费用。

5）签发用地证书

有偿使用土地的，签订土地使用合同；划拨方式使用土地的，签发《国有土地划拨决定书》和《建设用地批准书》。用地单位需持土地使用证书办理登记手续。

6）征地申请批准后的实施与管理

① 会同有关部门落实安置措施；

② 督促被征地单位按期移交土地；

③ 处理征地过程中的各种争议；

④ 填写征地结案报告等。

7）颁发土地使用证

项目竣工验收后，用地单位向土地管理部门提出土地登记申请，经测绘部门测绘，核定用地面积，确认土地权属界限，地籍管理部门注册登记后，由政府颁发开发企业土地使用证，作为使用土地的法律凭证。

（5）农用地征收审批权限

征收下列土地的，由国务院批准：

1）基本农田；

2）基本农田以外的耕地超过 $35hm^2$ 的；

3）其他土地超过 $70hm^2$ 的。

征收前款规定以外的土地的，由省、自治区、直辖市人民政府批准，并报国务院备案。

征收农用地的，应当依照相关规定先行办理农用地转用审批。其中，经国务院批准农用地转用的，同时办理征地审批手续，不再另行办理征地审批；经省、自治区、直辖市人民政府在征地批准权限内批准农用地转用的，同时办理征地审批手续，不再另行办理征地审批，超过征地批准权限的，应当依照规定另行办理征地审批。

国家征收土地的，依照法定程序批准后，由县级以上地方人民政府予以公告并组织实施，并将批注征地机关、批准文号、征收土地的用途、范围、面积以及征地补偿标准、农业人员安置补偿办法和征地补偿的期限等，在被征收土地所在地的乡（镇）、村予以公告。

被征收土地的所有权人、使用权人应当在公告规定期限内，持土地权属证书到当地人民政府土地行政主管部门办理征地补偿登记。

（6）开发建设中的征收农用地的补偿和安置补助

农业用地是集体经济组织的重要资产，是集体组织的最基本的生产资料，是从事生产生活的必要条件。因此，在征收农地时用地单位应当按照规定给予占用土地的集体经济组织支付一定的土地征收补偿费。

土地征收费是开发建设单位为了使用土地，由土地管理部门主持，向被征地单位支付的各种费用的总和，土地的补偿范围和标准的确定，是征地工作的主要内容，也是涉及国家、集体、个人利益的一项难度较大的工作。根据《土地管理法》规定，征收土地由建设单位支付土地补偿费、安置补助费及地上附着物和青苗补偿费等。

1）土地补偿费

土地补偿费是指因国家征收集体土地后对土地所有者和土地使用者因对土地的投入和收益造成损失的补偿。按照国家政策有关规定，土地补偿费由被征地单位用于恢复和发展生产，土地补偿费的补偿对象是土地所有人。根据《中华人民共和国土地管理法》规定征收耕地的土地补偿费，为该耕地被征收前三年平均年产值的六至十倍，征收其他土地的土地补偿费，由省、自治区、直辖市参照征收耕地的土地补偿费和安置补助费的标准规定。

《土地管理法》第四十九条规定：被征地的农村集体经济组织应当将征收土地的补偿费用的收支状况向本集体经济组织的成员公布，接受监督。禁止侵占、挪用被征收土地单位的征地补偿费用和其他有关费用。

2）地上附着物和青苗补偿费

地上附着物是指经过集体组织或农民个人投入形成的地上建筑、构筑物或其他设施设备，如房屋、水渠、路桥、树木、水井等。

地上附着物补偿费是指国家建设依法征用土地时由用地单位支付给被征地单位、集体组织或农民投入的地上物损失的补偿数额。《中华人民共和国土地管理法》规定，被征用土地，在拟定征地协议以前已种植的青苗和已有的地上附着物，也应当酌情给予补偿。但是，在征地方案协商签订以后抢种的青苗、抢建的地上附着物，一律不予补偿。被征用土地上的附着物和青苗补偿标准，由省、自治区、直辖市规定。征收城市郊区的菜地，用地单位应当按照国家有关规定缴纳新菜地开发建设基金。地上附着物补偿费标准：根据"拆什么，补什么；拆多少，不低于原来水平"的原则补偿。对所征收的房屋，按房屋原有建筑物的结构类型和建筑面积的大小给予合理的补偿。补偿标准按当地现行价格分别规定。农村集体经济组织财产被征收的，由用地单位按原标准支付适当的征收补偿费；需要拆除的，按其使用年限折旧后的余值，由用地单位支付补偿费。但是，拆除违法占地建筑和超出批准使用期限的临时建筑，不予补偿。

3）安置补助费

安置补助费是指国家在征收集体土地时，为了妥善安置以土地为主要生产资料并取得生活来源的农业人口的生产和生活，所支付的补偿费用，包括劳动力安置费和生活补助费。

征收耕地的安置补助费，按照需要安置的农业人口数计算。需要安置的农业人口数，按照被征收的耕地数量除以征地前被征收单位平均每人占有耕地的数量计算。每一个需要安置的农业人口的安置补助费标准，为该耕地被征收前三年平均年产值的四至六倍。但是，每公顷被征收耕地的安置补助费，最高不得超过被征收前三年平均年产值的十五倍。

依照规定支付土地补偿费和安置补助费，尚不能使需要安置的农民保持原有生活水平的，经省、自治区、直辖市人民政府批准，可以增加安置补助费。但是，土地补偿费和安置补助费的总和不得超过土地被征收前三年平均年产值的30倍。

国务院根据社会、经济发展水平，在特殊情况下，可以提高征收耕地的土地补偿费和安置补助费的标准。

4）临时建设用地补偿费

按照规定，建设项目施工和地质勘察需要临时使用国有土地或者农民集体所有的土地的，由县级以上人民政府土地行政主管部门批准。其中，在城市规划区内的临时用地，在报批前，应当先经有关城市规划行政主管部门同意。土地使用者应当根据土地权属，与有关土地行政主管部门或者农村集体经济组织、村民委员会签订临时使用土地合同，并按照合同的约定支付临时使用土地补偿费。

临时使用土地的使用者应当按照临时使用土地合同约定的用途使用土地，开发企业不得修建永久性建筑物，使用期满后开发企业应恢复土地的原状，及时归还。临时使用土地期限一般不超过两年。

5）税费

① 耕地占用税

耕地占用税是国家对占用耕地建房或者从事其他非农业建设的开发企业，依据实际占用耕地面积、按照规定税额一次性征收的一种税。耕地占用税是我国对占用耕地建房或从事非农业建设的单位或个人所征收的一种税收。

② 新菜地开发建设基金

征收城市郊区的菜地，开发企业应当按照国家有关规定缴纳新菜地开发建设基金。

新菜地开发基金是指国家为保证城市人民生活需要，向被批准使用城市郊区菜地的用地单位征收的一种建设基金。它是在开发企业向原土地所有者交纳征地补偿费、安置补助费、地上建筑物和青苗补偿费等费用之外，开发企业按规定向国家交纳的一项特殊用地费用。

③ 征地管理费

征地管理费是开发企业支付给承担征地包干事务的相关土地管理部门的费用。开发企业委托县以上人民政府土地管理部门（简称土地管理部门），与土地管理部门签订征地费用包干协议，采用包干方式统一负责、组织、办理各类建设项目征用土地的有关事宜，由开发企业在征地费总额的基础上按一定比例支付的管理费用。

5.5.2 房地产开发征收、补偿与安置

房屋征收，是指因国家建设、城市改造、整顿市容和环境保护等需要，由建设单位或个人(即征收人)对现存建设用地上的房屋进行拆除，对房屋所有者或使用者进行迁移安置并视情况给予一定补偿的活动。

为了规范国有土地上房屋征收与补偿活动，维护公共利益，保障被征收房屋所有权人的合法权益。国务院总理温家宝签署国务院令公布《国有土地上房屋征收与补偿条例》(以下简称《征收补偿条例》，已经于 2011 年 1 月 19 日国务院第 141 次常务会议通过，并自公布之日起施行，同时 2001 年 6 月 13 日国务院公布的《城市房屋征收管理条例》同时废止。)

(1) 城市房屋征收补偿

1) 房屋征收补偿的对象

征收人应当对被征收房屋的所有人进行补偿。房屋所有权人包括自然人、法人或其他社会组织。征收人只有在房屋及其附属物具备拆除合法手续时才能对所有被征收人进行补偿。

2) 房屋征收的条件

依据《征收补偿条例》第八条的规定，政府才能征收公民的房屋，且征收项目应符合土地利用总体规划、城乡规划和各专项规划，纳入国民经济和社会发展规划和年度计划，保障性安居工程建设、旧城区改建项目还应经同级人民代表大会或者常务委员会审查批准后方可实施。

第八条规定：为了保障国家安全、促进国民经济和社会发展等公共利益的需要，有下列情形之一，确需征收房屋的，由市、县级人民政府作出房屋征收决定：

① 国防和外交的需要；

② 由政府组织实施的能源、交通、水利等基础设施建设的需要；

③ 由政府组织实施的科技、教育、文化、卫生、体育、环境和资源保护、防灾减灾、文物保护、社会福利、市政公用等公共事业的需要；

④ 由政府组织实施的保障性安居工程建设的需要；

⑤ 由政府依照城乡规划法有关规定组织实施的对危房集中、基础设施落后等地段进行旧城区改建的需要；

⑥ 法律、行政法规规定的其他公共利益的需要。

3) 房屋征收补偿的内容

依据《征收补偿条例》规定，作出房屋征收决定的市、县级人民政府对被征收人给予的补偿包括：

① 被征收房屋价值的补偿；

② 因征收房屋造成的搬迁、临时安置的补偿；

③ 因征收房屋造成的停产停业损失的补偿。

市、县级人民政府应当制定补助和奖励办法，对被征收人给予补助和奖励。

(2) 房屋征收补偿的方式

房屋征收补偿的方式主要有两种，即货币补偿、房屋产权调换、采用哪种方式进行补偿由征收人与被征收人协商确定。

1）货币补偿

货币补偿是征收人根据房屋征收特殊交易情况、房屋征收期限内的房地产市场状况以及被征收房屋的区位、用途、建筑结构、新旧程度、建筑面积等因素，参照当时房地产行情评估价格，以货币结算方式补偿给被征收人。评估结果定义为房地产征收评估价格，而不再是房地产市场评估价格。它考虑了房屋征收这种特殊的交易行为对被征收人的影响和在征收期限内因房屋征收行为引起的房地产市场供求的急剧变化，是包含了货币补偿的全部内容。

对被征收房屋价值的补偿，不得低于房屋征收决定公告之日被征收房屋类似房地产的市场价格。被征收房屋的价值，由具有相应资质的房地产价格评估机构按照房屋征收评估办法评估确定。

对评估确定的被征收房屋价值有异议的，可以向房地产价格评估机构申请复核评估。对复核结果有异议的，可以向房地产价格评估专家委员会申请鉴定。

房屋征收评估办法由国务院住房城乡建设主管部门制定，制定过程中，应当向社会公开征求意见。

2）房屋产权调换

被征收人可以选择货币补偿，也可以选择房屋产权调换。

房屋产权调换是指征收人按照被征收房屋及其附属物，根据房屋区位、用途、建筑面积等因素，参照当事房地产市场评估价格提供产权调换房屋。被征收房屋建筑面积与产权调换房屋建筑面积相等的，如果是异地安置，房屋征收当事人双方按照各自房屋的建设用地使用权价格与建筑成本结合成新结算差价；如果是原地回迁，则房屋征收当事人双方按照建筑成本结合成新结算差价。

被征收人选择房屋产权调换的，市、县级人民政府应当提供用于产权调换的房屋，并与被征收人计算、结清被征收房屋价值与用于产权调换房屋价值的差价。

因旧城区改建征收个人住宅，被征收人选择在改建地段进行房屋产权调换的，作出房屋征收决定的市、县级人民政府应当提供改建地段或者就近地段的房屋。

因危旧房改造的需要征收房屋并进行住宅建设的，被征收人享有回迁的权利。除征收租赁房屋外，被征收人可以选择补偿方式。

如果产权调换房屋建筑面积与被征收房屋建筑面积是不同的，这种不同是征收人的征收行为造成的，征收人理应在征收补偿时给予必要的、有限度的利益让渡。当产权调换房屋建筑面积超过或低于被征收房屋建筑面积时，超过或低于的部分，可规定一个建筑面积增（减）比率，征收人在这个比率以内提供产权调换房屋，要给予价格优惠；如果被征收人选择超过规定建筑面积增加比率的房屋，则应完全按照市场价格公平结算。产权调换房屋建筑面积低于被征收房屋建筑面积规定减少比率的，低于部分由被征收人按照新建与被征收房屋类似房屋的市场评估价格支付不足面积款。

（3）城市房屋征收的原则

1）依法拆迁征收原则

房屋征收涉及征收人和被征收人的利益，涉及城市改造、建设等许多问题。房屋征收各方的利益问题必须由《征收补偿条例》来加以规定。征收单位必须取得征收许可证，其次征收项目应列入城市规划范围。

2）市场化原则

当前我国房屋征收中之所以出现严重问题，根本原因就在于在房屋征收中没有贯彻市场化原则。少数建设单位借助于政府之手强制征收、盲目征收。无论是在征收补偿价格，还是在征收程序方面，都没有尊重市场等价交换的原则，没有建立建设单位与被征收人之间平等谈判的法律平台。今后房屋征收必须按照市场原则，由建设单位对房地产开发中可能涉及的被征收房屋进行全面评估，并在此基础上与被征收人平等谈判，在谈判中逐步形成双方均可接受的征收补偿。

3）先补偿，后搬迁原则

依据《征收补偿条例》规定，实施房屋征收应当先补偿、后搬迁。作出房屋征收决定的市、县级人民政府对被征收人给予补偿后，被征收人应当在补偿协议约定或者补偿决定确定的搬迁期限内完成搬迁。

任何单位和个人不得采取暴力、威胁或者违反规定中断供水、供热、供气、供电和道路通行等非法方式迫使被征收人搬迁。禁止建设单位参与搬迁活动。

4）公平、合理原则

房屋征收的决定必须是一个合理的补偿、公平的补偿，而这个合理、公平的补偿首先就是不得低于房屋征收决定公告之日起被征收房屋类似房地产的市场价格，就是用市场的价格来确定补偿标准，也就是被征收人能够拿到补偿款之后，可以在同等区位用市场价格购买重新安置的房屋。这是一种市场化的措施，也是保证被征收人合法权益的一个重要标准。

非因公共利益的需要，征收国有土地上单位、个人的房屋从事建设活动的，应当符合城乡规划、土地利用总体规划，并依法办理有关审批手续。建设单位应当编制具体实施方案，报房屋征收部门批准，并应当与房屋的所有权人按照自愿、公平的原则订立征收补偿协议。

（4）房屋征收补偿安置

1）安置对象

征收人在征收活动中除对被征收房屋的所有人给予补偿外，还应对被征收房屋的使用人给予安置，切实保障被征收房屋使用人的使用权。

2）安置的形式

征收人对被征收人的安置，可以根据实际情况采取两种形式：一次性安置和临时过渡安置。

一次性安置是指被征收人直接进入征收人准备好的安置房，或指征收人一次性支付货币化安置款，与被征收人及时交割，没有过渡期，征收安置问题一次处理完毕。

临时过渡安置是指征收人不能一次性解决安置用房，但是可以对需要安置的被征收人或房屋承租人进行临时用房的安置，过一段时间后再对被征收人进行最终安置。临时过渡安置可以由征收人提供周转房，也可以由被征收人或房屋承租人自己寻找过渡房。对自行寻找过渡者，征收人应该给予一定的临时安置补助费。

（5）房屋征收过程中的注意事项

1）房屋征收范围确定后，不得在房屋征收范围内实施新建、扩建、改建房屋和改变房屋用途等不当增加补偿费用的行为；违反规定实施的，对房屋征收范围内的违法建筑和超过批准期限的临时建筑，不予补偿，并依法拆除；对未超过批准期限的临时建筑，应当给予适当补偿。

2）因危旧房改造的需要征收房屋并进行住宅建设的，被征收人享有回迁的权利。除征收租赁房屋外，被征收人可以选择补偿方式。

3）因征收房屋造成搬迁的，房屋征收部门应当向被征收人支付搬迁费；选择房屋产权调换的，产权调换房屋交付前，房屋征收部门应当向被征收人支付临时安置费或者提供周转用房。

4）房屋征收部门与被征收人依照规定，就补偿方式、补偿金额和支付期限、用于产权调换房屋的地点和面积、搬迁费、临时安置费或者周转用房、停产停业损失、搬迁期限、过渡方式和过渡期限等事项，订立补偿协议。

补偿协议订立后，一方当事人不履行补偿协议约定的义务的，另一方当事人可以依法提起诉讼。

5）采取暴力、威胁或者违反规定中断供水、供热、供气、供电和道路通行等非法方式迫使被征收人搬迁，造成损失的，依法承担赔偿责任；对直接负责的主管人员和其他直接责任人员，构成犯罪的，依法追究刑事责任；尚不构成犯罪的，依法给予处分；构成违反治安管理行为的，依法给予治安管理处罚。

采取暴力、威胁等方法阻碍依法进行的房屋征收与补偿工作，构成犯罪的，依法追究刑事责任；构成违反治安管理行为的，依法给予治安管理处罚。

6）贪污、挪用、私分、截留、拖欠征收补偿费用的，责令改正，追回有关款项，限期退还违法所得，对有关责任单位通报批评、给予警告；造成损失的，依法承担赔偿责任；对直接负责的主管人员和其他直接责任人员，构成犯罪的，依法追究刑事责任；尚不构成犯罪的，依法给予处分。

复习思考题

1. 开发建设中农地征收的含义及如何补偿？
2. 房屋征收可以采取哪种方式进行补偿？
3. 土地使用权划拨的范围是什么？
4. 简述土地使用权出让的方式及各自的特点是什么？
5. 土地使用权出让的概念是什么？具有哪些特点？
6. 土地使用权出让的方式包括哪几种？
7. 土地使用权收回的原因是什么？
8. 哪些情况会造成土地使用权的终止？
9. 结合当前土地储备制度的现状分析土地储备制度与房地产的影响。
10. 结合当前我国土地使用权的出让制度，分析中国住宅市场的发展，并提出合理的建议。

6 房地产开发项目规划设计与管理

开发建设项目一经确定，就要马上委托进行规划设计，为项目的开工建设做好准备。与建筑物单体设计不同的是，规划设计已不是单纯的技术问题，它涉及经济、社会、文化等各方面因素，并受到城市政府和相关政策法规严格限制。从微观方面看，项目的规划设计是开发建设的依据，直接决定着房地产商品是否符合消费者的需要，能否适销对路，是开发商特别重视的关键环节。

对于物业管理企业而言，从规划设计阶段介入可以解决许多根本性的问题。因为规划设计的重点在于外空间的布置，如建筑群的平面组合、市政工程设施及道路系统的设计、配套公建的设置安排、绿化系统的规划布置等，而这些恰恰是物业管理的主要区域，因此规划设计的结果直接对物业管理产生重大影响。单以居住小区的安全防范为例，环境设计较好的小区里，人们愿意在室外逗留，且有舒适安静的邻里交往场所，很容易建立起密切的邻里关系，增强社区的群体认同感。居民间互相照顾，罪犯作案便很容易引起四邻的警觉。如果住宅布置上也能发挥居民自然监视的作用，就能从根本上提高小区的防卫能力。相反，在一些设计不合理的小区里，邻里关系淡漠，有很多人迹罕至的角落(即所谓的负空间)可供藏污纳垢，开放式的四通八达的道路网既便于罪犯作案后逃走，也把许多过境交通引入小区。在这样的环境下，物业管理公司的保安力量再强也总有防不胜防之感。因此，物业管理充分了解并介入项目的规划设计是十分必要的。

6.1 规划与房地产开发的关系

以房地产开发为主要形式的城市建设是国家经济建设和文化建设的重要组成部分，城市规划是对城市中各组成部分(居住、工业、商业、交通、文化、行政等)的综合性规划，用来作为城市逐步建设发展的依据。城市中的各个组成部分是通过城市规划加以部署和布置，根据城市规划来进行建设的，房地产开发项目也不例外。如果没有城市规划，城市的发展和各项建设会造成严重浪费，甚至会造成长期难以更改的、不利于生产和居民生活的严重后果。所以城市规划一经编制、审定后，就具备了法律效力，规划区内的任何土地利用和建设活动必须认真依照规划有计划地进行，以体现出规划的严肃性。

6.1.1 规划与房地产开发的关系

在房地产开发商完成一个开发项目的过程中，要受到几乎所有的行政主管部门的管理，盖几十个图章是很常见的事情，虽然历经数次改革，简化了很多办事程序，但仍有很多必不可少的审批环节，这也是开发企业在项目前期工作中的主要内容。其中开发商与之往来最多、业务联系最密切的就是城市规划行政主管部门，理清城市规划与房地产开发的关系无疑对搞好项目的开发建设有着积极的作用。

(1) 城市规划对房地产开发的影响

1) 城市规划对房地产开发的指导作用：城市规划理论是一门经验学科，规划中所遵循的原则和方法都是在归纳总结了古今中外城市建设的经验教训的基础上制定的，是人类集体智慧的结晶,对于城市建设和房地产开发起着绝对不可替代的指导作用。由于开发项目投资巨大、不可重复,也不可能像工业产品那样小批量试制成功后再正式批量生产,所以规划部门的审查对于完善项目设计内容、把握未来发展方向很有帮助。另外,城市规划集中体现了城市管理者的发展意图,涉及各个经济管理部门,并与国家和地方的方针政策有密切联系,是一项政策性很强的工作。所以房地产开发活动必须在城市规划的指导下完成,才能避免盲目投资,项目才具有生命力。

2) 城市规划对房地产开发的限制:城市规划对各个建筑地块的利用都制定了很多控制性规划指标,要求开发建设单位必须遵守,这就在一定程度上要限制房地产开发的自由发挥。由于城市是一个有机的整体,每个项目的建设都不可避免地会给周边的其他项目带来影响,所以各项目用地、建筑物之间的合理关系必须通过规划来解决。《中华人民共和国城市规划法》明确规定:"统一规划、合理布局、因地制宜、综合开发、配套建设"是我国城市建设的基本方针,如果不统一规划,各单位都从自己的利益出发盲目建设项目,其结果必将导致交通拥挤、建筑杂乱、环境恶化、互相干扰等"城市病"的出现,不利于城市的发展。因此必须由城市规划部门用行政手段对房地产开发活动进行限制和管理。

(2) 房地产开发对城市规划的影响

1) 房地产开发是实现城市规划的主要手段。城市房地产开发行业的兴起,逐渐取代了国家财政投资而成为城市建设的主要形式。城市规划如果没有房地产开发的具体实施,规划得再完美也只能是纸上谈兵、空中楼阁。而且房地产综合开发改变了各单位分散建设时只解决建筑物本身投资的弊病,使房屋建设与基础设施建设协调发展,提高了城市建设的社会化水平。特别是在我国城市化进程中,正是房地产业的蓬勃兴旺,才保证了城市的生产、生活、服务和文化设施的协调发展,提高了城市的整体功能,而这些正是城市规划所希望达到的目标。

2) 房地产开发可促进城市规划水平的提高。作为在实践中发展起来的学科,城市规划理论也要与时俱进,不断丰富和更新,而大量的房地产开发实践活动,正为此源源不断地提供了素材。特别是在房地产开发处于百花齐放、提倡创新的阶段中,会出现很多新情况,为城市规划理论研究和实践探索提出很多新课题,而解决这些问题本身就意味着城市规划水平的提高,大量事实表明:越是房地产开发活跃的城市里,往往城市规划的水平越高,城市的发展也越快。

6.1.2 规划和房地产开发存在矛盾的原因

可能正是由于开发商与城市规划行政主管部门联系最频繁,双方暴露出来的矛盾也最多。常见的矛盾焦点体现在:规划师痛恨开发商的唯利是图和恣意妄为,经常破坏规划的原始构想,把城市建设得面目全非;而开发商则抱怨规划条件过于苛刻,片面追求形式主义,损伤了投资积极性等。究其原因,主要体现在以下几个方面:

(1) 认识水平上的差异:

城市规划工作是在充分的调查研究基础上制定的,规划人员掌握有大量的第一手资料,特别是能准确把握决策层的意图,所以能着眼于长远发展,具有前瞻性。如总体规划跨越期限一般为20年,即现在制定规划时就要预测出20年以后甚至更远年限的大致发展趋势,从而在用地等项目安排上着手做准备,近期规划期限一般也为5年,这种预见性不是一般的开发商所能做到的,一方面是因为掌握信息量所致,另一方面也是开发项目的一次性特点决定的。所以，二者在认识上的差异也可以具体表现为眼前利益与长远利益的差异。

（2）价值取向的差异：

开发商站在本企业的立场上主要追求经济效益，而规划人员则站在社会公众的立场管理城市，侧重于取得社会效益和环境效益。当然，运作成功的项目应达到三方面效益的完美统一，但在一定时期的具体情况下，有时三者会处于不可兼得状态，代表着不同利益主体的开发商与规划主管部门之间产生矛盾也就在所难免了，这就是为公和为私的差异。

（3）行为观念上的差异：

房地产开发商几乎从一开始出现就是按市场经济模式运作的，到目前仍能在市场中站住脚的都是经历过市场经济大潮洗礼、自觉掌握了市场经济规律的优秀企业。而城市规划则不同，从历史渊源看，我国在50年代初曾向前苏联引进集中的计划经济体制及相应的城市规划工作内容和方法，后经"文革期间"停滞和改革开放初期恢复，虽然于1989年12月26日七届全国人大常委会通过了《中华人民共和国城市规划法》，开始了城市规划的法制化进程，但是与城市管理体制相适应的城市规划还不免带有计划经济色彩，这在一些经济不发达地区尤其明显。两种观念上的深层次的差异，也会在一些项目的运作中得到突出体现。

6.1.3 解决规划与房地产开发矛盾的办法

为了能使开发项目减少在规划审批环节的延误，同时也使城市规划得到有效的贯彻实施，应及早化解规划与房地产开发之间的分歧和矛盾，注意从双方的角度寻求一个最佳结合点。

从开发商方面，应从经营策略做一些调整，将量的扩张转变为质的提高。例如，以往开发企业总是千方百计地到城市规划行政主管部门争取指标，试图提高地块的容积率，以达到多出房屋面积多赚钱的目的。这种经营方法在市场形成初期或许有效，但是随着消费者竞价能力的提高和挑选余地的加大，高容积率项目在居住质量和环境方面的劣势越来越明显，在市场上肯定不受欢迎，直接影响价格和销售率，这样多出面积的收益还不足以抵偿售价的损失，高容积率又有何用？现在已经有人在研究"最佳容积率"问题了，毕竟房地产开发企业应该是高度专业化和智能化的组织，应该尝试走集约化经营的路子，从内部挖掘潜力比总把眼睛盯在规划指标上要强得多。

从城市规划行政主管部门方面，则需要注意遵循市场经济规律办事，树立为企业服务的理念，增加规划制定工作的科技含量，提高超前预见性，巩固其权威地位；在管理中则要时刻把握市场动态，以适应不断变化的形势需要，发现新情况、解决新问题，必要时增加管理弹性，既掌握大原则，又适度灵活，从而保证城市健康有序地发展。

6.2 房地产开发项目规划设计原理

《中华人民共和国城市规划法》规定：城市中所有建设项目都必须服从城市规划的安排。所谓城市规划，是指城市在一定时期的发展计划，是对城市内各项建设的综合布置，是建设城市和管理城市的依据。不仅房地产开发建设需要在城市规划的指导下进行，而且建成后的物业管理也应遵循规划的要求。

城市规划一般分为总体规划和详细规划两个工作阶段。其中，总体规划阶段的工作性质属于宏观控制，基本上是政府职能行为；详细规划属于微观管理内容，将逐渐转化为在政府及政策法规控制下的市场行为或企业行为。详细规划又可分为控制性详细规划和修建性详细规划两个层次，其中控制性详细规划是宏观控制向微观管理过渡的中间环节，也是政府职能和企业行为的结合点，既是当前城市规划工作的重点，也是开发项目进行规划设计的主要依据。

6.2.1 总体规划的基本内容

概括地说，总体规划应包括确定城市的性质、发展方向和发展规模，制订城市主要建设标准和定额指标，确定城市建设功能分区、用地布局和各项建设的总体部署，编制城市综合交通体系和河湖、绿地系统规划及各项专业规划和近期规划。虽然总体规划的内容原则性、政策性较强，由于太宏观而不具有操作性，但它有助于开发商超前把握市场发展趋势，对经营战略决策很有帮助。

6.2.2 控制性详细规划的主要内容

控制性详细规划的主要内容包括：

（1）详细规定所规划范围内各类不同使用性质用地的界线，规定各类用地内适建和不适建或有条件地允许建设的建筑类型；

（2）制订各地块建筑高度、建筑密度、容积率、绿地率等控制指标，规定交通出入口方位、停车泊位、建筑后退红线距离、建筑间距等，与用地性质一起形成主要指标；

（3）提出各地块的建筑体量、体型、色彩等要求，制订相应的土地管理和建筑管理规定；

（4）确定各级支路的红线位置、控制点坐标和标高；

（5）根据规划容量，确定工程管线的走向、管径和工程设施的用地界限；

（6）制定相应的土地使用和建筑管理规定。

控制性详细规划提出的指标主要有：用地性质、建筑高度、建筑密度、容积率、绿地率、交通出入口方位、停车泊位、建筑后退红线距离以及建筑形式和建筑色彩等。其中，用地性质、建筑高度、建筑密度、容积率、绿地率五项是基本的核心内容。这些要求有强制性的，也有建议性的。如容积率是控制城市土地使用强度的最重要指标，必须执行，但它只限定建筑物的总体量，同时又给予建筑物设计以较大的灵活性。

6.2.3 修建性详细规划的主要内容

修建性详细规划的任务是：根据建筑、绿化和空间要求布置平面图；进行道路、工程管线规划设计；开展竖向设计和土石方工程设计；编制工程概算。

修建性详细规划按照其内容又可分为居住区详细规划；大型公建群详细规划；城市干道、广场、建筑群详细规划；商业街详细规划等。其中最常见也是与房地产开发关系最密切的是居住区详细规划，下面第四节将着重介绍。

6.2.4 城市规划管理

有人曾用"前店后厂"一词形象地比喻城市规划行政主管部门的两项基本职能——编制规划和规划管理。其中"后厂"是指规划师们编制规划的过程：调研——规划大纲——总体规划——分区规划——详细规划，基本上形成了城市的完整的规划意图。但是如何保证各房地产开发商确实按照这个既定的规划去执行呢？也就是说怎样才能把"后厂"出来的规划意图"兜售"给各房地产开发商呢? 这就要发挥"前店"的职能、通过规划管理来完成了。所谓"三分规划、七分管理",规划管理的重要性可见一斑。对房地产开发项目而言,则自始至终都要受到规划管理的直接控制,开发商对此应有足够的了解。在土地出让和房地产开发过程中的规划管理主要包括以下几个方面:

(1) 土地使用权出让过程中的规划管理

出让城市国有土地使用权之前应当制定控制性详细规划。出让的地块,必须具有城市规划行政主管部门提出的规划设计条件及附图。规划设计条件通常包括:地块面积、土地使用性质、容积率、建筑密度、建筑高度、停车位数量、主要出入口、绿地率、需配置的公共设施和工程设施、建筑界限、开发期限及其他要求。附图应当包括:地块区位和现状、地块坐标、标高,道路红线坐标、标高,出入口位置,建筑界限以及地块周围地区环境与基础设施条件。

《规划设计条件通知书》及其附图或《审定设计方案通知书》及其附图,是城市国有土地使用权出让合同的重要附件,不得随意变更。确需变更的,必须经城市规划行政主管部门批准。土地使用权受让方在办理"建设用地规划许可证"时,必须持有附具城市规划行政主管部门提供的规划设计条件及附图的土地出让合同,取得"建设用地规划许可证"后,方可办理土地使用权权属证明。

(2) 房地产开发过程中的规划管理

房地产开发过程中的规划管理主要体现在:开发项目的选址定点申请、核发《建设用地规划许可证》及规划设计条件、规划方案及初步设计审批以及核发《建设工程规划许可证》等方面。

1) 开发项目的选址、定点审批阶段。开发商首先须持计委批准的立项文件、开发建设单位或其主管部门申请用地的函件、工程情况简要说明和选址要求、拟建方案、开发项目意向位置的 1/2000 或 1/500 地形图及其他相关材料向城市规划行政主管部门提出开发项目选址、定点申请,由城市规划行政主管部门审核后向城市土地管理部门等发征询意见表。开发商请有关部门填好征询意见表后,持该征询意见表、征地和安置补偿方案及经城市土地行政主管部门盖章的征地协议、项目初步设计方案、批准的总平面布置图或建设用地图,报城市规划行政主管部门审核后,由城市规划行政主管部门下发《选址规划意见通知书》。

2) 申请建设用地规划许可证阶段。开发商持城市计划部门批准征用土地的计划任务、市政府批准征用农田的文件(使用城市国有土地时,需持城市土地管理部门的拆迁安置意见)、1/2000 或 1/500 的地形图、《选址规划意见通知书》、要求取得的有关协议与函件及其他相关资料,向城市规划行政主管部门提出申请。经城市规划行政主管部门审核后颁发《建设用地规划许可证》。《建设用地规划许可证》主要规定了用地性质、位置和界限。

3) 规划设计条件审批阶段。开发商需持城市计划管理部门批准的计划任务、开发商对拟建项目的说明、拟建方案示意图、地形图(单位建筑 1/500,居住建筑 1/2000,其中一份画出用地范围)和设计单位提供的控制性规划方案及其他相关资料,向城市规划行政主管部门提出申请,经城市规划行政主管部门审核后,下达"规划设计条件通知书"及用地红线图。"规划设计条件通知书"主要规定了征地面积、规划建设用地面积、总建筑面积、容积率、建筑密度、绿化率、建筑后退红线距离、建筑控制高度和停车位个数等。

4) 设计方案审批阶段。开发商应首先委托有规划设计资格的设计机构完成不少于 2 个方案设计,然后持设计方案报审表、项目各设计方案的总平面图(单位建筑 1/500,居住建筑 1/2000,其中一份画出用地范围)、各层平、立、剖面图、街景立面图等(1/100 或 1/200)、方案说明书及其他相关资料,向城市规划行政主管部门提出设计方案审批申请,城市规划行政主管部门接此申请后协同其他有关单位,审查该详细规划设计方案并提出修改或调整意见。之后,开发商根据审查意见对设计方案进行调整修改,再报城市管理部门审批。审批通过后由城市规划管理部门签发《规划设计方案审批通知书》。

5) 建设工程规划许可证阶段。开发商需持由城市建设主管部门下发的年度施工任务批准文件、工程施工图纸、工程档案保证金证明、其他行政主管部门审查意见和要求取得的有关协议(如使用水、电、煤气、热力等的协议),向城市规划管理部门提出申请,城市规划管理部门接此申请后,将负责主持召开市政配合会,组织有关单位进行综合图会签等工作。最后签发《建设工程规划许可证》。

6) 竣工验收阶段。开发项目竣工后,城市规划管理部门将参与项目的竣工验收工作,以检查项目开发建设过程中的有关规划要求设施是否得到遵守,配套建设的基础设施和公共服务设施是否已同期建设完毕。

6.3 房地产开发项目的规划指标

在房地产综合开发方式出现以前,我国城市建设曾长期采用"统建"模式,力求用"六统一"——统一规划、统一设计、统一投资、统一施工、统一分配和统一管理的方式来减少分散建设对城市整体规划的冲击,那时的规划深度一直延伸到修建设计阶段。而出现了房地产综合开发这一方式后,由于城市建设的投资主体呈现了多元化的趋势,出现了大量独立经营的开发商,客观上要求城市规划行政主管部门要转变职能,不能再大包大揽地直接完成所有的规划设计工作,而是将修建性详细规划以后的自主权交给开发商,由其按照市场需要和自己的意图委托专业设计人员设计。城市规划行政主管部门对开发项目的规划设计的控制则更多地体现在下达规划指标上。对房地产开发企业而言,规划指标也是对该项目的规划设计方案进行技术经济分析的重要参考依据,因此要充分掌握其内在含义。

6.3.1 居住区开发项目的技术经济指标

为了评价居住区规划方案的经济性和合理性,经常采用以下一些技术经济指标作为衡量的标准:

(1) 居住区总用地:指居住区范围内的总用地面积,包括居住用地、公共建筑用地、道路用地、绿化用地。

(2) 居民人均占地:是居住区内人均占地指标,包括人均居住用地、人均公共建筑用地、人均道路用地、人均绿化用地。

(3) 居住区总建筑面积:指居住区范围内的总建筑面积,包括居住建筑面积和公共建筑面积。

(4) 总户数、总人口、平均每户人口:指居住区内可容纳的总户数、总人口及总人口与总户数之比。

(5) 平均每户居住建筑面积:指居住区内居住建筑面积与总户数之比。

（6）居住建筑密度：指居住建筑对居住用地的覆盖率，即：居住建筑密度＝居住建筑基底面积/居住建筑用地面积。

（7）容积率（居住建筑面积密度）：容积率＝居住建筑面积/居住建筑用地面积

（8）人口毛密度：指居住区内可居住的总人口与总用地面积之比。

（9）人口净密度：指居住总人口与居住建筑用地面积之比。

（10）平均层数：指居住建筑面积与居住建筑基底总面积之比。

（11）高层比例：即高层住宅建筑面积占总建筑面积的比例。

（12）住宅间距：指相邻居住建筑之间的距离。

（13）居住区平均造价：指居住区总造价与居住区总建筑面积之比。

（14）建设周期：指自工程开工至全部工程完工之间的持续时间。

6.3.2 非居住区开发项目的技术经济指标

非居住区开发项目包括酒店、写字楼、商业零售中心、公寓、小型住宅区等开发项目，为评价其规划设计方案的经济性和合理性，经常采用以下技术经济指标作为衡量的标准：

（1）建筑容积率：项目规划建设用地范围内的全部建筑面积与规划建设用地面积之比。附属建筑物计算在内，但注明不计算面积的附属建筑物除外。

（2）总建筑面积：指开发项目各栋、各层建筑面积之和。

（3）地上建筑面积：指地上各层建筑面积之和。

（4）建筑密度：即建筑覆盖率，指项目用地范围内所有的建筑物的基底面积之和与规划建设用地面积之比。

（5）规划建设用地面积：指项目用地规划红线范围内的土地面积。

（6）建筑高度：指城市规划行政主管部门规定的建筑物檐口高度上限。

（7）绿地率：规划建设用地范围内的绿地面积与规划建设用地面积之比。

（8）停车位个数：指在规划用地范围内设置的地面和地下停车位的个数。

（9）有效面积系数：指建筑物内可出售或出租的建筑面积与总建筑面积之比。

6.4 房地产开发项目规划设计

规划设计在房地产开发活动中是一项最具有创造性和高附加值的工作，只有通过它才能把前期的项目策划成果（如产品构思、概念和形象等）转化为具体的房地产产品，规划设计水平高低直接决定项目的成败。

在所有的房地产开发项目规划设计中，最典型的是居住区规划设计。这不仅是因为居住用地在城市中比重最大、项目最多，也因为涉及最全面的、也最复杂的是居住区项目，有时一个综合性居住区就是微型城市。下面就以居住区规划设计为例加以介绍，其他类型项目因为功能相对单一，就不做讨论了。

所谓居住区是指具有一定的人口、用地规模、并为城市干道或自然界限包围的相对独立的居住用地。

居住区的规划设计是开发建设的依据。在很大程度上将决定着开发项目是否能做到布局合理、景观协调、结构先进、设备完善、造价低廉、节省用地，所以必须加以重视。一般可通过招投标、多种方案比较、组织专家论证后择优选用。

6.4.1 居住区用地和工程构成

（1）居住区的用地构成

按用地性质区分，居住区用地可分为五个组成部分：

1）居住建筑用地。为满足居住和日常生活的需要，用于布置住宅、院落等的用地，它是居住区的主要组成部分，一般占居住区总面积的 50％以上。主要包括住宅占地和宅前宅后左右的入户小路、院落、绿地等；

2）公共建筑用地。为满足居民社会生活的需要，用于布置社会公共服务设施和行政、经济、管理设施的用地。它包括公共设施和建筑的建筑物基底占有的用地及其周围的专用地，如专用地中的道路场地和绿地等，占居住区总面积的 20％～25％；

3）道路广场用地。为满足居住区内外人流、车流的交通需要，用于布置街道、广场和停车场的用地。它包括道路红线范围以内的用地以及回车场、停车场、居民活动广场和人行道以及入户小路，占居住区总面积的 10％～12％；

4）公共绿地和体育场地。为满足居民休憩、游玩、观赏的需要，用于布置公园、游乐园等公共绿地的用地。它包括居住区内各类公共绿地，如居住区公园、小游园、林荫道、公共专用绿地、运动场、老年人和儿童活动场地等，占居住区总面积的 1.5％～2％；

5）其他用地。用于布置与居住区有密切联系的、无害的小型工业及库房用地。约占居住区总面积的 1％。包括不属于居住区用地范围的专项用地，如市级、区级公共建筑、工业或专用单位用地，以及不适合建筑的用地等。

（2）居住区的工程构成。有以下三项：

1）建筑工程。主要指居住区内的住宅建筑、公共建筑、生产性和市政公用设施用房的建筑等；

2）市政基础设施工程。包括地上、地下设施两部分。如道路工程、给水、排水、污水、雨水、煤气、供电、供热、通讯等市政管线工程等；

3）环境工程。指住宅外、居住区内的环境工程项目。如绿化、园林小品建筑、小游乐园、儿童游戏场等建设工程。

6.4.2 居住区的规模和结构

（1）居住区的规模。居住区的规模主要指人口规模和用地规模，其中以人口规模为主要指标，这是因为人口规模决定用地规模所致。一般地，居住区的人口以 3～6 万人为宜，占地 50～100 公顷，服务半径 800～1000 米，相当于城市市区一个"街"的人口规模。

（2）居住区的结构形式。通常分为居住区、居住小区、住宅组团三个层次。

1）居住区。由若干个居住小区组成，被城市主要干道包围，具有较完整的公共福利设施。

2）居住小区。由若干个住宅组团组成，居住人口为 0.5～1.5 万人，用地 12～35 公顷，服务半径 400～800 米。

3）住宅组团。又称居住生活单元，是相对独立的居住群落，居住人口为 0.3～0.5 万人，相当于我国城市一个居民委员会建制的规模。

（3）居住区的合理规模。取决于居住区本身的社会生活功能和工程技术经济及经营管理方面的要求。确定合理规模应考虑的因素有：

1) 公共服务设施的经济规模与合理的服务半径。应从建设项目、经营管理、服务半径等因素分析配置成套的居住区公共服务设施。所谓服务半径，是指居民到达公共服务设施的最大步行距离，一般以 800～1000 米为限，相当于步行时间不超过 10～15 分钟。

2) 城市干道的合理间距。现代城市交通的发展要求尽量减少交叉口，而城市干道的合理间距为 800～1000 米，干道所包围的用地面积一般为 50～100 公顷，相当于一个居住区的规模。

3) 行政管理区划范围。居住区的规模与行政管理体制相对应，有利于组织居民的生活。目前，一个街道办事处的管理人口约为 3～6 万人，正好与居住区的人口规模相当，此外还要结合地形条件新旧区关系建设规模等因素综合考虑。

6.4.3 居住建筑规划设计

(1) 住宅类型选择。目前城市住宅主要有内廊式、外廊式、内天井式、塔式、台阶式、独院式、并联式、联排式、条式等类型，住宅选型主要确定以下几个方面：

1) 住宅层数。规划只限定上限，即不超过几层，设计时应综合考虑地价、住宅造价、室外工程和地形等因素合理确定层数比例。

2) 进深和面宽。在每户建筑面积一定的情况下，住宅进深大，则面宽就小，外墙少不仅可以节约用地、节省投资，还减少采暖费用。如果进深小则面宽大，采光效果好，因此进深和面宽应适度兼顾。

3) 长度和体型。住宅楼的长度大可以减少山墙数量，节约土地和投资，但过长时需增加伸缩缝和防火墙，对抗震不利。因此长度要适宜，可采用条式与塔式相结合的方法。

4) 层高。降低层高可以降低造价，减少阴影区范围，节约用地。但过低会影响室内居住质量，目前采用层高 2.7～2.8 米较合理。

5) 户室比。为满足不同人口组成的家庭对户型的需要，以及本项目的市场定位，应合理确定各种户型的比例。

(2) 多栋住宅组团的平面布置形式。常见的布置形式有：

1) 行列式。住宅采用条型设计、平行布置的形式，优点是每户有较好的朝向，日照通风效果好、利于施工，缺点是形成的空间比较单调，可采用单元拼接时的前后错落使空间变化丰富。

2) 周边式。住宅沿街或院落周边布置，其优点是院内比较安静，土地利用率高。缺点是部分住宅的通风和朝向较差。

3) 混合式。采取行列式和周边式相结合的混合布置方式，可以取两种形式的长处，形成半开敞式的住宅院落。一般能满足通风和解决部分房间的朝向问题，有利于街景艺术创造及区内建筑空间的艺术处理。

4) 散点式。用多层点式住宅或高层点式住宅布置组团时，常采用这种方式。一般是以一定的规律排列在组团的中心设施、公共绿地、水面等的周围。

5) 自由式。结合地形、地貌、周围条件，在满足日照通风等要求的前提下，不拘于某种形式，成组自由灵活地布置，其目的是追求住宅组团空间的变化，形成较大的公共绿地和户外活动场地。

(3) 整体式住宅组团的布置

将周边式布置的单栋住宅连接起来，就形成了简单的整体式住宅群；在将公共建筑与简单的整体式住宅群一起设计，连接成一个整体，就是整体式住宅组团。其特点是：缩短了公共建筑与住宅的距离，方便了居民，空间和土地得到了充分利用，群体景观完整，风格一致。常见的布置形式有：

1）住宅与公共建筑连续布置，在住宅底层或地下布置汽车库、仓库、小商店或其他小型公共设施。

2）住宅与公共建筑背靠背布置，防止互相干扰。

3）住宅布置在公共建筑上面，即通常所说的"商住楼"。

（4）住宅组团组合及空间规划设计

若干个住宅组团和相应的公共建筑、绿地等组织在一起，就构成了居住小区。在进行组合时，既要考虑有规律、有疏密，均匀得当，又要有利于景观和分期建设。组合的基本形式有两种：

1）同一种住宅组团的重复组合。这种组合方式的优点是住宅类型少、便于施工、有利于形成小区独特的风格。

2）多种住宅组团的组合。多种住宅组团的组合能适应小区用地的变化，使小区空间更加丰富。

在进行组合的同时还要进行空间规划设计。住宅组团的空间大致可分为道路空间、建筑空间、广场空间和绿化空间四类，通过各种空间的有机组合，形成完整统一的、舒适优美的居住生活环境。

6.4.4 居住区公共建筑规划设计

公共建筑是指居住区内除居住建筑之外的其他建筑，主要是为居民生活提供配套服务的，是居住区发挥效能的重要物质基础。规划设计时应满足适当集中、缩短服务半径、符合人流走向和不干扰住户生活等要求。

（1）公共建筑的类别。公共建筑按服务范围分为市级或区级、居住区级、居住小区级等，因使用性质不同主要分为：

1）文化教育。包括中、小学、托幼、文化站；

2）医疗卫生。如医院、门诊所、卫生站；

3）商业饮食。如百货商店、书店、药店、食品店、饭馆等；

4）公共服务。如理发、浴室、洗染店、综合修理、服装加工等，物业管理用房也应属于此列；

5）文娱体育。如电影院、青少年活动站、老年活动中心、运动场等；

6）行政经济管理。如街道办事处、派出所、行政、社会团体管理机构等；

7）其他。如存车处、煤气调压站等。

（2）公共建筑的规划布置形式

1）分散式。根据居住建筑布置及人口规模需要，可以合理分散布置，不单独设置公共建筑中心，便于居民使用。

2）沿街布置。这是目前较常见的一种方式，一般沿着主要人行路两侧或者单侧布置，既便于使用，又可美化街景，但要注意避免人流和车流的相互干扰。

3）集中成块布置。便于形成小区的公共活动中心，烘托商业气氛，方便人们使用。

6.4.5　居住区道路广场规划设计

居住区是城市交通的节点，居住区道路是城市道路网的组成部分，也具有交通的一般功能，但是又不同于城市道路，基本上应视为居住生活空间的一部分，因此布置原则是"顺而不穿、通而不畅"，首先要服从城市道路交通规划的安排，然后再结合居住区的组织结构和内部住宅组团的组合方式形成区内道路网络。

（1）城市道路规划设计：城市道路规划设计的任务就是在用地功能分区和重要人流集散点大体确定后，综合分析人流、货运的主要流向，结合现状及自然条件，合理确定出主次干道、广场的位置、走向、基本尺度，以保证城市各组成部分的有机联系和正常运转。城市道路网的布局大体可分为方格式、放射式、环形放射式和自由式几种形式，并分为主干道、次干道和支路等不同的级别，相应的要求居住区道路系统与之衔接（如规定小区的出入口不能开设在主干道上），方便居民出行。

（2）居住区道路构成：一般居住区道路也是分级设置的，包括：

1）居住区级道路。道路红线宽为 20～30m，可以人车分流；

2）居住小区级道路。道路红线宽为 5～8m，可以人车混行；

3）居住组团级道路。道路红线宽为 3～5m。

另外，公共中心可开辟步行街，并将宅间甬路两侧做地面铺装。

（3）居住区道路规划布置要求：

1）为保证居住区内的安全、宁静，过境交通不应穿越居住区。

2）道路走向要符合居民上下班出入的人流走向，力求畅通便捷。

3）尽端式道路长度不宜超过 200m，在尽端处需设回车厂。

4）居民住宅入口至最近车道之间的距离一般不宜超过 60m。如超出，宅前小路应放宽至 2.6m 以上。建筑物外墙与车行道边缘的距离应大于 3m。

5）道路的红线宽度应满足地下管网工程埋设要求。

6.4.6　居住区绿地规划设计

居住区绿化既要满足居民的生态需要，又要追求美观，其功能除了具有遮阳、隔声、改善小气候、净化空气、防风尘和杀菌防病等物质功能以外，还可以用来美化环境、分割空间，作为游戏和休闲场所给人以精神享受。因此在布置时要具备可达性、功能性和亲和性的特点，才能吸引人们去使用它。

（1）居住区绿化分类：园林绿地按其使用性质、服务对象和所处位置可分为四类：

1）公共绿地。指为居民服务的各级公园、小区公园、小游园、林荫道、小块公共绿地等；

2）公共建筑的绿地。指公共建筑如医院、影剧院、中小学等单位所属的绿地；

3）住宅庭院绿地；

4）道路绿地。指道路两侧或一侧的行道树及绿化用地等。

（2）规划布置原则：

1）绿地布置要结合自然条件，充分利用地形特点和现状条件，将植物配置与地面、水面处理和建筑小品设计安排有机协调起来。

2）用点、线、面结合的手法组织绿地系统，分级设置。即以宅间绿地和组团绿地为"点"、沿区内主要道路的绿化带为"线"、小区小游园和居住区公园为"面"，保持绿化空间的连续性，让居民随时随地处于优美的绿化环境之中。

3）根据集中与分散、重点与一般相结合的原则，按合理的服务半径，均匀地布置各类园林绿地。

6.4.7 城市雕塑与建筑小品

（1）城市雕塑。是指为纪念某一重大历史事件、历史人物，或作为某种象征在城市重要地点树立起来的醒目的大型雕塑。

城市雕塑的布置应考虑的因素：

1）布置位置一般建于事件发生地点、旧居，或见于广场、海滨、山头等重要地段；

2）注意空间关系，与周围环境协调统一；

3）有良好的观赏角度。根据视角分析，广场长度最好不小于雕塑高度的 3 倍。

（2）建筑小品。建筑小品是用来点缀、美化室外环境的实用性或装饰性的小建筑，如灯柱、宣传栏、书报亭、围墙、花坛等。

建筑小品的布置应注意：

1）分隔空间，增加层次；

2）突出特色，打破单调感；

3）突出重点，强调入口；

4）点缀环境，增加情趣；

5）结合实用物品，精心设计。

6.5 房地产开发项目工程设计

在房地产开发项目层面上，项目规划必须符合城市规划的要求（主要指规模、用地性质、容积率等），除此之外关键是建筑设计，其中包括建设场地布局、功能分区、建筑风格、建筑结构、建筑形象等。

建筑设计（Architectural Design）是指建筑物在建造之前，设计者按照建设任务，把施工过程和使用过程中所存在的或可能发生的问题，事先作好通盘的设想，拟定好解决这些问题的办法、方案，用图纸和文件表达出来。作为备料、施工组织工作和各工种在制作、建造工作中互相配合协作的共同依据。便于整个工程得以在预定的投资限额范围内，按照周密考虑的预定方案，统一步调，顺利进行。并使建成的建筑物充分满足使用者和社会所期望的各种要求。

按照我国房地产开发应遵循的"统一规划、合理布局、因地制宜、综合开发、配套建设"的方针，在房地产开发项目中，除了对外销售的商品房屋以外，为了保证项目正常使用和运转，还必须做好项目的市政基础设施的工程设计与建设。

开发项目基础设施建设不仅是整个城市基础设施建设的一个组成部分，同时也是项目开发建设的基础工程。随着社会生产力发展，社会生活需要和人民的生活水平不断提高，城市基础设施的内容也越来越丰富，目前主要应包括：道路交通系统、给水排水系统、电力能源系统、邮电通讯系统、环境和安全系统等。

按照我国现行管理体制，水、电、气、热、道路、通讯等工程设施的设计、施工都是由专业公司承担，如：自来水公司、电力公司、燃气公司、市政工程公司等，开发企业必须通过发包方式委托这些单位完成，所以有些地方把它们统称为"市政公用部门"。开发企业在委托专业公司进行工程设计之前，要提供准确的需求意向，施工过程中积极协调配合，完工后认真验收。

6.5.1 建筑设计

（1）建筑设计内容。

广义的建筑设计是指设计一个建筑物或建筑群所要做的全部工作。由于科学技术的发展，在建筑上利用各种科学技术的成果越来越广泛深入，设计工作常涉及建筑学、结构学以及给水排水、供暖、空气调节、电气、燃气、消防、防火、自动化控制管理、建筑声学、建筑光学、建筑热工学、工程估算、园林绿化等方面的知识，需要各种科学技术人员的密切协作。

按照专业细化分工，开发项目的建筑物设计包括三方面的内容：即建筑设计、结构设计和设备设计。

建筑设计是在修建性详细规划基础上，根据建设单位的要求和工程技术条件进行房屋的空间组合设计和细部设计，并以建筑设计图的形式表示出来。它所要解决的问题，包括建筑物内部各种使用功能和使用空间的合理安排，建筑物与周围环境、与各种外部条件的协调配合，内部和外表的艺术效果，各个细部的构造方式，建筑与结构、建筑与各种设备等相关技术的综合协调，以及如何以更少的材料、更少的劳动力、更少的投资、更少的时间来实现上述各种要求。其最终目的是使建筑物做到适用、经济、坚固、美观。所以说，建筑设计是整个设计工作的先行，常常处于主导地位。建筑设计一般由建筑师来完成。

结构设计的主要任务是配合建筑设计选择切实可行的结构方案，进行结构构件的计算和设计，并用结构设计图表示出来。结构设计通常由结构工程师完成。

设备设计是指建筑物的给水排水、供暖、空气调节、电气、燃气、消防、防火、智能化控制系统等方面的设计。这些设计一般由有关的专业工程师配合建筑设计完成，并分别以水、暖、电等设计图表示。

（2）建筑设计依据。

1）人体尺度和人体活动空间尺度，是建筑空间设计的基本依据之一。

2）家具、设备尺寸及使用它们所需要的活动空间尺寸，是设计房间内部面积的主要依据。

3）项目所处地区的气象条件，包括：温度、湿度、日照、雨雪、风向、风速等。

4）项目地块的地形、地质条件和本地区的地震烈度。

5）水文条件和水文地质情况。

6）建筑设计常用的标准和规范。如民用建筑设计通则；建筑设计防火规范；高层民用建筑设计防火规范；住宅设计规范；住宅建筑规范；人民防空工程设计防火规范；汽车库、修车库、停车场设计防火规范；城市道路和建筑物无障碍设计规范等。

（3）建筑设计程序。

为了使建筑设计顺利进行，少走弯路，不出差错，取得良好的成果，在处理众多矛盾和问题时先考虑什么、后考虑什么，大体上要有个程序。根据长期实践得出的经验，设计工作的着重点通常是从宏观到微观、从整体到局部、从大处到细节、从功能体型到具体构造而步步深入的。

设计工作的全过程分为几个工作阶段：搜集资料、初步方案、初步设计、技术设计、施工图和详图等，循序进行，这就是基本的设计程序。当然，它因工程的难易而有增减。

设计者在动手设计之前，首先要了解并掌握各种有关的外部条件和客观情况：自然条件，包括地形、气候、地质等；城市规划对建筑物的要求，包括用地范围的建筑红线、建筑物高度和密度的控制等；城市的人文环境，包括交通、供水、排水、供电、供燃气、通信等各种条件和情况；使用者对拟建建筑物的要求，特别是对建筑物所应具备的各项使用内容的要求；对工程经济估算依据和所能提供的资金、材料施工技术和装备等；以及可能影响工程的其他客观因素。这个阶段，通常称为搜集资料阶段。

设计者在对建筑物主要内容的安排有个大概的布局设想以后，首先要考虑和处理建筑物与城市规划的关系，其中包括建筑物和周围环境的关系，建筑物对城市交通或城市其他功能的关系等。这个工作阶段，通常叫做初步方案阶段。通过这一阶段的工作，建筑师可以同开发商和规划部门充分交换意见，最后使自己所设计的建筑物取得规划部门的同意，成为城市有机整体的组成部分。对于不太复杂的工程，这一阶段可以省略，把有关的工作并入初步设计阶段。

初步设计阶段是设计过程中的一个具有战略意义的关键性阶段，也是整个设计构思基本成型的阶段。初步设计中首先要考虑建筑物内部各种使用功能的合理布置。要根据不同的性质和用途合理安排，各得其所。这不仅出于功能上的考虑，同时也要从艺术效果的角度来设计。

技术设计的内容包括整个建筑物和各个局部的具体做法，各部分确切的尺寸关系，内外装修的设计，结构方案的计算和具体内容，各种构造和用料的确定，各种设备系统的设计和计算，各技术工种之间各种矛盾的合理解决，设计预算的编制等。

施工图和详图主要是通过图纸，把设计者的意图和全部的设计结果表达出来，作为工人施工制作的依据。施工图和详图不仅要解决各个细部的构造方式和具体做法，还要从艺术上处理细部与整体的相互关系。包括思路上、逻辑上的统一性，造型上、风格上、比例和尺度上的协调等，细部设计的水平常在很大程度上影响整个建筑的艺术水平。可以说，这个阶段是设计工作和施工工作的桥梁。

6.5.2 开发项目基础设施建设工程内容

开发项目基础设施建设主要是指开发项目的"三通一平"或"七通一平"。

"三通一平"是指通电、通水、通道路和平整场地，适用于非居住区项目。

"七通一平"包括通电、通自来水、通排水、通道路、通电讯、通煤气、通热力和平整场地，一般在居住区项目中要求必须齐全。

平整场地是为未来的使用者创造适宜的工作、生活和休息环境，需要科学地选择和开发建设用地，经过填挖改造、调整治理，达到开发建设和施工用地的要求。

6.5.3 管线工程的设计与布置

（1）给水工程。给水管网布置一般有树枝状和环状两种形式。主要取决于地形、地质、建筑和道路布设等因素。管径大小取决于供水需要量，经常采用直径为25、32、40、50、100、150mm等数种规格。根据管径大小、管材强度、外部荷载、气候等因素来确定埋设深度。

（2）排水工程。主要是雨水和生活污水的排除，有分流制和合流制两种布置形式。分流制是雨水和污水分别由两套管线排放；合在一套管网内排放的称合流制。采用何种形式取决于城市排水系统规划的要求及原有的排水方式，新建的排水系统多采用分流制。布置的方式一般采用枝状管网形式，重力自流。

(3) 供电工程。配电线路布置方式有架空和地下电缆两种，一般采用架空方式。新建居住区多采用地下电缆敷设，电压 220 伏。一般需要将高压电经过变电所(站)转为低压供电。

(4) 煤气工程。管道输送多采用中、低压二级系统，靠压力输送到各用户。布置方式有树枝状和环状两种，一般情况下，两种方式都采用。出于安全原因，多数采用地下埋设。

(5) 供热工程。包括热电厂供热和区域锅炉房供热两种形式。一般采用地下埋设，根据不同情况，可采用通行地沟、半通行地沟、不通行地沟或无沟敷设。根据用户需要，可适当调整平衡供热管网，如机关团体白天办公供热，居民住宅晚上供热。

6.5.4　管线综合设计

是指各类管线工程需要综合统一安排。其基本要求如下：

(1) 管网线路要方便短捷，避免穿越空地，影响今后使用土地、节约投资。

(2) 排列有序。从建筑物外墙向外排起，最近是煤气管，依次是给水、污水、雨水等，埋设在人行道和非机动车道下。

在城市交通道路下埋设时，应从道路红线向道路中心线排列管线，次序是电力线、电讯线、煤气、热力、给水、雨水和污水管道。

(3) 应减少管道的转弯和交叉点，管线走向尽可能与房屋道路平行或垂直，避免平行重叠埋设在一个纵断面上。

(4) 当地下管线布置发生矛盾时，布置的原则是"尚未修建的让已建成的管线；临时的让永久的；小管线让大管线；压力管线让重力自流管线；可弯的让不可弯的管线"。

(5) 管线工程要与人防工程相结合。要充分利用原有管线，尽可能与永久管线连接，并为今后管线布置留有余地。

(6) 架空线不能影响交通运输，避免与绿化种植地发生矛盾，要考虑环境美观。

复 习 思 考 题

1. 房地产开发项目基础设施建设工程有哪些内容？
2. 控制性详细规划有哪些主要指标？
3. 政府一般如何进行规划设计管理？
4. 居住区规划设计的内容有哪些？
5. 城市规划与房地产开发的关系要如何解决？
6. 居住区开发项目的技术经济指标是什么？

7 房地产开发投资的资金融通

我国的房地产业,是在改革开放以后,即 20 世纪 80 年代以后逐步复苏和发展起来的。在一定意义上说,我国的房地产业属于新兴产业的范畴。与房地产业同时发展起来的房地产金融,也属于"新兴"的范畴。20 多年来,房地产和房地产金融的发展,虽然有过不少曲折,但从整体上看,都取得了迅速发展的业绩。这与两者之间在当时的条件下的互相支持配合是分不开的。

房地产开发是一项投资规模大,且资金周转时间长的生产经营活动。在开发过程中,离不开资金的支持,能否取得资金的支持是房地产开发投资所面临的一个非常重要的问题,因此解决开发资金问题就成为房地产开发项目投资成败的关键。可以说,没有资金就没有房地产。

7.1 房地产开发投资资金融通概述

7.1.1 房地产开发投资资金筹措的概念

资金融通对于企业来说,通俗地讲就是把资金借给企业,企业在约定期限内偿还资金,并支付一定利息或报酬,企业这个资金筹措的行为就叫资金融通,简称融资。融资通常是货币资金的持有者和需求者之间,直接或间接地进行资金融通的活动,它是资金双向互动的过程,包括了资金的融入(资金的来源)和融出(资金的运用)。

房地产开发投资资金筹措是指筹集房地产开发所需的资金。具体来讲就是根据房地产开发项目生产经营活动的需要,通过筹资渠道和资金市场,运用筹资方式,经济而有效地筹集房地产开发项目所需资金的融资行为。经济而有效的资金筹措是有效进行房地产开发的前提。

资金作为资源具有稀缺性,必然受到资金供求关系的影响。作为资金需求者(资金融入方)筹集所需资金,要支付一定的代价,必然希望所支付的代价越低越好;而作为资金供应者(资金融出方)在提供资金时将取得一定的收益,必然希望期望报酬率越高越好。资金供求双方在协调与均衡的基础上达成一致,融资才能成功。房地产开发投资的资金筹措,其根本目的是为满足开发经营活动对资金的需要并获取一定的收益,在筹资过程中必然希望以较低的代价和较小的筹资风险获取所需资金。

7.1.2 房地产开发资金筹措的必要性

资金问题历来都是房地产投资者最为关切和颇费心机的问题,任何一个房地产投资者,要想在竞争激烈的房地产市场中获得成功,除了取决于其技术能力、管理经验以及其他在以往的房地产投资中赢得的信誉外,还取决于其筹集资金的能力和使用资金的本领。就房地产开发投资而言,即使开发商已经获取了开发建设用地的土地使用权,如果该开发商缺乏筹集资金的实际能力,不能事先把建设资金安排妥当,其结果很可能由于流动资金拮据、周转困难而以失败告终。因此,在房地产开发中筹措所需资金是非常必要的,必要性主要体现在以下几个方面。

(1) 资金集中投入且数量巨大

房地产开发所需资金常常涉及到几百万、几千万、数亿甚至数十亿元人民币，即使开发商拥有一定的自有资金，也很难完全通过自有资金的运作完成开发项目的建设。在开发建设过程中资金投入较为集中，通常情况下建设项目从规划设计到建成后竣工验收往往需要几年时间，在这几年中就要将大量的资金投入到项目的建设中去，才能使建设项目按照进度计划顺利完成。

(2) 资金占用时间较长且周转较慢

房地产开发过程结束就进入租售期(也可在开发过程中进行预租预售)。如果采用销售的形式，收回开发投资时间相对较短，通常情况下需要一至二年的时间才能将投资收回；如果采用租赁的形式，收回开发投资的时间少则十几年，多则几十年。因此，房地产开发资金占用时间较长且周转较慢，必然需要大量的资金。

(3) 开发投资追求规模效应

规模效应即因规模增大而带来的经济效益的提高，即生产要达到或超过盈亏平衡点。在房地产开发过程中，开发成本包括固定成本和变动成本，在开发规模扩大后，变动成本随开发量的增加而增加，固定成本在一定的限度内不增加，因此单位开发成本就会下降，在房地产市场各影响因素不变的情况下，开发商的销售利润率就会上升，但是规模过大可能产生信息传递速度慢且造成信息失真、管理官僚化等弊端，反而产生"规模不经济"。投资追求规模效应必然需要大量的资金。

(4) 规避风险而多业态投资

在房地产开发投资过程中，收益与风险是同时存在的。房地产开发过程中的风险因素较多，主要有政策风险、政治风险、市场供求风险、利率风险等。对于不同的房地产开发项目而言，所面临的风险也是不同的。近年来国家从宏观上对房地产业进行指导、监督、调节和控制，特别是对住房市场进行调控，使开发商的投资向着多业态方向发展，进而规避由于开发业态单一而带来的较大风险。同时开发多业态必然需要大量的资金。

从以上几个方面来看，没有资金作为支持，很难想象开发项目会取得成功。

7.1.3 房地产开发资金筹措的特性

房地产开发投资所需资金数额巨大，开发企业完全通过自有资金进行开发建设一般来讲很难做到，所以开发投资所需资金除一部分来自于自有资金之外，另一部分则来自于融资。而融资的基本特性是具有偿还性。房地产开发投资通过融通资金，就可以达到弥补自有资金的不足，但是融通资金需要付出代价，即支付资金的使用费用(利息)。通常，当开发投资的收益率大于使用资金所支付的利息率时，开发企业才会融资，并达到"借鸡下蛋"的目的，否则，融资就不会成功，或虽以进行融资但要动用自有资金来偿还所筹资金的本息。

7.1.4 房地产开发资金融通须考虑的因素

在融通资金过程中，影响融资活动的因素是很多的。只有对这些因素进行分析，才能提高融资效率、降低融资风险与融资成本，并最终实现融资目标。

(1) 经济性因素

经济性因素通常是指融资行为给房地产开发企业带来的经济收益或成本。主要包括：

1）融资成本

融资成本也称作筹资成本，即在筹资活动中所需支付的各种代价，包括筹资费用和使用费用两部分。在考虑融资成本时，一是要考虑资金市场的成本，即资金市场供过于求时，融资成本相应较低；反之，融资成本相应要提高。二是在资金市场供求关系一定的情况下，要考虑各种融资方式间的成本差异，不同融资方式的资金成本因风险不同而不同。

2）融资风险

融资风险是与融资成本相对应的一个概念，融资的主要风险是利率风险、汇率风险、资金融出者的资信等级以及整个融资过程发生较大事故而导致房地产开发项目产生损失的可能性等。对于房地产开发企业融资而言，在融资风险一定的情况下使融资成本最低，或者在融资成本一定的情况下使融资风险最小。

3）开发项目的收益能力

选择融资渠道与融资方式要结合开发项目的未来收益情况。所筹集资金的未来收益能力越高，则可供选择的融资渠道与融资方式的范围就越宽，反之，所筹集资金的未来收益能力越低，则可供选择的融资渠道与融资方式的范围就越窄。

（2）非经济性因素

1）融资的顺利程度

在融资过程中要涉及一套审批程序和融资的组织管理工作。审批程序主要包括融资方案能否得到批准和审批机构的工作效率高低两个方面。融资的组织管理工作则主要取决于融资的范围、资金融出者的意愿及其对融资条件的要求等。

2）资金使用的约束程度

对资金使用的约束程度主要包括资金使用过程的行为约束和资金使用结果的约束两个方面。对资金使用过程的行为约束，在不同的筹资方式下，资金融出者对资金使用约束程度不同，有些约束较小或不存在，有些约束就较为明显，这对开发企业独立进行资金的运作会产生影响。对资金使用结果的约束，直接融资比间接融资的约束更为强烈。

7.1.5 房地产开发投资资金融通的原则

房地产开发具有资金占用量大、开发周期长、资金占用期长、资金回收速度较慢以及回收期较长等特点，因而融通资金应遵循以下原则：

（1）融资规模适度的原则

房地产开发企业在融通资金时，首先要确定融资规模。在融资中无论采用何种渠道、何种方式进行融资，都必须事先确定开发资金的需要量，并使融资数量与开发资金需要数量相互平衡，防止融资不足而影响房地产开发生产经营活动的正常开展，同时也可避免融资过剩造成资金的闲置浪费，增加融资成本，或者可能导致开发企业负债过多，使其无法承受，偿还困难，增加开发风险，降低开发效益。因此，房地产开发企业在进行融资之初，要根据开发项目对资金的需要、开发企业自身的实际条件以及融资的难易程度和成本情况，量力而行来确定合理的融资规模。

（2）融资时机得当的原则

在融资中，要根据房地产开发投资的计划或时间的安排，来确定融资的计划与时机，这就是说要按照开发投资时机来把握开发筹资时机，以避免因取得资金过早而造成资金在开发投资前的闲置，或是因取得资金相对滞后而影响开发投资时机的情况发生。一般来说,要充分考虑以下几个方面:第一,房产开发企业融资决策要有超前的预见性,要能够及时掌握国内和国外利率、汇率等金融市场的各种信息,了解宏观经济形势、货币及财政政策以及国内外政治环境等各种外部环境因素,合理分析和预测能够影响企业融资的各种有利和不利条件以及可能的各种变化趋势,以便寻求最佳融资时机,果断决策。第二,考虑具体的融资方式所具有的特点,并结合本企业自身的实际情况,适时制定出合理的融资决策。

(3) 多种渠道多种方式融通资金的原则

融资渠道是指资金来源的方向与通道,是了解哪里有资金,以及资金取得的客观可能性,它属于资金供应的范畴。融通资金的方式是在筹措资金时所采用的具体形式。房地产开发企业在融资时,要考虑资金获得的可能性、难易程度、融资的代价、融资的期限以及融资的风险等因素。开发企业遵循多种渠道多种方式融通资金的原则,才能保证房地产开发项目投资有广泛的资金来源。

(4) 风险与收益权衡的原则

融通资金的目的是为了获取开发收益,但开发收益的取得总是要伴随着一定的开发风险。开发收益的大小与开发风险的大小是成正比例的,这是由风险报酬规律所决定的,即风险越高,开发投资所要求的报酬率就会越高;风险越小,开发投资所要求的报酬率就会越低。由于风险的存在,使得筹措的资金所获取的收益可能高于所支付的代价很多,也可能会造成血本无归,导致很大的风险损失。所以遵循风险与收益权衡的原则,就是要在融资过程中,注意风险与收益的均衡关系,不能只看到开发收益,还要看到开发风险。

(5) 融资方案择优的原则

在融资过程中,要将各种可能的融资方式组合形成各种不同的融资方案,在此基础上,对各种不同的融资方案进行分析论证,并通过比较选择出最优的方案。

(6) 依法融资的原则

在房地产开发融通资金过程中,有关国家的法律法规及其政策是必须遵守的。在融资时,融资双方要履行约定的责任,依法筹资,以维护融资双方的合法权益。

7.1.6 房地产开发资金融通的步骤

资金融通的步骤是在融资过程中所应遵循的办事顺序,房地产开发资金融通的步骤主要如下:

(1) 分析房地产开发项目的资金需要量,编制资金使用计划

房地产开发项目的资金需要量是根据开发项目的具体情况确定的。而资金使用计划应根据开发项目设计方案、施工及进度要求、不同阶段的开发工程量及资金需要量等进行编制。编制资金使用计划可以了解和得到不同时期与阶段的总资金需要量与自有资金之间的差额,这种差额就是房地产开发项目所需筹集的资金。

(2) 探讨和确定资金来源

在确定了所需筹集资金的数额后,就应着手探讨和确定这些资金的来源渠道和方式。房地产开发项目的资金来源渠道和方式有利用企业自有资金和从企业外部进行融资两者不同的形式,在探讨和确定资金来源时,首先要确定利用企业自有资金和从企业外部进行融资二者之间的比例,其次是确定从企业外部进行融资的渠道和方式。

（3）融资方案的选择与决策

资金来源的渠道和方式很多，采用不同的渠道和方式融通资金，所支付的代价差异很大。对各种资金来源的渠道和方式应进行综合比较与分析，在具有一定可能性的基础上，选择渠道通畅、方式适宜、代价低且风险小的融资方案作为资金来源的首选。在此基础上才能做出正确的融资决策。

（4）与资金融出者进行洽谈协商

房地产开发的融资目标是期望以最低的加权平均资本成本率获得所需数量和结构的资金。开发企业按照自己的理想制定最佳融资计划往往是行不通的。开发企业的融资计划能否实现，还要看外界的条件与资金融出者的意愿与能力。开发企业为了适应金融市场的现实情况，必须同资金融出者反复就融资总额、条件、利率等进行洽谈协商，最后本着互利精神达成融资协议。

（5）按规定办理各类融资的手续

采用不同的融资渠道与方式进行融资，其复杂程度和手续是不同的。在做出融资决策并达成融资协议后，就要按照规定程序办理各类融资的手续，使融资不仅合理，而且合法。

7.2　房地产开发项目的资金来源

在现代社会里，一个行业要获得发展，一个企业要获得成功，都离不开资金。资金对企业来讲就像是人体中的血液一样。房地产业是一个资金高度密集性行业。由于房地产开发项目的建设经营周期长、资金投入量大、房地产商品价值高等特点，决定了其融资规模远远超过其他行业，所以资金的保证程度对房地产开发企业而言就显得尤为重要和迫切。如果不借助于各种融资手段融通资金，房地产开发企业将寸步难行。同时房地产开发融资方式的优劣，直接影响到融资成本的高低，关系到开发风险的大小以及开发效益的好坏。因此如何通过多渠道的融资活动来满足房地产开发对资金的需求，是房地产开并发企业所面临的一个迫切需要解决的问题。在房地产开发过程中需要两类资金，一是用于支付开发费用的资金，另一是开发项目建成后用于支持使用者购买房地产的资金。

7.2.1　融资渠道和融资方式

房地产开发项目融资必须要决定从哪里能够融得资金和如何融得资金。这就是融资渠道和融资方式。

（1）融资渠道

融资渠道是指融入资金来源的方向与通道。从我国的现实来看，融资渠道主要有银行信贷资金、非银行金融机构资金、其他企业资金、居民个人资金、企业自留资金等。从资金的来源角度看，融资渠道可以分为企业的内部渠道和外部渠道。内部渠道是指从企业内部开辟资金来源。外部渠道是指企业从外部开辟的资金来源。目前我国房地产开发融资渠道基本上都属于外部渠道。

（2）融资方式

融资方式是指企业筹措资金所采用的具体形式。如果说融资渠道属于客观存在，那么融资方式则属于企业主观能动行为。在我国企业的融资方式主要有吸收直接投资、发行股票、发行债券、银行借款等等。房地产开发商在选择融资方式时要综合考虑资金获得的可能性、资金成本、资金使用期限以及风险等因素。

（3）融资渠道和融资方式的关系

融资渠道是了解了哪里有资金以及取得资金的客观可能性；融资方式是解决采用什么方式取得资金，即将可能性转化为现实性。一定的融资方式可以适用多种融资渠道，而一种融资渠道也可以采用不同的融资方式。融资渠道和融资方式的关系见表7-1。

融资渠道和融资方式的关系 表7-1

融资方式	融资渠道	资金成本	财务风险	融资类型
长期借款	银行等	较低	较高	负债资金
发行债券	企业、个人等	较低	较高	负债资金
发行股票	国家、企业、个人、外商等	很高	很低	股权资本
吸收投资	国家、企业、个人、外商等	很高	很低	股权资本

7.2.2 房地产开发融资方式

房地产开发所需融通的资金，可以按不同的标志将其划分为各种不同的类型。

（1）按融通资金的权益性质，房地产开发融资可以分为债务融资方式和权益融资方式两大类

1）债务融资方式

债务融资是指房地产开发企业依照法律的规定筹集资金，按照融资双方的约定使用资金，并按约定的期限进行偿还的资金，一般包括有：向金融机构或非金融机构的贷款或借款、向社会发行债券、在项目未建成前通过预售预租来收取预付款或定金以及延迟支付的应付账款等。

2）权益融资方式

权益融资方式是指房地产开发企业依照法律的规定筹集资金，并长期拥有、自主支配的资金，一般包括：资本金、资本公积金、盈余公积金、未分配利润等，可分别划入实收资本(或股本)和留存收益两大类。

（2）按是否通过金融中介机构，房地产开发融资方式可以分为直接融资方式和间接融资方式

1）直接融资

直接融资是资金的融出者与资金的融入者运用一定的金融工具，直接形成债权债务关系的行为。采用直接融资方式，融资双方可以根据各自融资的条件，通过协商实现融资，以满足双方各自的需要，同时资金的融出者十分关注和支持资金的融入者的经营活动，资金的融入者也会在资金的使用上讲求效益，直接融资有利于筹集长期资金(如股票或长期债券等)。但是直接融资的融资双方在资金的数量、期限、利率等方面受到的限制比间接融资多，融资风险也比间接融资大。

2）间接融资

间接融资是资金的融出者与资金的融入者通过金融中介机构间接实现融资的行为。银行的存贷款业务是典型的间接融资方式，银行相对于资金的融出者与资金的融入者是金融中介机构。采用间接融资方式，能够筹集社会各方面的闲散资金，积少成多，形成巨额资

金，同时间接融资比直接融资安全性高，且提高了金融业的规模经济水平。但是采用间接融资方式，由于融资双方的直接联系被金融中介机构隔断，在一定程度上会减少投资者对企业生产的关注和筹资者对资金使用的压力与约束。

7.2.3 房地产开发项目的资金来源

（1）企业自有资金

企业自有资金也称为权益资金，是指企业长期拥有、自主支配的资金。房地产开发投资的特性决定了开发企业在开发房地产项目时必须要有一定量的自有资金的投入。当房地产开发企业的开发项目预计收益率大于银行存款利率时，就应根据企业自身的能力适时投入自有资金。房地产开发企业通过健全财务制度，充分利用企业的自有资金来支持项目开发，或通过多种途径来扩大自有资金基础。开发企业的自有资金包括现金、其他速动资产以及在近期内可以回收的各种应收款等。一般情况下，房地产开发企业存于银行的现金不会很多，如果过多，势必给开发企业造成较大的机会损失，降低其获利能力。其他速动资产包括应收的银行票据、可以抵押及贴现而获得现金的股票和债券、其他可以立即售出的建成楼宇等。在近期内可以收回的各种应收款主要包括已签订合同的应收售楼款，近期可以出售的各类物业的销售款等。

（2）银行贷（借）款

在房地产开发中通过向银行贷款来融通资金是目前开发资金来源的主要方式。其最大的优势是操作简便易行。当开发项目的投资收益率大于银行的贷款利率时，房地产开发企业就可以利用银行的资金进行开发建设。利用银行信贷资金进行开发建设，实际上就是在利用财务杠杆的作用，以达到"用别人的钱来赚钱"的目的。房地产开发企业可以向一家银行贷款，也可以向几家银行贷款，还可以由多家银行联合提供贷款。

银行贷款的方式有凭借开发企业的资信获取贷款、开发企业以自己的房地产或其他资产作抵押或质押担保获取的贷款、由第三者提供担保的贷款等。金融部门为转嫁和减少贷款风险而较多地采用了房地产抵押形式的贷款和担保贷款，这对提高资金使用效益，确保信贷资金安全，起到了积极的促进作用。

1）抵押贷款

房地产抵押贷款是房地产信贷业务的主要形式之一。它是抵押人以其拥有的合法房屋所有权、土地使用权或其他资产向抵押权人提供担保，以取得抵押权人提供的贷款或向抵押权人保证履行债务的法律行为。由于有房地产或其他资产作为抵押，使银行的信贷风险降低。通常房地产开发企业在采用该方式申请贷款时，其主要方式有：

① 土地使用权抵押贷款

土地使用权抵押贷款是房地产开发企业融资取得贷款的主要方式之一，开发企业通过自有资金获取开发土地的使用权后，就可以把土地使用权抵押给银行，获取贷款资金，再把这笔资金投入开发建设，通过商品房预售回笼资金，归还贷款。但是，土地抵押贷款在操作过程中比较繁琐，因为商品房预售办法规定，商品房预售合同签订后必须在30天内到房管部门去做初始登记，只有经过登记的合同才有法律效力，但是该商品房所依附的土地已经抵押给银行了，必须先解除土地抵押后才能登记预售的商品房。此时，开发商必须与银行协商，用分期支付贷款的形式，把土地分期分批解除抵押，同时分期分批进行预售商品房登记。这样才能保证发放土地抵押贷款银行的权益，又不影响购房者的及时登记和项目销售的顺利进行。

② 自有财产(股权)抵押贷款

开发商利用自有财产(股权)进行抵押获取银行贷款也是一个通常的途径。开发商的自有财产一般是固定资产，比如办公楼或机电设备(如汽车)、电子设备，或者其他有价证券、专有技术等有形、无形资产。此外，房地产开发商对外投资形成的股权，在经过工商部门和产权登记部门登记确认，并经过银行对其进行评估后，也可以作为资产用来抵押获取银行的贷款。

2) 担保贷款

除了采用抵押贷款方式外，还可以采用担保贷款。该方式是房地产开发商通过自己的主管部门、上级公司提供担保，或者由上级部门指定其他经济实体为自己提供担保，也可以由自己的关联企业提供担保，由此获取银行的贷款，这类贷款的规模往往受到担保方经济实力的制约。

房地产开发企业在向银行或其他金融机构申请贷款时，必须提供财务状况和经营情况的有关资料，并接受银行的审查与监督，同时也必须按照规定的用途对贷款进行使用，贷款到期后应无条件地偿还贷款本息。一般情况下，房地产开发企业向银行申请贷款，首先应得到政府及其相关部门批准的开发计划及设计文件；其次房地产开发企业应是法人，具备房地产开发资质条件，且要拥有一定的自有资金(通常要求在30%以上)；再次房地产开发企业在银行要设立账户，有健全的财务管理制度，并独立进行经济核算；最后应具有贷款的偿还能力。

银行贷款受政策影响较大，存在政策风险。曾经有这样一种说法，"房地产业是鱼，资金是水，银行则是鱼池里唯一的水龙头，关上了也就意味着资金的枯竭"。目前房地产开发对银行贷款过高的依赖性导致大多数房地产开发企业资金链异常虚弱，目前不少房地产开发企业因为缺乏股权融资等有效的融资渠道，企业都背上巨额债务，稍微运作不善就有可能陷入资金周转的困境。在实际运作中，经常也会遇到这样的情况，谈得很好的房地产开发贷款，银行突然就会犹豫。一旦资金链断裂，对开发项目就会造成重大影响。所以房地产开发企业在利用银行资金的同时，应积极探索其他的融资渠道与方式。

(3) 社会集资

社会集资是房地产开发企业面向社会吸收社会闲散资金并直接用于开发项目建设的一种资金筹措手段。目前社会集资主要有发行股票和发行债券等方式。房地产开发企业发行股票和债券可以在很短时间内筹集大量的资金。同时房地产开发企业由于上市发行股票或发行债券要接受有关方面严格的审查和监督，会使企业机制的建设、运行以及经营管理理念等方面得到很大的改善和提高。

1) 发行股票

股票是股份公司为筹集资金而发行的，表示其股东按其持有的股份享有权益和承担义务的书面凭证。股份有限公司形式的房地产开发企业在开发房地产项目时，可以采用发行股票的方法来筹集资金。房地产开发股份有限公司在发行股票时可以选择不同的股票种类，分为普通股与优先股两种。我国《公司法》规定，不允许发行无面值股票，且发行价格不低于票面金额。

① 普通股

普通股是房地产开发股份有限公司股票的主要存在形式。普通股股东享有公司的投票权、分享利润权与剩余财产分配权，同时也是公司经营亏损的承担者。普通股股东不能退股，但可以转让股票。普通股股东的股息收益是随着公司经营状况的变化而变化的，同时普通股股东还可以通过股票交易获取投资收益。

房地产开发股份有限公司通过发行普通股股票筹措的资金，具有永久性，不需归还，对维持公司长期稳定的发展极为有利，通过发行普通股股票筹措的资金没有固定的股利负担，筹资风险小，且反映了公司的实力，增强了公司的举债能力。但是通过发行普通股股票筹措资金其资金成本较高，股利要从税后利润中支付，因而不具有抵税作用，发行费用也高于其他证券。

② 优先股

优先股是介于普通股和债券之间的一种有价证券。优先股与普通股的相似之处是，优先股没有到期日，发行的成本较高，股利要从税后利润中支付，因而不具有抵税作用。但是优先股有固定的股息率，在公司清算时，以股票面值为限，先于普通股获得清偿，同时优先股股东没有参与公司经营与投票的权利，这又与债券相似。

房地产开发股份有限公司发行优先股主要出于筹集自有资金的需要。优先股的发行不会导致原有普通股股东对公司控制能力的下降，也不会增加公司的债务。但是由于优先股股东具有优先权，在公司经营不稳定时，会使普通股股东的收益受到影响。

2）发行债券

债券是企业为筹集资金而发行的、约期还本付息的具有借贷关系的有价证券。债券持有人可按期取得固定利息，到期收回本金，但不参加企业的利润分配，也无权参与企业的经营管理。相对于政府债券与金融债券，企业债券的风险与收益相对要高些，但低于普通股票所承担的风险。发行的债券类型有信用债券、以企业财产作担保的抵押债券、一定条件下可以转化为股权的可转换债券等。在我国已发行的房地产企业债券均为房地产项目债券，它是为了筹措房地产开发资金而发行的借款信用凭证，是证明债券持有人有权向发行人取得预期收入和到期收回本金的一种证书。对房地产开发企业而言，只要债券利率低于开发项目的投资收益率，就能达到借钱赚钱的目的。

房地产项目债券的优势在于：首先任何符合《企业债券发行管理条例》、《公司法》和《证券法》相关规定的企业均有权申请发行企业债券，而不会受到上市条件的制约，适用范围广；其次债券不会分散股权。债券持有者无权干涉企业经营活动，原有股东的权益不会因此受到影响；再次房地产项目债券一般是中长期的，在债券未到期的时间段里，企业只要按照发行债券时指明的用途使用资金，即可无需为频繁的资金借贷操心，节约了机会成本和交易成本。因此，发行房地产项目债券是一种很好的融资渠道。但是需要关注的是，发行项目债券在到期时存在限时支付巨额资金的问题，可能引起企业资金风险，公司需要根据自己的实力予以合理安排。

为使投资者在购买企业债券时对发行公司的信誉和偿还债务的可靠性有所了解，国外一些管理咨询公司对企业债券等级进行了评定，并用不同的级别表示其债务偿还能力的大小。国际上最著名的两家债券评级公司是美国的标准普尔公司和穆迪公司。标准普尔公司和穆迪公司都将债券分为 9 个等级将其转变为表格（标准普尔公司分为 AAA；AA；A；

BBB；BB；B；CCC、CC；C；DDD、DD。穆迪公司分为 Aaa；Aa；A；Baa；Ba；B；Caa；Ca；C），通常，BBB 和 Baa 以上级别的债券都是正常投资级别的债券。

（4）利用外资

在国内资金短缺的情况下，通过吸引外资用于本国房地产开发建设，也是较好的融资渠道。利用外资主要有以下几种方式：

1）以房屋土地入股，引进外资，开发项目建成后由双方合作经营或以房地产商品偿还外资；

2）向国外发行房地产债券或股票；

3）向国外的房地产商批租土地，由外商独资开发建设，并从事房地产商品的经营业务等；

4）向国际金融机构申请房地产开发建设的贷款以及向世界银行争取住房开发建设项目贷款。

（5）其他融资方式

除了上述房地产项目融资方式外，还有一些其他的融资方式：

1）合作开发

在一些情况下，房地产开发企业可以采取联合开发的形式寻找一家或几家有资金实力的公司参加到房地产开发中来，这种做法可以分散和减轻房地产开发企业的资金压力。合作各方按照共同投资、共担风险及按各自的投资数额分享收益的原则，各自发挥自身优势，分别承担和筹集各自需要的资金。

2）同业资金拆借

这是一种房地产资金短期融通方式，拆借资金的利息由资金拆借双方相互商定，期限仅几天或稍长一些，有的只是隔夜拆借。

3）商业信用融资

商业信用是企业间相互提供的、在商品交易中货与钱在时间与空间上的分离而形成的企业间的直接信用行为。采用商业信用融资主要是融通短期资金，其主要形式有：应付账款、应付票据、预收账款等。

① 应付账款

应付账款是由于赊销商品形成的延期支付款，款项的支付主要取决于买方的信用。采用这种方式筹资主要是为弥补短期(暂时)开发资金的不足。

② 应付票据

应付票据是开发企业根据购销合同进行延期支付商品交易款而开具的反应债权债务关系的票据。根据承兑人的不同，应付票据分为商业承兑汇票和银行承兑汇票两种。应付票据的筹资成本低于银行借款的成本。

③ 预收账款

房地产开发企业的预收账款主要是预收售楼款或定金。它是指房地产开发企业按照合同或协议的规定，在向购买者交付房地产商品之前所收取的部分或全部房款的信用活动。采用这种形式对于房地产开发企业来讲，既可以筹集到必要的开发建设资金，又可以将部分开发及市场风险转嫁给购买者，比较适合于房地产开发企业的经营特点。但是预收售楼款是有条件的。房地产开发在取得土地使用权，完成设计报建等手续，向房产登记处提供相应文件并获批准，经银行或注册会计师审核，除投资于地价款外，投入开发建设的资金已达总投资额的一定百分比之后，便可预售楼宇，预收售楼款是一种最有效的房地产筹贷方式。目前国家为保护消费者利益，提高了商品房预售条件，除上述条件外，7 层以下需结构封顶，7 层以上(不合 7 层)需在投资金额达到总投资额的三分之二以上方可公开预售。以前房地产开发企业"空手套白狼"时代已结束。

4) 将保险资金引入房地产融资市场

将保险资金引入融资市场，扩大房地产业的融资渠道，是一个十分有效的途径。保险资金比较稳定、数额巨大、运用周期长，比较适合投资于房地产(特别是住宅)开发，有利于提高投资规模。应大力借鉴海外经验，推进保险业尤其是寿险业与房地产业的结合。可以由房地产开发企业和保险公司联合起来共同合作进行房地产开发建设，也可以由保险公司向房地产开发企业提供长期抵押贷款而获取贷款利息。但要在进一步完善我国房地产及金融投资法律法规的基础上，有步骤地放开我国的保险投资业务，使保险企业的投资收益有保障，尽可能地降低投资风险。有数据表明，目前的保险行业可运用资金规模已经超过8000 亿人民币。保险公司通过对开发项目进行专业评估，得到有关开发项目各方面存在有意外情况发生的可能，并对这种可能采取有针对性的防范措施；另外，保险公司还会请专业人士对开发项目的整个过程进行监理，将各种不安全的因素降到最低；对于购买已投保保险的开发项目的消费者，保险公司的介入等于为开发项目增加了一个监理机构，而对于由于意外造成的损失，保险公司将按照保险合同予以赔偿，这无疑降低了投资置业的风险。但保险资金介入长期稳定性的房地产开发项目政策上也有一定的障碍，与房地产业的衔接还有一个缓冲的过程。

5) 信托资金

用资金信托和财产信托的两种不同方式替代债务融资和股权融资，开辟了房地产融资的新渠道。信托能够灵活充分地适应和处理房地产与金融市场之间存在的法律及其他关系，具有独特的优势。尤其是交易型的信托方式，不仅可以通过将房地产产品租约变现之后给投资者带来相对稳定的投资回报，而且使开发企业及时将建设资金回笼。在现有的法律框架下，利用信托还有可能解决资产证券化问题，把部分优良贷款利用信托的方式发行，让普通的投资者分享优良贷款所带来的合理的投资回报。在商业银行处置不良贷款方面，利用信托方式可以把不良资产由表内业务转为表外业务，然后把不良资产逐步变现，再将部分变现的资金分别还给投资者和银行。

在供给方式上，信托比银行更灵活，可以针对房地产开发企业本身运营需求和具体项目设计个性化的资金信托产品，以多种方式实施融资，增加了开发企业的选择空间。开发企业在房地产开发各个阶段，需要资金的时间、用途、性质不同，银行无法完全满足这种特殊要求，信托公司则是比较好的选择。另外，投资房地产项目的信托计划预期收益率通常都远远高于银行的协议贷款。在已推向市场的产品中，信托期都在 3 年以内，预期收益率最高达到 8.4%，而绝大部分都在 4% 以上，因此对投资者有相当大的吸引力。

尽管信托有着很多优势，但由于信托产品先天有一定的局限性，又受到严格的政策限制，并不能完全满足房地产金融市场的创新需要。而且不动产是以股权融资为主的，不是以债券融资的，现在房地产开发企业把信托资金当成债券或贷款来用，不但成本高于银行贷款，且风险并不比银行贷款低。信托产品对于房地产大型项目，如果限定在 200 份，对于个人投资者来说门槛比较高，给融资造成困难。而且信托产品不能很好地流通，产品的宣传与营销策划没有一个完善的二级市场来支撑。由于种种条件的限制，尽管房地产信托发展迅速，但目前还没有能力与银行在贷款方面相抗衡。

6) 房地产投资基金

产业投资基金，在我国是指直接投资于产业，主要针对未上市的企业进行股权投资和提供经营管理服务的利益共享、风险共担的集合投资制度。它是一个与证券投资基金相对等的概念。专门投资于房地产行业的基金就称为房地产产业投资基金，即房地产投资基金。国外早在20世纪六七十年代就有了房地产投资基金。房地产投资基金丰富了融资品种，为房地产企业提供了一条全新的融资渠道。由于它对房地产企业的投资属于股权投资，不会给企业增加债务负担；同时，房地产投资基金以分散投资、降低风险为基本原则，其在一个房地产企业的投资不会超过基金净资产额的一定比例，使企业不会丧失自主经营权。基金通常有两种投入方式：一种是以债权的方式投入，在企业不具备银行融资条件时，支持企业交付土地出让金等相关费用，待企业以土地抵押取得银行贷款后选择退出、部分退出或不退出；第二种是以股权和收购的方式介入。在企业或优质项目最需要资金和临近销售的困难时机，以股权介入和收购项目的方式注入资金和理念。若房地产开发企业获得房地产投资基金的投资，可以大大减少该企业对银行贷款资金的依赖性，有利于企业步入良性发展。房地产投资基金作为投资者，对房地产开发企业的运行能够起到一定的外部监督作用，增强其运行的透明度，有利于促进房地产业健康发展。房地产投资基金可以发挥基金的规模优势，有利于优化产业内部结构，实现资源合理配置。房地产投资基金将成为实现房地产投资大众化和融资社会化的重要途径之一。

由于房地产开发资金需求量很大，一些房地产企业也根据各自的资源优势，纷纷涉足阶段性股权投资和房地产基金业务。而在美国，地产基金是房地产开发资金的一个重要来源，美国的成功模式一般为先找到地，确立项目，然后以此向银行、基金会等机构融资。但这种模式一旦离开了本土，便很难运作。另外，很多基金经理不懂房地产，如果直接投资，则会受经营能力的影响。

近年来，摩根士丹利等境外地产基金纷纷看好中国地产市场，采取境外落地注册、境内委托代理、境外发行、境内合作以及入股、收购、直接投资开发等多种形式的探索。

除以上几种融资方式外，房地产开发企业还可采用吸收各企事业单位的投资、令承包商带资承包等形式。

7.2.4　个人住房资金融通

房地产开发企业在房屋销售过程中，都希望销售款的回收速度越快越好。销售款的回收速度的快慢除与购房者的支付能力有关外，还与金融机构特别是银行的房地产类消费贷款有关。因此，开办多种房地产消费贷款，不仅能够使房地产开发企业尽快收回投资、加速资金周转，满足社会经济发展对房地产商品的需求，而且对于改善居民的住房条件，提高居住质量将起到巨大的作用。除此之外，房地产融资租赁也可以加快房地产开发企业的资金回笼、减少空置房，且在一定程度上还可降低开发企业的财务风险。

（1）住房公积金贷款

住房公积金，是指国家机关、国有企业、城镇集体企业、外商投资企业、城镇私营企业及其他城镇企业、事业单位及其在职职工按照等额原则分别缴存的长期住房储备金，是通过政府立法设立的一种住房基金，要求每月由单位和单位职工各缴纳占工资一定比重的资金，属于职工个人所有。住房公积金贷款是为解决居民住房的购买力与长期消费需求之间矛盾的一种贷款形式，在贷款利率、首付款、贷款期限等方面享受信贷优惠，目的是减轻购房者的经济负担，降低购房费用。住房公积金贷款是专项消费性贷款，同时也是政策性贷款。

（2）商业按揭贷款

商业按揭贷款是银行以个人为对象的消费贷款，属于大众性贷款业务，是购房者向房地产开发商购买房地产，首付一定比例的楼款（一般为30％），其余楼款以其所购房产作抵押，由银行贷款垫付给开发商，用于鼓励和促进个人购买住房。在市场经济条件下商业按揭贷款是实现全社会"居者有其屋"的基本手段。在银行按揭贷款期间，业主只拥有该房产的部分产权，待贷款人还清全部贷款本息，才拥有该房产的全部产权。按揭贷款多用于购买期房，也可用于购买现房，通常要以所购房产本身作为抵押，而不以其他财产作为抵押物。期房的按揭贷款通常需要开发商提供担保或承诺，在购房者不能归还贷款时由开发商进行无条件回购。商业按揭贷款在发放方式上，名义上是贷款给购房人，实际上是按照项目进度分期、直接拨付到开发商的账户上，并且银行要承担起资金监督的责任，所以商业按揭贷款除与项目本身有关外，还涉及银行、购房者、开发商三方。

（3）住房储蓄银行

住房储蓄银行与一般商业银行住房贷款不同，住房储蓄银行的资金是封闭运作的，只向住房储蓄客户吸存，也只向自己的住房储户放贷，此外不进行任何其他投资。2004年2月15日，由中国建设银行和德国施豪银行合资组建的中德住房储蓄银行在天津开张，这是我国首家获得央行批准的中外合资住房储蓄银行。居民从这里获得贷款的前提是成为该银行的储户。客户与银行签订一份住房储蓄合同后，按月向银行存款，在存款总额达到合同金额40％至50％的时候，就可向银行申请合同全额的购房贷款。在公积金、商业按揭贷款之后，中德住房储蓄银行的出现，无疑将为普通居民提供了新的住房融资方式，同时也为房地产开发企业尽快将房地产商品销售出去，收回开发建设资金开辟了新的渠道，进一步丰富和完善我国的住房金融体系。

（4）融资租赁

租赁分为经营租赁和融资租赁。经营租赁大多属于短期租赁，不属于借贷关系的范畴，而融资租赁是通过融物达到融资的目的。融资租赁属于借贷关系的范畴，是一种新的融资形式。发展房地产融资租赁经营业务，避免了因出售经营楼盘不成功、使楼盘空置而出现的财务风险，在一定程度上保障了房地产开发企业的利润；房地产融资租赁提高了房地产商品的质量，规范了房地产市场，促使房地产市场健康有序发展。因为房地产融资租赁是先租后买，并不是"一锤子"买卖，所以，客观上迫使开发企业必须保证商品房的质量，避免了以前经常出现的"豆腐渣"工程，促使房地产开发企业加强自我约束机制；刺激了有效需求，可以促进房地产融资与投资渠道的扩张，加快房地产投资者的资金回笼，因房地产商品质量低劣曾经使一部分有支付能力的消费者望房生畏，而房地产融资租赁不是一次性付款或短期内付清房款，这样，消费者买房买得放心，住得安心。

7.2.5 房地产证券化融资

房地产证券化起源于20世纪70年代美国的资产证券化，它是金融领域最重大和发展最快的金融工具，是衍生证券技术和金融工程技术相结合的产物。目前在我国尚未实行。房地产证券化是把流动性较低的、非证券形态的房地产投资转化为资本市场上的证券资产的金融交易，使投资人与房地产投资标的物之间的物权关系转化为有价证券的股权和债权。筹资者通过房地产证券化这一融资渠道而无须向银行贷款或透支就能获得房地产建设所需的大量资金。房地产证券化主要包括抵押贷款证券化和投资收益证券化两种形式。房地产抵押贷款债权的证券化是在证券一级市场上发行的以抵押贷款组合为基础的抵押贷款证券的结构性融资行为。房地产投资收益证券化是以房地产投资信托为基础，将房地产直接投资转化为有价证券，使投资者与投资标的物之间的物权关系转化为拥有有价证券的债权关系。从银行的角度看，是将金融机构拥有的房地产债权分割成小单位面值的有价证券出售给社会公众，在资本市场上筹集资金，用于再发放房地产贷款；从非金融机构的角度看，房地产投资经营机构将房地产价值由固定资本形态转化为具有流通性功能的证券商品，通过发行这种证券商品在资本市场上筹集资金。房地产证券化融资为资本市场带来的重大变化是融资方式的创新。我国的一些城市正在研究能否试行这种办法。

7.3 房地产开发融资决策

在融通房地产开发项目所需资金时，必须把握融资规模、融资方式、融资条件及时机、融资成本和风险，这是房地产开发企业进行融资前需要认真分析和研究的。在此基础上房地产开发企业才能做出正确的融资决策。所谓融资决策是指在比较与分析融资成本与融资风险的基础上，在两个以上融资方案中选择较低成本和较低风险的融资方案的过程。在融资决策中，选择与确定融资方案的依据与判别标准通常就是融资中的融资成本(即融资所付出代价的大小)。只有当融资预期的总收益要大于融资的总成本时，才有必要考虑融资。这是房地产开发企业进行融资决策的首要前提。

7.3.1 资本成本的概念及作用

（1）资本成本的概念

资本成本是融资决策中的重要概念。房地产开发企业融通的资金往往不能无偿使用，需付出一定的代价。资本成本就是企业获取和使用资金所支付的代价，包括资金筹集费用和资金使用费用两部分。

资金筹集费用亦称筹资费用，是指开发企业在融通资金过程中，为获得资金而付出的费用，包括手续费、印刷费、公证费、担保费、资信评估费、律师费等。

资金使用费用，是指开发企业在生产及经营过程中因使用资金而支付的费用，包括股票的股息、发行债券及银行贷款的利息等。

在市场经济条件下，资本成本是资本的价格，是企业融通资金和考核资金运用效果的标准和最低界限。资本成本可以用绝对数表示，也可以用相对数表示。房地产开发项目在不同的条件下筹集资金的数额不相同，所以一般情况下用相对数表示资本成本，通常称为资本成本率，即资金使用费用与筹集资金净额之比。用公式表示为：

$$K = \frac{D}{(P-F)} \times 100\% = \frac{D}{P(1-f)} \times 100\%$$

式中　K——资本成本；

D——使用费用；

P——筹资总额；

F——筹资费用；

f——筹资费用率（筹资费用与筹资数额之比）。

（2）资本成本的作用

对于房地产开发项目融资而言，资本成本的作用主要是：

1）资本成本是比较开发项目不同筹资方式的依据

通过资本成本计算结果的比较，可从中选择出资本成本率较低的融资方式；对于不同的融资组合（多种融资方式组合构成）方案的选择，可用加权平均资本成本率进行比较，以做出最佳的融资决策。

2）资本成本是评价开发投资项目，比较开发投资方案的主要依据

通常开发项目的投资收益率只有大于其资本成本率时，投资方案才具有可行性。资本成本是房地产开发项目投资的"最低收益率"。

3）资本成本还可作为评价房地产开发企业经营成果的依据

只有在企业总资产报酬率大于资本成本率时，才表明开发企业经营有方，否则将被认为是经营不利。因此，资本成本在一定程度上成为判断企业经营业绩的重要依据。

7.3.2　资本成本率的计算

资本成本可分为单项资本成本和综合资本成本。由于开发企业可以通过不同的方式融通资金，资金成本构成也会有所不同，其资本成本率相应也有区别，为了准确地反映不同资金融通及运用的成本，必须计算其资本成本率，在计算资本成本率时，可分为单项资本成本率的计算和综合资本成本率的计算。

（1）单项资本成本率的计算

单项资本成本率亦称个别资本成本率，是指按各种不同的融资方式确定的成本。单项资本成本率的计算包括债务成本的计算与股权成本的计算两类。

1）债务成本的计算

债务成本主要包括借款成本与债券成本。无论采用何种方式筹集资金，都会使房地产开发企业现在立即得到一笔资金，同时房地产开发企业也要在未来定期向债权人支付本息，债务资本成本就是使未来现金流出的现值与现在现金流入相等的折现率。即用通用公式表示为：

$$P = \frac{C_1}{(1+k)} + \frac{C_2}{(1+k)^2} + \cdots\cdots + \frac{C_n}{(1+k)^n} = \sum_{i=1}^{n} C_t (1+k)^{-t}$$

式中　P——某种筹资方式现时获得的资金净收入；

　　　C_t——t 时的现金流出（利息、本金等）；

　　　k——该种筹资方式的税前贴现率（即税前资金成本率）。

由于债务利息在税前支付，因而具有节税作用，所以有：

$$K = k \times (1-T)$$

式中　K——为债务成本（税后资金成本率）；

　　　T——所得税税率。

① 银行借款成本的计算

　　银行借款成本是企业使用银行款项所支付的代价，银行借款既包括短期借款，也包括长期借款。影响银行借款成本的因素有：借款利率、抵减金额（一般情况下有两种，一是筹资费用，二是补偿性存款余额抵减了借款总额）、所得税的缴纳，银行借款成本率用以下公式计算：

$$K_L = \frac{I_L(1-T)}{L(1-f)} \times 100\% = \frac{R_L(1-T)}{(1-f)} \times 100\%$$

式中　K_L——银行借款成本；

　　　I_L——银行借款年利息；

　　　L——银行借款总额；

　　　R_L——银行借款年利率；

　　　f——筹资费用率。

　　如果企业的银行借款筹资费用率很小，可以将它忽略不计。则公式为：

$$K_L = R_L \times (1-T)$$

【例题 7-1】　某房地产开发企业从银行借款 200 万元，年利益为 10%，期限为两年，筹资费率为 1%，所得税税率为 25%，则其借款的成本是多少？

【解】　$K_L = \dfrac{I_L(1-T)}{L(1-f)} \times 100\% = 200 \times 10\% \times (1-25\%)/200 \times (1-1\%) = 7.58\%$

　　如果筹资费用率忽略不计，则 $K_L = R_L \times (1-T) = 10\% \times (1-25\%) = 7.5\%$

　　② 债券成本的计算

　　企业发行的债券一般为长期债券。债券筹资不仅要支付利息，而且筹资费用也较高。债券的成本与银行借款成本一样都由相同的要素构成，债券的利息是在税前支付的，因此利息中要抵减所得税；债券发行时所发生的费用计入筹资费用，是债券所筹金额的抵减金额。在实际工作中计算公式为：

$$K_B = \frac{I(1-T)}{B(1-f)} \times 100\%$$

式中　K_B——债券成本；

　　　I——按债券票面面额与票面利率计算的年利息；

　　　B——债券筹资总额。

【例题 7-2】　某房地产开发企业发行债券 500 万元，票面年利率为 7.8%，10 年期，筹资费用率为 2%，为所得税税率为 25%，该债券的成本是多少？

【解】　$K_B = \dfrac{I(1-T)}{B(1-f)} \times 100\% = 500 \times 7.8\% \times (1-25\%)/500 \times (1-2\%) = 5.97\%$

　　2) 股权成本的计算

　　由于股金是自有资金，因此股息的发放基于净收益的分配，是在公司交纳所得税后列支的，因此，发行股票的成本不能抵减所得税。按股东享有权利可把股票分为普通股和优先股，他们的成本计价有所不同：

　　① 优先股成本的计算

　　发行优先股需支付发行费用，且优先股的股息通常是固定的，因此在实际工作中，计算优先股成本可用如下简便计算公式：

$$K_P = \frac{D_P}{P_P(1-f)} \times 100\%$$

式中 K_P——优先股成本；

　　　P_P——优先股筹资总额（按发行价格计算）；

　　　D_P——优先股年股息（等于优先股面额乘以固定年股息率）。

【例题 7-3】 某房地产开发公司发行优先股，面值总额为 100 万元，固定年股息率为 10%，筹资费率为 5%，溢价发行，筹资总额为 160 万元，优先股成本是多少？

【解】 $K_P = \dfrac{D_P}{P_P(1-f)} \times 100\% = 100 \times 10\% / 160 \times (1-5\%) = 6.58\%$

② 普通股成本的计算

与优先股相比，普通股资本成本率的确定要复杂得多，这主要是因为：

第一：普通股每年的股利是不同的，它随企业的盈利情况变化，有时前后差距很大。这样，预期确定的股利率只能是一个估计值；

第二：普通股资本成本率的高低同企业的生产经营状况有着直接的关系，这种关系自然会受到企业股利政策的影响。

在实际工作中，普通股的股利不固定，如果每年以固定的比率增长，计算普通股资本成本率可用如下简便计算公式：

$$K_C = \frac{D_1}{P_C(1-f)} + G$$

式中 K_C——普通股成本；

　　　D_1——普通股第一年预计股利额；

　　　P_C——普通股筹资总额；

　　　G——普通股股利预计每年增长率。

【例题 7-4】 某房地产企业发行普通股股票，面值为一元，共计 500 万股，筹资总额为 1500 万元，筹资费率为 4%，第一年每股股利为 0.25 元，以后各年按 5% 的比率增长，普通股股票资金成本是多少？

【解】 $K_C = \dfrac{D_1}{P_C(1-f)} + G = 500 \times 0.25 / [1500 \times (1-4\%)] + 5\% = 13.68\%$

3）留存收益成本的计算

留存收益是企业内部形成的资金来源。企业的税后利润总会有一部分留存在企业，留存收益可以认为是普通股资本的增加额。虽然没有以股息的形式分配给普通股股东，但它在生产经营活动中带来的利润使资本增值，相当于股东对企业增加了投资，这部分资金也必须计算资金成本，但不必考虑筹资费用。计算公式为：

$$K_S = \frac{D_1}{P_C} \times 100\% + G$$

式中 K_S——留存收益成本；

　　　D_1——普通股第一年预计股利额；

　　　P_C——普通股筹资总额；

G——普通股股利预计每年增长率。

【例题 7-5】 某房地产企业留存收益为 100 万元，第一年预计普通股每股股息率为 10%，以后各年按 3% 的比率增长，企业留存收益成本是多少？

【解】 $K_S = \dfrac{D_1}{P_C} \times 100\% + G = 100 \times 10\%/100 + 3\% = 13\%$

(2) 综合资本成本的计算

房地产开发企业从不同渠道、以不同方式筹集资金，其成本各不相同。由于种种条件的限制，只从某种资本成本率较低的来源筹集资金是不现实的，往往要从多种来源获取资金以形成各种筹资方式的组合，这样可能对开发企业更为有利。为了进行融资决策，就需要计算全部资金的综合资本成本率(即加权资本成本率)。通常以各种资本占全部资本的比重为权数，对单项资本成本率进行平均确定。计算时可分为三步进行：首先确定各项资金来源占资金的比重；然后确定各项资金来源的资本成本率；最后计算出综合资本成本率。

计算公式为：

$$K_W = \sum_{j=1}^{n} W_j K_j$$

式中　K_W——综合资本成本；

　　　W_j——第 j 种资本成本；

　　　K_j——第 j 种单项资本成本；

【例题 7-6】 某房地产开发企业共发行普通股 1000 万元，普通股资金成本率为 16%，优先股 200 万元，优先股资金成本率为 12%，长期债券 500 万元，长期债券资金成本率为 2.5%，留存收益 150 万元，留存收益成本率为 14%，该企业综合资本成本率是多少？

【解】 $K_W = \sum\limits_{j=1}^{n} W_j K_j = (1000 \times 16\% + 200 \times 12\% + 500 \times 2.5\% + 150 \times 14\%) \div (1000 + 200 + 500 + 150) = 11.7568\%$

(3) 边际资本成本

房地产开发企业无法按某一固定的筹资方式和固定的资本成本筹措无限的资金。当开发企业筹集的资金超过一定限度时，多筹集的资金就要多付出资本成本，引起原来的资本成本的变化，使其增加。边际资本成本是指资金每增加一个单位而增加的成本，它是在追加筹资时所使用的加权平均成本。

房地产开发企业增加筹资，就意味着筹资风险的增大、筹资成本的提高。通常要找到追加筹资引起资本成本发生变化的转折点。在转折点内筹资，原来的资本成本不会发生变化，超过转折点筹资，即使资本结构不变，其资本成本也会增加。筹资转折点的计算公式如下：

筹资转折点＝可用某一特定成本筹集到的某种资金额/该种资金在资本结构中所占比重

在计算中，可根据筹集资金的种类，分别计算出在各种情况下的筹资转折点，并得到不同的筹资总额范围，在不同的筹资总额范围内分别计算加权平均资本成本，即可得到各种筹资总额范围的边际资本成本。

7.3.3 房地产开发融资的风险分析

房地产开发融资方案的实施，经常会受到各种风险因素的影响。为使融资方案稳妥可靠，需要对融资方案进行风险分析。

(1) 融资风险因素

引起融资风险产生的因素主要有：

1）资金供应风险

资金供应风险是在融资方案的实施过程中，可能出现的资金不落实，不能及时到位而导致的建设工期拖长、开发项目造价升高、原定开发项目投资效益目标难以实现的风险。

2）利率风险

利率风险是在融资方案的实施过程中及在资金使用过程中，由于金融市场利率水平的变动给开发项目带来的风险。通常融资方案的利率水平有固定利率和浮动利率两种。浮动利率一般是在基础利率的基础上浮动。采用浮动利率计息则应分析利率变动的可能性及其对开发项目造成的风险和损失。

3）汇率风险

汇率风险是对于利用外资数额较大的房地产开发投资项目，国际金融市场外汇交易结算中由于汇率变化而引起的项目风险。汇率风险包括人民币与各种外币币值的变动风险和各种外币之间比价变动的风险。利用外资的房地产开发投资项目，应对各种外汇汇率走势进行分析，并估算对开发项目造成的风险损失。

4）完工风险

是开发项目不能按期、按质、按量完工，甚至完全停工所产生的风险。

5）经营风险

开发项目经营会产生净现金流量，而开发项目经营的好坏就决定了净现金流量的大小，因此开发项目经营的好坏就构成了项目融资的另一主要风险。

6）政治风险

政治风险主要表现在国家出于政治原因或外交原因而对项目实行限制和国家政治、经济、法律等宏观因素的稳定性等方面。

上述风险分为可控制风险和不可控制风险两大类。完工风险、经营风险、部分资金供应风险属于可控制风险，政治风险、利率风险、汇率风险、政治风险、部分资金供应风险属于不可控制风险。

（2）融资风险分析

做好融资风险的分析，有助于进行融资决策。融资风险分析的方法主要采用财务杠杆系数法。

财务杠杆系数法是利用财务杠杆系数的大小来判断筹资风险的大小。财务杠杆是指在资金筹集过程中，由于借入资金所形成的利息支出与企业净收益的关系。

在资本结构一定的情况下，由于企业从息税前利润中支付的借入资金的利息是相对固定的，当息税前利润增加时，单位息税前利润所负担的借入资金的利息就会相应减少。基本关系式为：

$$财力杠杆系数 = \frac{息税前利润}{息税前利润 - 借入资金的利息}$$

在息税前利润不变的情况下，资本结构的变动对净资产收益率会产生影响。当总资产报酬率大于借入资金的利率时，提高负债的比重，会相应地提高净资产收益率，反之，会引起净资产收益率的大幅下降。负债结构与净资产收益率的关系为：

$$税后净资产收益率 = [税前总资产报酬率 + 负债资本/股权资本(税前总资产报酬率 - 平均负债利率)] \times (1 - 所得税税率)$$

从上述内容可以看出，在使用借入资金时，一定要考虑资金利润率与借入资金利率的关系。当企业资金利润率低于借入资金利率时，企业应降低借入资金的比率；当企业资金利润率高于借入资金利息率时，企业应调高借入资金的比率，大胆进行负债经营，从而提高自有资金的收益率。

财务杠杆系数越大，则意味着借入资金越多，所负担的借入资金利息越多，筹资的风险越大。

【例题 7-7】 某房地产企业投资总额为 1000 万元，借入资金占投资总额的 60%，息税前利润率为 15%，借入资金利息率为 6%，计算财务杠杆系数是多少？

【解】 财务杠杆系数 $= \dfrac{\text{息税前利润}}{\text{息税前利润}-\text{借入资金的利息}} = 1000 \times 15\% \div (1000 \times 15\% - 1000 \times 60\% \times 6\%) = 1.316$

7.3.4　房地产开发项目融资方案

（1）房地产开发项目融资方案的内容

一个完整的房地产开发项目融资方案，应包括所需资金的数额、各种可能的融资渠道和融资方式，每种融资方式的资金来源、数额、融资条件、有关的融资程序及进度、资金来源可靠性分析、融资结构分析和融资风险分析，并保证资金的供应和需求相互平衡。融资方案的描述可采取文字说明、表格等形式。一般采用编制资金筹措来源表和分年度融资计划表的方式进行。由于房地产开发投资项目可采取各种不同的融资方式，并且不同融资方式之间可以搭配出各种组合来满足开发项目投资对资金的需求，从而形成各种不同的融资方案。

（2）房地产开发项目融资方案分析

房地产开发项目融资方案分析主要是从以下几个方面进行分析。

1）资金来源可靠性分析

资金来源可靠性分析主要是分析项目所需总投资和分年所需投资能否得到足够的、持续的资金供应，即资金供应是否落实可靠。

2）融资结构分析

融资结构分析主要分析项目融资方案中的资本金与债务资金比例、股本结构比例和债务结构比例，并分析其实现条件。

3）融资成本分析

融资成本包括债务融资成本和股权融资成本。债务融资成本包括资金筹集费(承诺费、手续费、担保费、代理费等)和资金占用费(利息)，一般通过计算债务资金的综合资金成本率来判断债务融资成本的高低；股权融资成本包括资金筹集费(承诺费、手续费、担保费、代理费等费用)和资金占用费，但其资金占用费则需要按机会成本原则计算，当机会成本难以计算时，可参照银行存款利率进行计算。

4）融资风险分析

融资风险分析通常需要分析的风险因素包括资金供应风险、利率风险和汇率风险。

（3）融资方案的优化与选择

房地产开发企业在进行融资决策时，应当在控制融资风险与谋求最大融资收益之间寻求一种均衡，即寻求企业的最佳融资结构。所谓最佳融资结构是指房地产开发企业在一定时期内采取不同融资渠道与融资方式进行融资时，使加权平均资本成本最低的各种资金来源的构成及其比例关系。最佳融资结构是房地产开发企业融资决策的核心，同时也是使融资结构达到最优的组合。这就涉及到融资方案的融资结构优化与融资方案选择问题，即要对项目融资的各个方案进行论证，论证中应将各种可能的融资方式组合方案尽量找出，并在此基础上进行融资结构优化分析。

1）融资结构优化

融资结构优化就是在考虑各种影响融资因素的同时寻找综合资本成本率最低的融资方案。在优化中所遵循的步骤是：

① 计算各种资金筹措方式的单项资金成本率；

② 分别计算每个融资方案的各种融资方式所筹集资金占各方案全部资金的比率；

③ 计算各个融资方案的加权资金成本率；

④ 比较各个方案的综合资金成本率，选取最小者为最佳融资结构方案。

【例题7-8】 某房地产开发企业现有三个融资方案可供选择，资料数据见下表7-2。

三个融资方案的资料数据 单位：万元 表7-2

筹资方式	方案一		方案二		方案三	
	筹资额	资金成本	筹资额	资金成本	筹资额	资金成本
银行借款	200	5%	240	5.5%	100	4
发行普通股	500	14%	600	14%	700	14%
发行优先股	100	11%	60	11%	50	11%
发行企业债券	200	8%	100	8%	150	8%
合计	1000	—	1000	—	1000	—

【解】 方案一综合资金成本＝(200×5%＋500×14%＋100×11%＋200×8%)/1000＝10.7%

方案二综合资金成本＝(240×5.5%＋600×14%＋60×11%＋100×8%)/1000＝11.18%

方案三综合资金成本＝(100×4%＋700×14%＋50×11%＋150×8%)/1000＝11.95%

通过计算三个方案的综合资金成本，应选取综合资金成本最低的方案，即方案一为最佳融资融资结构方案。

2）融资方案的选择

房地产开发企业对融资方案的选择是建立在房地产开发项目融资方案综合评价基础上的，其主要是对融资方案的经济性、安全性和可行性进行评价和比较。经济性是指使融资成本最低；安全性是指融资风险对融资目标和开发项目建设的影响程度；可行性是指融资渠道有无保障。目前房地产开发项目的融资渠道正在不断拓宽。无论采取什么渠道、什么方式进行融资，都应考虑融资渠道是否可行、可靠和能否落实；所筹资金能否满足开发项目的需求；所筹资金的来源是否正当、合理，是否符合国家的有关规定。同时还应考虑资金融出机构的资金来源、财力状况及办事效率、各项融资收费的合理性、资金调度及转移的灵活性、融资步骤与安排、融资风险、融资成本等因素。最终找到理想的、可行的融资方案。

对房地产开发项目融资方案综合评价可以从方案的安全性、经济性和可行性三方面指标进行评价。

① 安全性指标评价

A. 安全性指标评价等级

融资方案安全性指标按风险程度大小可以分为 A、B、C、D 四个等级。A 级：表示风险很小，即整个融资过程发生较大事故而导致项目产生损失的可能性很小。其标志是融资的主要风险如利率风险、汇率风险已作了调整，甚至基本消除；提供资金的金融机构资信等级很高；承担融资代理的机构有很好的资信，并已承担了部分风险。B 级：表示风险较小，即整个融资因发生意外事故而发生损失的可能性较小。其标志是融资的主要风险在一定程度上已减少，但未完全消除；提供资金者资信等级较高，但代理机构的资信较差。C 级：表示风险较大，即整个融资过程可能发生意外事故而导致损失。其标志是融资的主要风险虽已作调整，但未消除的风险仍然很大；提供资金的机构资信不足；没有委托代理机构融资。D 级：表示风险极大，整个融资过程因意外事故而发生损失的概率很大，即融资的主要风险没有有效防范措施；提供资金的机构资信很差；没有任何金融机构愿意承担代理融资业务。

B. 评价分析过程

a. 对融资方案的安全性加以量化，即用权数来代表 A、B、C、D 四级。A 级 85%以上(含 85%)，B 级 75%～85%，C 级 60%～75%，D 级 60%以下。

b. 分别计算不同融资方案的综合安全性系数。

计算公式：

某融资方案的综合安全性系数 $=\Sigma$(某种融资方式融入资金数额占融入全部资金的比重 $\times$ 该种融资方式的安全性系数)

融资方式的安全性系数以百分数表示。不同的融资方式有不同的安全性系数，安全性高的融资方式其系数大，反之则系数小。

c. 将计算的不同融资方案的综合安全性系数的数值转化为安全性指标评价等级，即用 A、B、C、D 各等级表示。

② 经济性指标评价

融资方案的经济性指标按综合资金成本标准来划分，共分为 A、B、C、D 四个等级。用 R 表示融资同期的银行贷款利率，则 A、B、C、D 四级的分类为：A 级：表示筹资成本最低，即综合资金成本<70%R；B 级：表示筹资成本较低，即 70%R≤综合资金成本<R；C 级：表示筹资成本很大，即 R≤综合资金成本<130%R；D 级：表示筹资成本太大，即综合资金成本≥130%R。

③ 可行性指标评价

融资方案的可行性指标按各融资方式的落实程度分为 A、B、C、D 四个等级。A 级：表示资金全部落实，已经过计划部门批准；B 级：表示资金基本落实，获取批准的可能性大；C 级：表示资金落实较差，获取批准的可能性小；D 级：表示资金落实很差，获取批准的可能性几乎没有。

各评价等级依据资金落实情况和下列公式计算确定。

计算公式：

某融资方案的可行性系数 $=\Sigma$(某种融资方式融入资金数额占融入全部资金的比重

×该种融资方式的可行性权数）

融资方式的可行性权数以百分数表示。不同的融资方式有不同的可行性权数，可行性高的融资方式其权数大，反之则权数小。计算结果即融资方案的可行性系数超过90％就可定为B级及以上。

在具体选择融资方案时，必须要对方案的安全性、经济性和可行性指标进行综合分析，得到综合评定分值。综合分析可采用计算分值的方法并依据一定原则选择最佳融资方案。依据的原则为：a. 单标否决法原则，即若三个指标中出现一个D即予淘汰；b. 若计算出的两个方案分值相等，可以以出现A多的为最佳方案；c. 将各融资方案的安全性、经济性和可行性指标对应的A、B、C、D各等级分别附以分值5、3、1、0。

将计算得到的各个融资方案的综合评定分值进行降序排列，选择分值最高者所在方案确定为最佳融资方案。

（4）融资阶段的风险规避与控制

在房地产开发项目融资阶段中，风险规避与控制是一个不容忽视的问题。了解风险就是为了针对不同的风险类型，采取相应的措施加以规避与控制。

1）认真分析不同融资方式的利弊

不同的融资方式，在内容、风险方面存在差异。在融资过程中，要尽力做出最佳的、不同融资方式组合的选择，以使组合融资的风险降到最低。

2）通过对利率的合理预期，规避与控制融资风险

在利率趋于上升时期，可采用固定利率借入款项；在利率趋于下降时期，可采用浮动利率灵活融资；同时尽可能在贷款支付管理、抵押贷款比率、抵押贷款责任等方面保护自己的利益。

3）加强财务杠杆对企业融资的自我约束

在总资产报酬率大于负债利率时，当总资产报酬率下降时，自动降低负债比率，而在总资产报酬率上升时，自动调高负债比率，从而规避与控制融资风险。

7.4 金融机构对房地产开发项目贷款的审查

金融机构进行房地产开发项目贷款审查时，要进行客户评价、项目评估、担保方式评价和贷款综合评价等四个方面的工作。

7.4.1 房地产开发企业资信等级评价

金融机构在向申请贷款的开发项目贷款前，首先要审查房地产开发企业的资信等级，即客户评价。通常情况下，金融机构主要根据房地产开发企业素质、资金实力、企业偿债能力、企业经营管理能力、企业获利能力、企业信誉、企业在贷款银行的资金流量和其他辅助指标，确定房地产开发企业的资信等级。企业资信等级评价的过程，实际上是将上述评价指标，按照一定的评价标准分别给每项指标打分，再根据各项指标的相对重要性确定每一指标或每一类指标的权重，然后加权平均计算出每个企业的资信评价分值，最后再按照企业得分的多少，将其划分为aaa、aa、a、bbb、bb和b级。通常情况下，bbb及以上资信等级的企业才能获得银行贷款。

7.4.2　贷款项目评估

金融机构在提供资金融通的过程中，除对开发商进行资信等级评价外，还会对开发商所开发的项目进行详细的审查，以确保开发商能够凭借项目本身的正常运行，具备充分的还款能力。

金融机构对项目的审查主要包括三个大的方面，即：项目基本情况、市场分析结果和财务评价指标。

从金融机构的立场来说，拟开发建设的项目不仅要满足开发商的投资目标，重要的是还需满足金融机构自己的目标。总的来说，项目应具有适当的经济规模，但单一项目的投资额不宜超过开发商务类项目全部投资额的15%。从房地产投资组合的角度来说，一般写字楼项目可占其总投资的35%～40%，商业零售用房35%～40%，工业厂房10%～15%，土地和其他物业5%～10%；从地区分布来说，项目也最好能满足金融机构地区分布均衡的原则。显而易见，银行这样要求，主要目的是为了分散融资风险。

在项目融资金额较大或某些其他特殊情况下，金融机构还很可能亲自去了解有关开发项目的详情，如果开发商是自己的新客户，更需要这样做。他们自己调查的内容包括项目所在的确切地点、当地对各类楼宇的需求情况、项目改变用途以适应市场需要的可能性、市场上的主要竞争项目等。金融机构批准贷款时通常还会考虑建筑设计质量和建筑师的水平情况。此外，有时金融机构还会对未来租客的选择进行干预，尤其是大宗承租的租客，这也是金融机构控制项目和开发商的重要措施。很有必要记住这样一句话，即在开发商看来是机会的时候，银行家看到的往往是风险。

在咨询业日益发达的今天，金融机构还会要求开发商向其提供房地产咨询机构提供的项目评估报告，这也是金融机构化解和分散融资风险的有效途径。在咨询机构提供的项目评估报告中，咨询机构会就项目的建设条件、项目所在地的房地产市场供求情况、预期租金和售价水平、总开发成本、项目自身的收益能力和还贷能力、财务评价的有关技术经济指标、不确定性分析的结果等提供专业意见，供银行或其他金融机构参考。

7.4.3　房地产贷款担保方式评价

贷款担保是指为提高贷款偿还的可能性，降低银行资金损失的风险，由借款人或第三人对贷款本息的偿还提供的一种保证。当银行与借款人及其他第三人签订担保协议后，如借款人财务状况恶化、违反借款合同或无法偿还贷款时，银行可以通过执行担保来收回贷款本息。需要指出的是，贷款的担保不能取代借款人的信用状况，仅仅是为已经发生的贷款提供了一个额外的安全保障，银行在发放贷款时，首先应考查借款人的第一还款来源是否充足；贷款的担保并不一定能确保贷款得以足额偿还。房地产贷款担保通常有以下三种形式：

（1）保证

保证即由贷款银行、借款人与第三方签订一个保证协议，当借款人违约或无力归还贷款时，由第三方保证人按照约定履行债务或承担相应的责任。保证通常是由第三方保证人以自身的财产提供的一种可选择的还款来源。而且，只有当保证人有能力和意愿代替借款人偿还贷款，这项保证才是可靠的，为此贷款银行将在充分审核保证人的财务实力和信誉程度后，方可做出是否接受其保证的决策。一般来说，银行金融机构提供的担保风险最低，然后依次是省级非银行金融机构、aaa 级企业、aa 级企业、aa 级以下企业。

（2）抵押

抵押是指借款人或第三人在不转移财产占有权的情况下，将财产作为贷款的担保。银行持有抵押财产的担保权益，当借款人不履行合同时，银行有权以该财产折价或以拍卖、变卖该财产的价款优先受偿。在房地产贷款中以土地房屋等设定贷款抵押，是最常见的担保形式。从抵押担保的质量来看，商品房优于其他房屋，建成后的房地产优于纯粹的土地，商品住宅优于商用房地产。

（3）质押

贷款质押是指借款人或第三人以其动产或权力（包括商标权、专利权等）移交银行占有，将该动产或权力作为债权的担保。当借款人不履行债务时，银行有权将该动产或权力折价出售收回贷款，或者以拍卖、变卖该动产或权力的价款优先受偿。

7.4.4　贷款综合评价

金融机构考察完开发商的资信状况和房地产开发项目以后，还要结合对企业和项目考察的结果，综合企业信用等级、项目风险等级、贷款担保方式、贷款期限等因素，对项目贷款进行综合评价。贷款综合评价的主要工作是计算贷款综合风险度。

$$某笔贷款的综合风险度＝（某笔贷款风险额/某笔贷款额）×100\%$$
$$某笔贷款风险额＝某笔贷款额×信用等级系数×贷款方式系数$$
$$×期限系数×项目风险等级系数$$

信用等级系数的取值规则：aaa 级企业为 30%，aa 级企业为 50%，a 级企业为 70%，bbb 级企业为 90%。

贷款方式系数的取值规则：信用贷款为 100%；由银行金融机构提供担保的为 $10\%\sim20\%$，由省级非银行金融机构担保的为 50%，aa 级以下企业担保的为 100%；用商品房抵押的为 50%，由其他房屋及建筑物抵押的为 100%（如参加保险，保险期长于贷款到期日的，系数取值为 50%）。

贷款期限系数的取值规则：中短期贷款期限在半年以内的为 100%，期限在半年以上不满 1 年的为 120%；中长期贷款期限在 1 年以上不满 3 年的为 120%；期限在 3 年以上不满 5 年的为 130%，期限在 5 年以上的为 140%。

项目风险等级系数的确定：先按照项目建设条件、市场和产品分析以及财务评价的结果，将项目划分成 aaa、aa、a 和 bbb 四个风险等级，其对应的风险系数分别为 50%、60%、70%和 80%。

按照上述公式计算，凡综合风险度超过 60% 的，即为高风险贷款，对高风险贷款，银行一般不予发放贷款。例如，某开发企业申请贷款 5000 万元，该企业的信用等级为 aa 级，以商品房做抵押，期限 2 年，项目风险等级为 a 级，代人上述公式得：贷款综合风险度 $=50\%×50\%×120\%×70\%=21\%$，银行可以发放贷款。

复 习 思 考 题

1. 房地产开发资金融通须考虑的因素有哪些？

2. 房地产开发投资资金融通的原则是什么?

3. 房地产开发项目的资金来源有哪些?

4. 什么是资本成本? 如何计算?

5. 引起融资风险产生的因素有哪些?

6. 从哪几个方面对房地产开发项目融资方案进行分析?

7. 如何对不同的融资方案进行选择?

8　房地产开发项目建设管理

房地产开发项目取得了建设用地的使用权证，经过工程勘察，确定规划设计方案并获取《建设用地规划许可证》和《建设工程规划许可证》后，就可以进行项目的招标投标，在取得施工许可证后，进入工程施工阶段，项目完工后要及时进行竣工验收，验收合格后项目建设结束。在项目建设过程中无论是招标投标阶段、施工阶段还是竣工验收阶段都要对项目进行有效的管理。

8.1　房地产开发项目招投标

招投标是一种市场交易行为，其可以打破垄断，促进竞争，增强企业活力，有利于市场经济的发展。房地产开发项目招投标包括招标(发包)和投标(承包)两方面的内容。通过项目招投标，开发建设单位(我国习惯上称为甲方，国际上称为业主)可以择优选择施工单位(我国习惯上称为乙方，国际上称为承包商)，施工单位可争取到工程项目的施工业务。

8.1.1　房地产开发项目招标投标的概念

房地产开发项目招标，是指房地产开发建设单位设定"开发项目建设"这一标的，通过发布公告或邀请的形式，招引有能力的若干建筑承包商秘密报价竞争，由房地产开发建设单位从中选出优胜者，并与之达成协议，签订发包合同的全过程。

房地产开发项目投标，是指建筑承包商在获取招标信息或收到投标邀请函后，根据招标文件的说明和要求，结合自身实力，提出自己承包工程的条件和报价供房地产开发建设单位选择，胜出中标后与之达成协议，签订发包合同的全过程。

房地产开发建设单位通过招标的方式发包工程的根本目的是选择"优秀"的建筑承包商，因此，投标单位的技术实力、经济实力、管理经验、效率高低、报价合理性、企业信誉度等是其招标时必须考虑的因素。在众多投标者中，招标方应按照一定的标准，如技术先进、质量最佳、工期最短、造价最低等选择中标者。在《标准施工招标文件》(2007版)中推荐了最低投标价法和综合评估法两种评标方法。

招标投标的特点是择优性和竞争性，招标人通过发布招标公告或投标邀请，招请众多投标人前来投标，投标人之间相互竞争，使招标人可以择优选取中标者。同时，推动投标人改善经营管理，推广先进工艺技术，提高劳动生产率，从而不断增强企业竞争力。

需要说明的是，工程建设项目除了工程施工可以通过招标方式发包外，其他如项目的勘察、设计、监理以及与工程建设有关的重要设备、材料等的采购均可采用招标方式发包。招标投标活动应当遵循公开、公平、公正和诚实信用的原则，同时受国家相关法律法规的约束、保护和监督。

8.1.2　招标方式

《中华人民共和国招标投标法》中规定的招标方式有两种，即公开招标和邀请招标。招标人可结合待开发项目的建设规模和复杂程度选择其中一种方式。

（1）公开招标

公开招标，是指招标人以招标公告的方式邀请不特定的法人或者其他组织投标，具体讲即房地产开发商自行或委托招标代理机构，通过网络、报刊、电视、广播等媒介在一定范围内(如全市、全国甚至全世界)公开发布招标公告，招引具备相应资质条件而又愿意参加的一切承包商投标。

国务院发展计划部门确定的国家重点建设项目和各省、自治区、直辖市人民政府确定的地方重点建设项目，以及全部使用国有资金投资或者国有资金投资占控股或者主导地位的工程建设项目，应当公开招标。依法必须进行施工招标项目的招标公告，应当在国家指定的报刊和信息网络上发布。

公开招标适用于规模较大，建设周期较长，技术复杂的工程建设项目。此种项目招标人难以掌握工程造价及控制工期，因此，可通过公开招标，从中选择能够提供合理报价和较短工期的投标人承包该项目。

公开招标的优点是：可使招标人有较大的选择范围，可以在众多投标人之间选择报价最合理、工期较短、信誉良好，最具竞争力的承包商；可以促使投标人采用先进的施工技术、优良的管理方法，通过提高质量、缩短工期、降低成本竞标。但由于公开招标申请投标人较多，相应的会存在工作量较大、耗费时间较长、支出费用较高等缺点。

公开招标是目前建筑市场通行的招标方式，招标人应尽量采用该方式发包开发项目的施工任务。

（2）邀请招标

邀请招标，是指招标人以投标邀请书的方式邀请特定的法人或者其他组织投标。具体指招标人向三家以上具备承担施工招标项目的能力、资信良好的承包商发出投标邀请书，邀请其投标竞争的一种发包方式。邀请招标又称有限招标或选择性招标，是非公开招标方式的一种。

邀请招标适用于技术复杂或有特殊要求，只有少量几家承包商可供选择的项目；受自然地域环境限制的项目；拟公开招标的费用与项目的价值相比，不值得的项目；由于工期紧迫或保密等一些特殊原因不宜公开招标的建设项目。

邀请招标的优点是，由于被邀请参加竞标的投标人有限，因此招标人可节约招标费用，提高工作效率，节省招标时间。缺点是这种招标方式限制了竞争范围，把许多可能的竞争者排除在外，缩小了投标人的选择余地。

（3）不进行施工招标的情况

《工程建设项目施工招标投标办法》规定，经有关审批部门批准涉及国家安全、国家秘密或者抢险救灾而不适宜招标的；属于利用扶贫资金实行以工代赈需要使用农民工的；施工主要技术采用特定的专利或者专有技术的；施工企业自建自用的工程，且该施工企业资质等级符合工程要求的工程建设项目可以不进行施工招标。

8.1.3 招标的程序

房地产开发项目建设工程招标是一项政策性强、环节多、内容复杂的工作，按照一般做法，程序如下：

（1）申请招标

当房地产开发建设项目被发改委立项批复或列入城市年度投资计划后，房地产开发商已获取土地使用权，并领取了《建设用地规划许可证》和《建设工程规划许可证》，完成了国有土地上房屋征收与补偿工作，施工现场具备了"三通一平"、"五通一平"或"七通一平"的建设条件，有经批准的设计单位出具的设计图纸和技术资料及概（预）算文件，资金或资金来源已经落实，开发建设单位必须按规定向当地招投标管理机构报建。报建内容主要包括：工程名称、建设地点、投资规模、资金来源、当年投资额、工程规模、结构类型、发包方式、计划开竣工日期、工程筹建情况等。开发建设单位填写《建设工程报建备案表》，连同应交验的立项批准等文件资料一并报招投标管理机构审批。

招投标管理机构审查招标人报送的书面材料，核准招标人的自行招标条件和招标范围。对符合规定的自行招标条件（招标人具有编制招标文件和组织评标能力）的，招标人可以自行办理招标事宜，任何单位和个人不得予以限制，也不得拒绝办理工程建设有关手续。认定招标人不符合规定的自行招标条件的，在批复可行性研究报告时，要求招标人委托招标代理机构办理招标事宜。一次核准手续仅适用于一个建设项目。开发商只有经过核准后，方可进行招标。

（2）编制招标文件

招标文件是招标人向投标人介绍工程条件和招标条件、要求的重要文件，是投标人编制投标文件的依据，也是签订工程承包合同的基础。招标人应当根据招标项目的特点和有关法律、法规、规章的要求编制招标文件。招标文件一般包括以下内容：

1）投标人须知

主要包括：项目概况；招标方式、合同类型及招标原则；招标资格要求；投标费用；对已发出的投标文件进行补充、修改和撤回的方式方法；对施工组织设计的要求；工程量计算规则；项目质量和进度的明确要求；编制招标文件时应注意的问题；对投标书递交的要求；对现场考察的规定和要求；投标保证金或投标保函；投标截止日期；迟到的投标文件的处理；投标文件合规性和有效性的确定；招标人权利；开标、评标、决标；中标通知书的发放；签订合同。

2）招标范围及报价要求

明确招标范围即明确由投标人自行承担的部分和需再进一步分包的部分，以及对分包商的要求。

报价要求要说明计量计价的依据、方式和规则。

3）技术标准和要求

4）招标图纸和工程量清单

5）评标办法

评标方法中应包括评标内容，评定标准，评标过程的保密，投标人对投标文件的澄清和说明，开标的程序，中标人应符合的条件等。

6）投标文件的要求

要求包括：商务部分，即工程量清单计价原则和工程量清单报价说明；技术部分，即对施工组织设计和安全环保组织设计的详细要求。

7）合同条款及格式

招标文件不得含有倾向或者排斥潜在投标人的内容；不得含有妨碍或者限制投标人之间公平竞争的内容；不得采用无限风险、所有风险或者类似语句规定风险范围。

招标文件中规定的各项技术标准均不得要求或标明某一特定的专利、商标、名称、设计、原产地或生产供应者，不得含有倾向或者排斥潜在投标人的其他内容。如果必须引用某一生产供应者的技术标准才能准确或清楚地说明拟招标项目的技术标准时，则应当在参照后面加上"或相当于"的字样。施工招标项目工期超过十二个月的，招标文件中可以规定工程造价指数体系、价格调整因素和调整方法。

招标人应当在招标文件中将否决性条款集中单列。所谓的否决性条款，是指招标文件中规定的不予受理投标或者作为无效投标处理等否定投标文件效力的条款。否决性条款应当明确，易于判断。招标文件中其他条款与单列的否决性条款不一致的，以单列的否决性条款为准。招标文件补遗中增加否决性条款的，招标人应当重新单列完整的否决性条款并发给所有投标人。

（3）编制标底

编制标底是招标的一项重要准备工作，标底是招标工程的预期价格，是审核投标报价、评标、决标的重要依据之一，因此，标底编制过程和标底必须保密。

标底应根据批准的初步设计、投资概算，依据有关计价办法，参照有关工程定额，结合市场供求状况，综合考虑投资、工期和质量等方面的因素合理确定。编制标底方法有以下几种：以施工图预算为基础编制标底；以概算为基础编制标底；以扩大综合定额为基础编制标底；以平方米造价包干为基础编制标底。标底的作用：一是使招标单位预先明确自己在拟建工程中应承担的财务义务；二是给上级主管部门提供核实建设规模的依据；三是作为衡量投标单位标价的依据。因此，标底应该以严谨的态度和科学的方法来确定。招标人可请有资格的概预算人员编制，也可以委托招标代理机构编制，但一个工程只能编制一个标底。

招标项目可以不设标底，进行无标底招标，任何单位和个人不得强制招标人编制或报审标底，或干预其确定标底。招标项目也可以采用明标底。当采用明标底的时候，招标人应当按照招标文件和当地计价规定编制招标控制价，并在投标截止时间 5 日前公布。投标人对招标控制价有异议的，应当在投标截止时间 3 日前向项目所在市建设工程造价管理机构提出复核申请。经复核确有错误的，应当责成招标人修改后重新公布，并依法重新确定开标日期。

（4）发布招标公告或发出投标邀请书

开发商应在招标申请中提出招标方式，经招标管理部门批准后，根据所批准的形式，发出招标公告或邀请投标函。

采用公开招标方式的，招标人应当通过国家或者地方规定的报刊、信息网络或者其他媒介发布招标公告，邀请不特定的法人或者其他组织投标。任何认为自己符合招标公告要求的施工单位都有权报名并索取资格审查文件，招标人不得以不合理的条件限制或者排斥潜在投标人，不得对潜在投标人实行歧视待遇。

采用邀请招标方式的，招标人应当向三个以上具备承担招标项目的能力、资信良好的特定的法人或者其他组织发出投标邀请书。

招标公告或者投标邀请书应当载明招标人的名称和地址，招标项目的内容、规模、资金来源，项目的实施地点和工期，获取招标文件或者资格预审文件的地点、时间和方法，对招标文件或者资格预审文件收取的费用，对投标人的资质等级或者资格要求等内容。

（5）投标人资格审查

招标人可以根据招标项目本身的特点和需要，要求潜在投标人或者投标人提供满足其资格要求的文件，对潜在投标人或者投标人进行资格审查。投标人资格审查的目的在于了解投标单位的技术和财务实力以及施工和管理经验，限制不符合条件的单位盲目参加投标，以使招标获得比较理想的结果。

投标人的资格审查分为资格预审和资格后审两种方式。资格预审是指在投标前对潜在投标人进行的资格审查。资格后审是指在开标后对投标人进行的资格审查。进行资格预审的，一般不再进行资格后审，但招标文件另有规定的除外。

采取资格预审的，招标人应当在资格预审文件中载明资格预审的条件、标准和方法。采取资格后审的，招标人应当在招标文件中载明对投标人资格要求的条件、标准和方法。

资格审查的内容主要包括：①审查投标人投标合法性，包括投标人是否是正式注册的法人或其他组织；是否具有独立订立合同的权利；是否处于正常的营业状态。②审查投标人履行合同的能力，包括专业、技术资格和能力，资金、设备和其他物质设施状况，管理能力，经验、信誉和相应的从业人员。③审查投标人在最近三年内是否有骗取中标和严重违约及重大工程质量问题。

资格预审的程序包括招标人编制资格预审文件，刊登资格预审公告邀请潜在投标人参加资格预审，向潜在投标人发售资格预审文件，潜在投标人填写并报送资格预审文件，资格预审文件的澄清，招标人评审，确定审核结果并通知所有申请人。

经资格预审后，招标人应当向资格预审合格的潜在投标人发出资格预审合格通知书，告知获取招标文件的时间、地点和方法，并同时向资格预审不合格的潜在投标人告知资格预审结果，还要将资格预审结果报招投标管理机构备案。资格预审不合格的潜在投标人不得参加投标；资格后审不合格的投标人的投标书应作废标处理。

当资格预审合格的投标人不足三个时，应重新发布招标公告。

在公开招标时，通常采用资格预审的方法，在发售招标文件之前进行资格审查。在邀请招标时，则在评标的同时进行资格审查。

（6）发售招标文件

对于资格预审合格的投标人，招标人应当按招标公告或者投标邀请书规定的时间、地点出售招标文件。自招标文件出售之日起至停止出售之日止，最短不得少于五个工作日。招标文件或者资格预审文件售出后，不予退还。对招标文件的收费应当合理，不得以盈利为目的。对于所附的设计文件，招标人可以向投标人酌收押金；对于开标后投标人退还设计文件的，招标人应当向投标人退还押金。

招标人可以通过信息网络或者其他媒介发布招标文件，通过信息网络或者其他媒介发布的招标文件与书面招标文件具有同等法律效力，但出现不一致时，以书面招标文件为准。招标人应当保持书面招标文件原始正本的完好。

招标人应当在招标文件发出的同时将招标文件报招投标管理机构备案，招投标管理机构发现招标文件有违反法律、法规内容的，应当自收到备案材料之日起 3 日内责令招标人改正，招标日程顺延。

（7）组织项目现场踏勘，召开标前会议

招标人根据招标项目的具体情况可以组织投标人进行项目现场踏勘，目的是向投标人介绍工程场地和相关环境的有关情况，以便使其获取项目最真实的第一手现场资料，有利于他们做出合理的投标策略和投标报价。

项目踏勘一般主要查看施工场地的地形、地貌、地势，施工现场的水文、地质及气候情况，周边环境状况，临时搭建的设施情况，比对是否达到招标文件规定的条件等。

招标人应按照招标文件中约定时间组织所有投标人进行项目现场踏勘，不得单独或者分别组织任何一个投标人进行现场踏勘。

对于投标人来说，在阅读招标文件和现场踏勘中可能会产生一些疑问，为了使他们清清楚楚、明明白白投标，招标人应组织召开标前会议进行答疑，并将所有解答以书面方式通知所有购买招标文件的潜在投标人。

（8）接收投标文件

通常招标人会为投标人设定一个合理的投标文件编写期，一般不少于二十日。投标人应当按照招标文件的要求编制投标文件。投标文件又称投标书，是对招标文件提出的实质性要求和条件作出响应的文件。通常包括：①投标函；②法人身份证明或附有法人身份证明的授权委托书；③联合体协议书（如果是联合体投标）；④投标报价；⑤施工组织设计；⑥拟派出的项目负责人与主要技术人员的简历；⑦企业业绩；⑧拟用于完成招标项目的机械设备；⑨拟分包项目情况表；⑩其他。

投标人应当将投标文件的正本和所有副本按照招标文件的规定进行密封和标记，在提交投标文件的截止时间前送达投标地点。招标人收到投标文件后，应当向投标人出具标明签收人和签收时间的凭证。在开标前任何单位和个人不得开启投标文件。招标人应当拒收在招标文件要求提交投标文件的截止时间后送达的投标文件。

提交投标文件的投标人少于三个的，招标人应当依法重新招标。重新招标后投标人仍少于三个的，属于必须审批的工程建设项目，报经原审批部门批准后可以不再进行招标；其他工程建设项目，招标人可自行决定不再进行招标。

招标人可以在招标文件中要求投标人提交投标保证金。投标保证金除现金外，可以是银行出具的银行保函、保兑支票、银行汇票或现金支票。投标保证金一般不得超过投标总价的百分之二，但最高不得超过八十万元人民币。投标保证金应随投标文件一并提交给招标人。若投标人不按招标文件要求提交投标保证金的，招标人可拒收他的投标文件。投标保证金有效期应当超出投标有效期三十天。若投标人未中标，在招标人与中标人签订合同后五个工作日内，投标保证金会被退还。

（9）开标、评标、定标

1）开标

开标应在提交投标文件截止时间的同一时间，在预先确定的地点公开进行。开标会由招标人主持，邀请所有投标人、招标主管部门及公证机构人员参加。通常主持人会按下列程序进行开标：

① 宣布开标纪律；

② 公布在投标截止时间前递交投标文件的投标人名称，并点名确认投标人是否派人到场；

③ 宣布开标人、唱标人、记录人、监标人等有关人员姓名；

④ 由投标人或者其推选的代表检查投标文件的密封情况，也可以由招标人委托的公

证机构检查并公证；

⑤ 按招标文件的规定确定并宣布投标文件开标顺序；

⑥ 设有标底的，公布标底；

⑦ 按照宣布的开标顺序当众拆封，公布投标人名称、标段名称、投标保证金的递交情况、投标报价、质量目标、工期及其他内容，并记录在案；

⑧ 投标人代表、招标人代表、监标人、记录人等在开标记录上签字确认；

⑨ 开标结束。

开标记录应由招标单位存档备查。

2）评标

① 组建评标委员会

评标由招标人依法组建的评标委员会负责。评标委员会由招标人的代表和评委库有关技术、经济等方面的专家组成。专家应当从事相关领域工作满八年并具有高级职称或者具有同等专业水平，由招标人从国务院有关部门或者省、自治区、直辖市人民政府有关部门提供的专家名册或者招标代理机构的专家库内的相关专业的专家名单中确定。一般项目招标人在招投标管理机构的监督下于开标前从专家评委库中随机抽选所需专家评委，特殊招标项目可以由招标人直接确定。评标委员会成员的名单在中标结果确定前应当保密。与投标人有利害关系的人不得进入相关项目的评标委员会，已经进入的应当更换。评标委员会成员人数为五人以上单数，其中技术、经济等方面的专家不得少于成员总数的三分之二。

② 标书评定

评标活动应当遵循公平、公正、科学和择优的原则。评标委员会应当按照招标文件确定的评标标准和方法对投标文件进行评审和比较；设有标底的，应当参考标底，但不得作为评标的唯一依据。对投标文件中含义不明确的内容评标委员会可以要求投标人作必要的澄清或者说明。

当全部投标人的投标报价都超出标底或合同估价过多，招标人无力接受投标；所有投标文件实质上均未响应投标文件的要求；有效投标不足三个使得投标明显缺乏竞争时，评标委员会可以否决全部投标，招标人应重新招标。

③ 推荐中标候选人

评标委员会在评审各有效标书后，应向招标人提出书面评标报告，并按顺序推荐一至三名中标候选人供招标人从中确定中标人。

3）定标

评标委员会提出书面评标报告后，招标人一般应当在十五日内确定中标人，但最迟应当在投标有效期结束日三十个工作日前确定。投标人应在评标委员会推荐的中标候选人中按先后顺序确定中标人。招标人也可以授权评标委员会直接确定中标人。

中标人的投标书应能够最大限度地满足招标文件中规定的各项综合评价标准或能够满足招标文件的实质性要求，并且经评审的投标价格最低；但是投标价格低于成本的除外。在确定中标人前，招标人不得与投标人就投标价格、投标方案等实质性内容进行谈判。

（10）发中标通知书

中标人确定后，招标人应当向中标人发出中标通知书。所谓中标通知书是指招标人向中标人发出的通知其中标的书面凭证。作为通知，其内容应简明扼要，通常只需告知招标项目其已中标以及后续签订合同的时间、地点即可。中标通知书对招标人和中标人具有法律效力。中标通知书发出后，招标人改变中标结果的，或者中标人放弃中标项目的，应当依法承担法律责任。

招标人在向中标人发出中标通知书的同时应将中标结果通知所有未中标的投标人。

招标人应当自发出中标通知书之日起十五日内，向有关行政监督部门提交招标投标情况的书面报告。报告应包括招标范围、招标方式和发布招标公告的媒介、招标文件中投标人须知、技术条款、评标标准和方法、合同主要条款，评标委员会的组成、评标报告及中标结果等内容。

（11）签订施工合同

中标通知书发出后，招标人与中标人应在三十日内按照招标文件和中标人的投标文件订立书面合同，双方不得再行订立背离合同实质性内容的其他协议。

招标文件要求中标人提交履约保证金或者其他形式履约担保的，中标人应当提交；拒绝提交的，视为放弃中标项目。招标人要求中标人提供履约保证金或其他形式履约担保的，招标人应当同时向中标人提供工程款支付担保。招标人不得擅自提高履约保证金，不得强制要求中标人垫付中标项目建设资金。

招标人与中标人签订合同后五个工作日内，应当向未中标的投标人退还投标保证金。招标人全部或者部分使用非中标单位投标文件中的技术成果或技术方案时，需征得其书面同意，并给予一定的经济补偿。

至此，招标工作圆满结束。

8.2　房地产开发项目施工过程管理

8.2.1　项目及项目管理

（1）项目

项目是指一个组织为实现自己既定的目标，在一定的条件下（限定时间、限定人员、限定资源），所开展的一种有一定独特性、一次性的工作。由此可见，项目是人类社会中特有的经济和社会活动，它是为创造特定的产品或服务而开展的一次性活动。因此，人类为创造特有产品或服务的种种活动都归属于项目的范畴。

从项目的概念中我们不难找出项目具有目的性、独特性、一次性、制约性、过程性、风险性、冲突性等特性。

（2）项目管理

项目管理是指综合运用各种相关知识、技能、方法和工具，为实现项目的特定目标，所开展的项目启动、计划、组织、控制和收尾的管理活动。

项目管理具有普遍性、目的性、独特性、集成性、创新性和过程性的特性；具有计划、组织、协调、控制四项基本职能。

按照美国项目管理协会 PMI 提出的项目管理知识体系 PMBOK（Project Management Body of Knowledge）（目前，PMBOK 已被世界项目管理界公认为一个全球性标准。）的划分方法，现代项目管理包含：范围管理、时间管理、费用管理、人力资源管理、质量管理、沟通管理、风险管理、采购管理和综合管理九个方面的内容。

8.2.2 房地产开发项目管理

（1）房地产开发项目管理的概念

房地产开发项目管理是以高效率的实现项目目标为最终目的，以项目经理负责制为基础，运用系统工程的观点、理论和方法，对开发项目建设的全过程按其内在运行规律进行有效的计划、组织、协调、监督和控制的管理体系。

（2）房地产开发项目管理的特征

一个开发项目从投资机会选择至经营与管理，要经历市场调查与预测、可行性研究、项目决策、取得土地使用权、拆迁安置、三通一平、项目招标、施工建设、竣工验收、经营销售、售后管理等一系列过程。从项目管理角度主要具备以下特征：

1）开发项目实施的一次性

任何项目都具有一次性的特征，房地产开发项目也不例外，由于其实施的一次性会给项目带来较大的风险性和管理的特殊性，因此，必须掌握开发项目管理的内在规律，运用科学的管理手段确保项目一次成功。

2）开发项目目标的明确性

房地产开发项目的目标一方面包括成果性目标，即指投资回报率、销售利润率、自有资金利润率等投资效益指标，以及项目的内外部功能要求；另一方面包括约束性目标，即建设工期、投资限额、质量标准等，以及城市规划、土地利用规划等条件制约。两大目标的实现意味着开发项目的完成。

3）开发项目的系统性

房地产开发项目是由各种资源，诸多要素综合而成的有机整体。作为一个整体，要求有一个管理保证系统，统筹协调开发项目的全过程和目标。这个保证系统的全权负责人就是项目经理。

4）开发项目有较多的结合部

房地产开发项目实施是一项复杂的系统工程，开发过程涉及投资方、监理方、勘察、规划、设计、施工、建材、设备、市政、交通、供电、通讯、银行、文教、卫生、消防、商业、服务、环境等众多部门、单位以及最终用户。通常，开发项目管理层次较多，参与项目的部分和影响因素越复杂，项目的结合部就越多，其管理协调就越困难，对项目管理水平要求也就越高。所以，尽量简化管理层次，尽可能减少开发项目结合部，对重点部位实施强有力的管理措施，是开发项目管理的重要原则。

（3）房地产开发项目管理的程序

1）确定管理目标

管理是针对所要解决的问题而进行的组织、控制、协调的活动。在开发项目实施过程中，发现可能会出现的问题，针对发现的问题调查分析，搞清原因，确定解决问题所期望达到的结果，即确定管理目标。

2）制订计划

在确定管理目标的基础上制订解决问题的行动方案，这是决策的基础。要在深刻了解对实现目标起限制作用和决定性作用的各种因素的前提下，制订切实可行的计划。

3）决策与实施

在计划的基础上进一步分析、比较、评价、选择最优方案是开发项目管理过程的关键环节。开发项目负责人组织各方面力量执行决策方案也就是全面实施过程。在实施过程中，必须组织好人力、物力、财力、协调好各方面关系，做好组织落实、责任落实、分工明确、确保顺利实施。

4）监督与控制

为确保目标的实现，按照事先制订的计划和标准通过各种行之有效的方式对项目进行检查、引导、纠正的行为过程。对开发项目的监督与控制，主要体现在：监督决策方案是否被执行；监督执行情况；建立有效的信息反馈系统，使决策方案在实施中不断得到补充、修改和完善；检查执行决策方案的结果等几个方面。

（4）房地产开发项目管理的工作内容

房地产开发项目管理工作应贯穿开发过程始终，其主要包括以下内容：

1）开发建设用地

主要是明确土地使用权获取方式，了解能否即刻进入施工现场，清楚基地内地下构筑物情况（如是否有地铁、排污管道、防空洞等）及对拟建建筑物产生的影响，明确基地的边界、形状对建筑物平面设计的限制及规划设计条件等。

2）开发建设的法定手续

主要包括：确认开发建设项目是否已得到政府有关部门的立项批复，是否已取得《建设用地规划许可证》，规划设计方案是否已获政府有关部门批准，城市基础设施的供应是否得到政府有关部门的承诺，是否已持有《建设工程规划许可证》和《开工许可证》，项目建成后拟经营的内容是否已得到政府的许可。这些内容的确认对项目管理至关重要，是确保项目顺利实施的基础。

3）承包商的选择

房地产开发项目通常采用招投标的方式选择承包商，若采用公开招标的方式，通常将工程承包权授予报价最低的承包商；若采用邀请招标的方式，项目经理应与监理工程师在承包对象选择上达成一致。项目经理还应确定是否需要承包商提供履约保函，如果承包商提供的条件均能满足要求，就可以签署承包合同。另外，项目经理还要与建筑师协商，是否需要选择分包商并与之签订有关文件。

4）施工监理

在施工阶段，建设单位要委托监理人员对施工现场进行监督，不管承包商信誉多好，建设单位都要安排专业人员或监理工程师与承包商的工作人员共同完成这项工作。

5）施工阶段

一旦承包商的施工队伍进入现场，开发项目管理人员的责任就是保证各种进度计划实施，费用支出保持在合同有关条款规定的范围之内。

6）项目竣工验收工作

竣工验收是开发项目管理的重要环节，是全面检验设计和施工质量，考核工程投资的重要依据。要严格执行标准，保证验收质量。同时，要及时验收，抓紧投入经营和交付使用，使开发项目尽快发挥投资效益。

7）合同管理

开发项目在实施过程中，要签订诸如征地拆迁合同、勘察设计合同、工程承包合同、材料和设备供应合同等一系列的合同。这些合同是开发项目管理的重要依据，合同管理也是开发项目管理的主要任务之一。合同管理包括起草合同文件，参加合同谈判、签订、修改，在执行合同期间处理合同纠纷、索赔事宜等。另外，开发项目管理人员还要清楚工程量清单情况及整个工程费用中工程款的支付情况。

8）项目管理队伍的管理

对项目管理的最基本要求是，在项目进行过程中，项目管理队伍中每一名成员都清楚自己的责任，并确保履行自己的职责。明确各自的费用支出授权范围，确保财务控制的有效性。

8.2.3 工程项目管理

工程项目管理是开发项目管理的重要组成部分，是房地产开发项目完成征地拆迁、勘察设计、选择承包商后进入项目施工阶段实施的管理活动。工程项目管理的目标，是在预算成本和计划工期范围内，高质量地完成施工任务。工程项目管理的实施，可由开发商自己组织的管理队伍管理，也可委托监理机构负责管理。

工程项目管理的主要内容包括：质量控制、成本控制、进度控制、合同管理、安全管理、信息管理和协调各方的关系。对房地产企业而言，以最快的速度、最低的成本向客户提供高质量的房产是项目最终目标。因此，质量、成本和进度控制是房地产开发项目工程项目管理的核心。

（1）质量控制

质量是房地产企业的生命，也是房地产开发项目管理的核心内容。一个项目即使在规定的时间和成本范围内完工，但如果质量无法保证，这个项目也是失败的。

1）工程项目质量控制

① 项目质量控制概念

质量控制是指项目管理机构以合同规定的质量目标或以国家标准、规范为目标所进行的监督和管理活动，包括决策阶段、设计阶段、施工阶段和竣工验收阶段的质量控制。质量控制的最终目的是确保项目性能目标的实现。

② 项目质量控制的任务

质量控制的任务主要是在施工过程中及时发现施工工艺等是否满足设计要求和合同规定，对所选用的材料和设备进行质量评价，对整个工程中的工作质量水平进行评估，将取得的质量数据和承包商履行职责的程度，与国家有关规范、技术标准、规定进行比较，并作出评判。

③ 项目质量控制的过程

设计阶段质量控制——事前控制

施工阶段质量控制——事中控制

竣工验收阶段质量控制——事后控制

工程质量是在施工工序中形成的，而不是靠最后检验出来的，因此，为了把工程质量从事后检查、把关转向事前、事中控制，必须加强施工阶段质量控制。

2）施工阶段质量控制工作流程和内容

① 施工阶段质量控制工作流程

在项目施工阶段，项目监理机构应对工程质量进行全过程、全方位的监督、检查和控制，要监督、检查和验收施工过程中的各个环节、中间产品和最终产品。

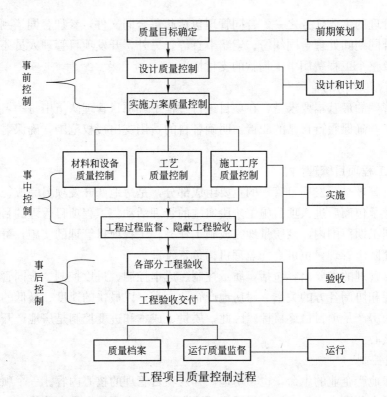

工程项目质量控制过程

② 施工阶段质量控制的内容

A. 对原材料的检验

为保证材料质量，应当在订货阶段就向供货商提供检验的技术标准，并将这些标准列入订购合同。有些重要材料应当在签订购货合同前取得样品，材料到货后再与样品对照检查。未经检验或不合格的材料切忌与合格的材料混装入库。

B. 对工程中的配套设备进行检验

在各种配套设备安装前均应进行检验和测试。应确立设备检查和试验的标准、手段、程序、记录、检验报告等制度；对于主要设备的试验和检查，可采取到制造厂监督和检查的形式。

C. 确立施工中控制质量的具体措施

检查各项施工设备、仪器，保证在测量、计量方面不出现严重误差；严格控制混凝土质量，设立水泥、砂、石和水灰比的严格计量手段，专人负责检验混凝土试块制作以及控方、定位、支模和钢筋绑扎等工序；制定有效的质量检查和评定方法，以保证砌筑工程、装饰工程和水电安装工程质量符合合同中规定的技术要求；检查重要的承重结构和主要部位的隐蔽工程；认真做好沉降观测记录；在施工过程中进行质量跟踪监控，严格工序间的交接检查。

D. 建立有关质量文件的档案制度

搜集、整理所有质量检查和检验证明文件、试验报告，包括分包商在工程质量方面提交的文件立卷归档。

3）施工阶段质量控制的主要途径和方法

在施工阶段进行质量控制主要是通过有关文件、报表以及现场质量监督检验的途径和相应方法实现的。

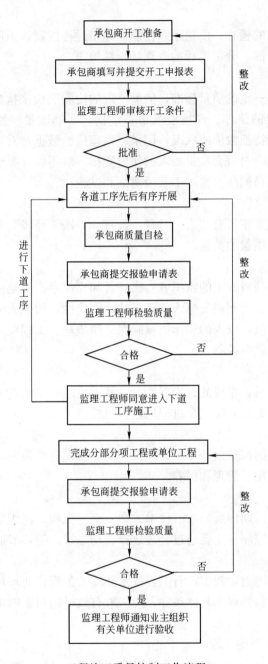

工程施工质量控制工作流程

① 审核有关技术文件、报告或报表

主要包括：审查分包单位的资质；审批承包商的开工申请，承包商提交的施工方案和施工组织设计，工程质量缺陷或质量事故的处理报告，设计变更、修改设计图纸；审核承包商提交的有关材料、构配件的质量证明文件，承包商提交的反应工序施工质量的动态统计资料或管理图表，新工艺、新技术、新材料等的应用技术鉴定书；签署现场有关质量技术鉴证、文件。

② 现场质量监督

主要包括：开工前的检查；质量跟踪控制；施工过程控制；工序交接检查及隐蔽工程检查；复工前检查；分部、分项工程检查现场跟踪检查。

③ 现场质量检验

质量检验是指根据一定的质量标准，借助一定的检测手段来检验工程产品、材料、设备等的性能和质量状况的工作。现场质量检查包括：明确质量特性的标准，量度工程产品、材料或设备的性能特征数值或状况，记录、整理检验数据，对比量度结果与标准，分析、判断估价质量状况，对符合质量要求的作出安排，对不符合要求的进行处理。

检验的方法一般有目测法、检测工具量测法和试验法。

4）施工质量因素控制

影响施工质量的因素主要有"人、材料、设备、方法、环境"五大方面，对这五方面因素的控制是保证施工质量的关键。

① 人的控制

人，是指直接参与项目施工的组织者、指挥者和操作者。人是质量的创造者，质量控制必须以人为核心。人的控制应发挥人的积极性、创造性，增强人的责任感，树立质量第一的思想，提高人的素质，以人的工作质量确保工序质量、工程质量。人的控制主要包括施工人员和监理人员的质量控制。

② 材料的控制

材料主要包括原材料、半成品、构配件等，其质量应当从采购、加工制造、运输、装卸、存放、检验等方面进行系统地全过程地监督与控制。

③ 设备控制

设备包括项目使用的机械设备、工具、仪器等。对设备的控制，应根据项目的不同特点，合理选择，正确使用、管理和保养。

④ 方法控制

方法包含整个建设周期内所采取的技术方案、工艺流程、组织措施、检测手段、施工组织设计等。对方法的控制，主要通过合理选择、动态管理等环节加以实现。

⑤ 环境控制

影响项目质量的环境因素较多，有工程技术环境、工程作业环境、工程管理环境以及周边环境等。根据项目的特点和具体条件，应采取有效措施对影响项目质量的环境因素进行管理。

5）施工阶段质量控制的手段

施工阶段质量控制的手段主要有：旁站监督、测量、试验、指令文件、规定质量控制工作程序及利用工程款支付控制手段等。

（2）成本控制

1）成本控制的概念

成本控制是指在工程施工过程中，在不影响工程进度、质量、安全施工的前提下，使其所花费的实际成本不超过预算而进行的管理与控制。成本控制的最终目的是确保项目投资目标的实现。

房地产开发项目在投资决策、设计、发包、施工、竣工阶段都要进行成本控制。成本控制的主要对象是主要费用中的变动费用。

2）成本控制的原则

房地产开发项目要按照成本最低化原则、全面成本控制原则、以施工过程控制为重点的原则、目标管理原则和成本责任制原则进行成本控制。

3）施工阶段成本控制的内容

① 编制成本计划，确定成本控制目标

工程成本费用是随着工程进度逐期发生的，根据工程进度计划可以编制成本计划。成本计划的主要内容包括：材料设备成本计划；施工机械费用计划；人工费成本计划；临时工程成本计划；管理费成本计划。根据以上几个成本计划的总和，即可得出成本控制总计划。在工程施工中，应严格按照成本计划实施，严格控制计划外开支。

② 审查施工组织设计和施工方案

由于施工组织设计和施工方案对工程成本支出影响很大，所以制定科学合理的施工组织设计和施工方案，将能有效地降低工程建设成本。

③ 控制工程款的动态结算

工程款的支付方式有按月结算、分段结算、竣工后一次结算和双方约定的其他方式等。工程款结算方式不同，对工程成本支出有较大影响。从开发商角度讲，工程款支付越晚越有利，但应考虑到建筑承包商有可能由于自身垫资和融资能力有限而影响工程质量和进度。

④ 控制工程变更

在项目实施过程中，由于实际情况发生变更，经常会出现工程量变化、施工进度变化以及开发商与建筑承包商在合同执行中产生争执等，都可能使建设成本超出预算成本。因此，应尽量减少和控制工程变更的数量。

4）成本控制的措施

① 组织措施

项目经理是项目成本管理的第一责任人，应全面组织项目部的成本管理工作，要以投标报价为依据，制定项目成本控制目标，各部门和各操作层通力合作，形成以市场投标报价为基础的施工方案经济优化、物资采购经济优化、劳动力配备经济优化的项目成本控制体系。

② 技术措施

A. 制定先进的、经济合理的施工方案，以达到缩短工期、提高质量、降低成本的目的。施工方案包括四大内容：施工方法的确定、施工机具的选择、施工顺序的安排和流水施工的组织。正确选择施工方案是降低成本的关键所在。

B. 在施工过程中努力寻求各种降低消耗、提高工效的新工艺、新技术、新材料等降低成本的技术措施。

C. 严把质量关，杜绝返工现象，缩短验收时间，节省费用开支。

③ 经济措施

A. 人工费控制。主要是改善劳动组织，减少窝工浪费；实行合理的奖惩制度；加强技术教育和培训工作；加强劳动纪律，压缩非生产用工和辅助用工，严格控制非生产人员比例。

B. 材料费控制。主要是改进材料的采购、运输、收发、保管等方面的工作，减少各个环节的损耗，节约采购费用；合理堆置现场材料，避免和减少二次搬运；严格材料进场验收和限额领料制度；制订并贯彻节约材料的技术措施，合理使用材料，综合利用一切资源。

C. 机械费控制。主要是正确选配和合理利用机械设备，搞好机械设备的保养修理，提高机械的完好率、利用率和使用效率，从而加快施工进度，增加产量，降低机械使用费。

D. 其他直接费及间接费。主要是精减管理机构，合理确定管理幅度与管理层次，节约施工管理费等等。

（3）进度控制

1）进度控制的概念

工程进度是指在工程项目实施过程中各项工作按照一定的程序和顺序，在时间上展开的程度。进度有三个要素：工作的内容、工作的顺序和工作的时间。工程进度控制是指管理者为了实现工期目标，对工程项目建设过程中各项工作的内容、工作顺序和工作时间进行规划、组织、协调、监督和纠偏的行为过程。进度控制的最终目的是确保项目时间目标的实现。

2）影响工程进度的因素

房地产开发项目建设周期长，影响进度的因素多，若想有效地进行进度控制，就必须对影响因素进行全面的分析和预测。

影响工程进度的因素主要有：人的因素、技术因素、材料与构配件因素、施工机械设备因素、资金因素、自然因素、社会因素以及其他一些不确定性因素等。

3）进度控制的内容

① 对项目施工总周期进行具体的论证分析；

② 编制项目施工进度计划；

③ 编制项目其他配套进度计划；

④ 监督项目施工进度计划的执行；

⑤ 施工现场的调研与分析。

4）进度控制的方法

工程进度控制方法主要是规划、纠偏和协调。

规划，是指确定施工项目总进度控制目标和分进度控制目标，编制总的和各单项进度计划。

纠偏，是指在施工项目实施的全过程中，进行施工实际进度与施工计划进度的比较，出现偏差及时采取措施调整。

协调，是指协调与施工进度有关的单位、部门和工作队组之间的进度关系。

5）进度控制的措施

工程进度控制采取的措施包括：组织措施，即落实进度管理的专门人员和责任；技术措施，即为达到一定的进度要求所采取的技术和方法；合同措施，即在合同条款中明确进度控制的要求与合同工期，规定违约责任；经济措施，即实现进度计划的要求而采取的资金保证措施；信息管理措施，即不断收集实际进度的数据，并与计划进度进行比较，找出偏差。

6) 工程进度计划的编制

工程进度控制的核心内容就是制定工程进度计划和控制工程进度计划。工程进度计划是工程进度控制的依据，因此，科学合理地编制进度计划是非常重要的一项工作。

工程进度计划的编制步骤为：

① 根据工程规模大小和复杂程度，将全部工程内容分解和归纳为单项工程和工序。一个施工项目首先可分为房屋建设工程、道路和室外管道工程等较大的分项工程，然后将每一分项工程进一步分为土方工程、基础工程、主体结构工程、设备安装工程、其他建筑工程等分部工程。

② 统计计算每项工程内容的工作量。一般用工程量表中的计量单位来表示工作量。另外，工程进度也可用完成的投资额占总投资额的比例来表示。

③ 根据每项工程的工作量计算所需时间，用天数表示。

④ 按照施工的工艺顺序和逻辑关系排列各工序的施工顺序，从每项工序的最早可能开工时间推算下去，可得出全部工程竣工日期；再逆过来，从竣工日期向前推算，可求出每一工序的最迟开始日期。如果某工序的最早可能开工日期早于最迟开工日期，说明该工序有机动时间，该工序只要在最早可能开工日期和最迟开工日期之间任何时间开工，均不会影响项目的竣工日期；但如果某工序的最早可能开工日期与最迟开工日期相同，则说明该项工作没有可调节的机动时间，是一项关键工作，必须按时开工，按时完工，否则将会影响项目的竣工日期。

7) 进度计划的表达方式

常用的进度计划的表达方式主要有：

① 横道图法

横道图又称为甘特图，是一种传统的计划表述方式，是使用一道水平线(形象称为横道)表示一项工程活动或工作，该横道的长短与所表示的工作时间成比例。其进度计划图表的组成是左半部表格按照工作的先后次序排列出施工项目(工作或工序)的名称，以及各项目的工程量或(和)劳动量、持续时间等数据，图表的右半部是进度图，上方列出时间坐标(年、月、日)，下面与各项目对应按开、完工时间及持续时间绘出横道，表示进度进展。横道图法有直观、易懂、绘制简便等优点。在图上可以清楚地反映各项工作的起止时间，适合于一些不太复杂的建设工程。横道图的缺点是不能反映各项工作之间的相互依赖和相互制约关系，不能反映哪些工序是关键工作，且不能利用计算机进行调整和优化。

② 网络图法

网络图法是在分析横道图法缺点的基础上研究出的一种比较科学、系统、严谨的计划编制、表述和进度控制方法。它是一种以网络图的形式来表达工程的进度计划的方法。其基本原理是：首先用网络形式来表示进度计划中各项工作的先后顺序和逻辑关系；然后通过计算找出计划中的关键工作和关键线路，在计划执行过程中进行有效的控制和监督，合理安排人力、物力、财力完成目标任务。网络计划可以进行调整、优化，从而求得各种优化方案。网络图有单代号网络图、双代号网络图和时标网络图三种表现形式。

8) 其他配套进度计划

除了工程进度计划外，还有材料供应计划、设备周转计划、临时工程计划等。这些计划的实施情况也会影响整个工程进度。

（4）合同管理

有关合同管理的相关内容详见本章第五节。

（5）安全管理

工程安全是工程成本、质量、进度和工人生命得到保护的根本保障，工程建设中应遵循"安全第一、预防为主"的方针。安全管理就是一要坚决杜绝人的不安全行为，即严格按照规程、规范组织施工，确保人身、设备安全；二要坚决杜绝物的不安全状态，即建设项目本身性能要安全可靠，实现项目设计意图，做到长周期安全稳定运行；三是要做到文明施工。

工程建设过程中不同阶段的安全管理有着不同的要求。在规划设计阶段，要求工程设计符合国家的建筑安全规程和技术规范，保证工程的安全性能；在施工阶段，要求建筑承包商编制施工组织设计时，应根据工程特点制定相应的安全技术措施；对特殊的工程项目，应编制专项安全施工组织设计，采取相应的安全技术措施。

国家颁布的《建设工程安全生产管理条例》对项目建设中的各责任体安全管理责任做出了明确界定：

1）建设单位的安全责任

① 应当向施工单位提供真实、准确、完整的施工现场及毗邻区域内地下管线、气象和水文观测、相邻建筑物和构筑物、地下工程的有关资料；

② 应当将建设工程安全作业环境及安全施工措施所需费用编在工程概算中；

③ 不得提出不符合建设工程安全生产法律、法规和强制性标准规定的要求，不得压缩合同约定的工期；

④ 不得明示或者暗示施工单位购买、租赁、使用不符合安全施工要求的安全防护用具、机械设备、施工机具及配件、消防设施和器材。

2）施工单位的安全责任

① 应当建立健全的安全生产责任制度和安全生产教育培训制度，制定安全生产规章制度和操作规程，对所承担的建设工程进行定期和专项安全检查，并做好安全检查记录；

② 应当设立安全生产管理机构，配备专职安全生产管理人员；

③ 要在施工现场采取维护安全、防范危险、预防火灾等措施；

④ 应当在施工现场入口处及一些危险部位，设置明显的安全警示标志；

⑤ 城市市区内的建设工程，施工单位应当对施工现场实行封闭围挡；

⑥ 对因建设工程施工可能造成损害的毗邻建筑物、构筑物和地下管线等，应当采取专项防护措施；

⑦ 应当遵守有关环境保护法律、法规的规定，在施工现场采取措施，防止或者减少粉尘、废气、废水、固体废物、噪声、振动和施工照明对人和环境的危害和污染；

⑧ 应当为施工现场从事危险作业的人员办理意外伤害保险；

⑨ 若发生生产安全事故，应当按照国家有关伤亡事故报告和调查处理的规定，及时、如实地向负责安全生产监督管理的部门、建设行政主管部门或者其他有关部门报告。

总之，施工现场的安全由承包商负责。开发商或其委托的监理工程师应监督承包商建立安全教育培训制度，对危及生命安全和人身健康的行为有权提出批评、检举和控告。

（6）信息管理

工程信息是指导施工和工程管理的基础，是把管理由定性分析转到定量管理不可或缺的要素。建设工程信息管理是指对项目建设活动中所产生的信息进行收集、加工、整理、储存、传递与应用等一系列工作的总称。信息管理的目标是通过有组织的信息流通，使决策者能及时地获得相应的信息，以便于做出正确的决策。建设工程信息具有数量庞大、来源广泛、形式多样、应用环境复杂、始终处于动态变化之中、系统性以及时空上的不一致性等特点，因此，应对工程项目信息进行有效管理，从而实现工程管理的信息化。

1）信息的分类

工程信息类型复杂，不同的分类方式，形成不同的信息。

① 按工程信息内容属性划分：技术类信息、经济类信息、管理类信息和法律类信息；

② 按项目实施的过程划分：决策阶段信息、设计准备和设计阶段信息、招投标阶段信息、施工安装阶段信息、设备与材料供应信息；

③ 按照工程的目标划分：投资控制信息、质量控制信息、进度控制信息、合同管理信息；

④ 按照项目信息的来源划分：项目内部信息和项目外部信息；

⑤ 按照项目信息的稳定程度划分：固定信息和流动信息；

⑥ 按照项目信息的层次划分：战略性信息、管理型信息、业务性信息。

2）工程信息管理的作用

工程信息管理具有辅助决策，提高管理水平，再造管理流程，降低成本，提高工作效率，提高管理创新能力等作用。

3）工程信息管理的基本环节

工程信息管理的基本环节包括：信息的收集、传递、加工、整理、检索、分发和存储。工程信息的加工、整理和存储是数据收集后的必要过程。收集的数据经过加工、整理后产生信息。

① 信息的收集

建设工程随着项目进展的不同阶段，信息收集的内容也各有不同。在施工阶段的信息收集主要包括施工准备期、施工实施期、竣工保修期三方面的信息。在施工准备期主要是施工人员构成、施工场地情况、施工图纸的情况及施工相关法规；施工实施期主要是施工的动态信息、工程数据及测试记录；竣工保修期主要是竣工图纸资料。

② 信息的加工、整理

信息的加工、整理主要是对收集到的信息进行鉴别、选择、核对、合并、排序、计算、更新、汇总、转储，生成不同形式的数据、信息，提供给有所需要的各类管理人员使用。

③ 信息的分发和检索

信息的分发是指要及时将加工整理好的各类信息提供给需要的相关部门。信息的分发要按需而发。

信息的检索是指要建立信息的分级管理制度，确定信息使用权限。

④ 信息的存储

信息的存储就是建立统一的数据库将各类数据以文件的形式组织在一起，组织的方法不限，但要规范。

(7) 协调各方的关系

协调就是联结、联合、调和所有活动及力量，其目的就是促使各方协同一致，调动一切积极因素，以实现预定目标。协调工作应贯穿整个项目建设的全过程。在施工管理中的协调各方的关系就是指由项目经理进行的内协调和外协调。

内协调是项目经理为确保工程能如期完工协调项目部各部门之间通力合作。

外协调是项目经理在施工过程中协调与监理单位、设计单位、政府部门及其他单位之间的关系。

和谐的关系也是一种资源，在项目施工过程中处理好项目内部关系，并与监理、施工单位、设计单位、地方政府建立起良好的合作关系，必将会化解矛盾、减少对立，对项目建设顺利进行产生极大的促进作用。

8.3 房地产开发项目施工监理

我国建设工程监理制始于 1988 年，1997 年《中华人民共和国建筑法》以法律制度的形式规定国家实行建设工程监理制度，从而使建设工程监理得到全面推广，2000 年建设部颁布了《建设工程监理规范》又进一步规范了监理制度。二十余年来，建设工程监理在工程建设中发挥着越来越重要、明显的作用，并受到了社会的广泛关注和普遍认可。

8.3.1 概念

工程建设监理是指具有相应资质的监理单位受建设单位的委托，依据国家批准的工程项目建设文件、有关工程建设的法律、法规和工程建设监理合同及其他工程建设合同，对工程建设实施的监督管理。

监理单位与建设单位之间是委托与被委托的合同关系，与被监理单位是监理与被监理关系。

监理单位应按照"公正、独立、自主"的原则，开展工程建设监理工作，公平地维护建设单位和被监理单位的合法权益。

8.3.2 工程监理的性质

(1) 服务性

工程监理机构受建设单位的委托进行工程建设的监理活动，它提供的不是工程任务的承包，而是服务，是对工程建设的监督管理，是协助建设单位在计划的目标内将工程建设投入使用。

(2) 科学性

房地产开发项目规模较大，环境复杂，项目的功能要求及标准较高，新技术、新工艺、新材料、新设备大量应用，项目风险较大，这些都要求监理单位采用科学的思想、理论、方法手段来管理项目。

(3) 独立性

独立性要求工程监理单位应按照有关工程建设的法律、法规、文件、技术标准、监理合同及其他工程建设合同等实施监理；工程监理单位与施工单位以及建筑材料、建筑构配件和设备供应单位不得有隶属关系或者其他利害关系；在实施监理过程中，要有自己的组织，要按照自己的工作计划、程序、方法、手段独立的开展工作。

（4）公正性

公正性是监理的基本职业道德准则。监理单位虽受雇于建设单位，但不得损坏施工单位的合法权益，应客观、公正的对待建设单位和施工单位。

8.3.3　工程监理的范围

《建设工程监理范围和规模标准规定》中明确规定了国家重点建设工程、大中型公用事业工程、成片开发建设的住宅小区工程、利用外国政府或者国际组织贷款、援助资金的工程及国家规定必须实行监理的其他工程必须实施监理。

8.3.4　工程监理的作用

我国实施工程监理制的时间虽不长，但在这二十几年里其发挥了很明显也很重要的作用，主要表现为：

（1）有利于规范承包商的建设行为

承包商的施工建设行为应符合相关法律、法规、规范及合同的要求，要做到这一点，单单靠企业自律是不够的，还需要有效的监督管理机制。在工程建设实施过程中，工程监理单位就是要依据委托监理合同及其他相关规定、合同对承包商的建设行为进行监督管理。这种监督管理机制不仅贯穿工程建设全过程，且采用事前、事中和事后相结合的方式，不仅规范承包商的建设行为，还可以最大限度的减少一些不当建设行为的不良后果。

（2）有利于保证工程质量及使用安全

"百年大计，质量为本"，房地产这一特殊的商品，不仅价值量大，寿命长，更重要的是关系到人们的生命财产安全，因此，保证其工程质量及使用安全非常重要。在项目施工过程中监理单位受建设单位委派监督管理承包商的施工行为，实际上是对房地产产品生产者自身管理基础上的再监督。工程监理人员都是一些既懂技术又懂管理的专业人员，他们有能力及时发现工程建设中存在的一些问题，并要求承包商整改，从而避免遗留工程质量安全隐患。

（3）有利于保证工程进度

房地产开发项目的如期完工可以使承包商很好的履行合同，可以减少开发商的开发风险，保证用户的正常使用。项目监理机构在工程实施过程中经常对比实际进度与计划进度，分析出现偏差原因并督促承包商采取有效的措施补救，有利于保证工程如期甚至提前完工。

（4）有利于实现工程投资效益最大化

监理单位在工程建设过程中通过严谨、认真、科学、独立、公正的监督管理，不仅可以协助建设单位实现项目在满足预定功能和质量标准的前提下，建设投资额最少，也能在一定程度上实现项目自身投资效益与环境、社会效益的综合效益最大化。

8.3.5　工程监理工作的内容

（1）制定监理工作程序

制定监理工作程序应根据建设工程特点，体现事前控制和主动控制的要求，注重工作的效果，明确工作内容、行为主体、考核标准及工作时限，符合委托监理合同和施工合同的规定，按工作内容分别制定，并应根据实际情况的变化对监理工作程序进行调整和完善。

(2) 施工准备阶段的监理工作

在施工准备阶段监理项目的监理人员应做好的工作主要有：熟悉设计文件；参加由建设单位组织的设计技术交底会；审查施工组织设计(方案)；审查承包单位现场项目管理机构的质量管理、技术管理和质量保证体系；审查分包单位资格和资质资料；检查测量放线控制成果及保护措施；审查工程开工报审表及相关资料，符合开工条件的由总监理工程师签发并报建设单位；参加第一次工地会议并起草会议纪要。

(3) 组织召开工地例会

在施工过程中，总监理工程师应定期主持召开工地例会，根据需要及时组织专题会议。

(4) "三控、三管、一协调"

监理工作的"三控、三管、一协调"是指质量控制、造价控制、进度控制；合同管理、安全管理、信息管理；协调各单位之间的关系。

1) 工程质量控制

施工中的工程质量控制工作主要有：审查并签认承包单位对已批准的施工组织设计进行的调整补充或变动；审核签认承包单位报送重点部位关键工序的施工工艺和确保工程质量的措施；审定承包单位采用新材料、新工艺、新技术、新设备时报送的材料；对施工测量放线成果进行复验和确认；考核承包单位的试验室；抽检承包单位报送的拟进场工程材料、构配件和设备；旁站检查隐蔽工程的隐蔽过程及下道工序施工完成后难以检查的重点部位；要求承包商对质量缺陷及时整改；对质量事故要及时报告并跟踪检查和验收质量事故处理过程和结果。

2) 工程造价控制

工程造价控制的工作主要是：对工程项目造价目标进行风险分析并应制定防范性对策；审查工程变更的方案，确定工程变更的价款；比较分析实际工程完成量与计划完成量并制定调整措施；为处理费用索赔搜集证据；应按施工合同约定的工程量计算规则和支付条款进行工程量计量和工程款支付。

项目监理机构按照规定在施工过程中对承包商工程款的支付办法为：承包单位统计经专业监理工程师质量验收合格的工程量，按施工合同的约定填报工程量清单和工程款支付申请表；专业监理工程师进行现场计量，按施工合同的约定审核工程量清单和工程款支付申请表，并报总监理工程师审定；总监理工程师签署工程款支付证书，并报建设单位。

3) 工程进度控制

① 工程进度控制的程序：首先由总监理工程师审批承包单位报送的施工总进度计划及月、季、年度施工进度计划；然后专业监理工程师对进度计划实施情况检查分析，当实际进度符合计划进度时，应要求承包单位编制下一期进度计划，当实际进度滞后于计划进度时，专业监理工程师应书面通知承包单位采取纠偏措施并监督实施。

② 工程进度控制工作的主要内容：审批承包单位报送的施工进度计划；制定进度控制方案；对进度目标进行风险分析，制定防范性对策检查进度计划的实施，并制定相应的调整措施；在监理月报中向建设单位报告工程进度和所采取进度控制措施的执行情况；提出合理预防由建设单位原因导致的工程延期及其相关费用索赔的建议。

4）合同管理

监理单位在施工期间依据法律、法规、标准、合同文件等对建设单位和施工单位签订的施工合同进行管理，主要包括合同履行的管理（即监督施工单位是否按照合同约定工期、质量标准施工）、合同的变更管理、合同的解除管理、合同的争议调解以及索赔的管理等。

5）安全管理

按照《建设工程安全生产管理条例》的规定，监理单位的安全管理工作主要是：审查施工组织设计中的安全技术措施或者专项施工方案是否符合工程建设强制性标准；发现存在安全事故隐患应当要求施工单位整改；情况严重的，应当要求施工单位暂时停止施工，并及时报告建设单位。

6）信息管理

监理信息管理的工作主要是负责收集项目实施情况的信息；按照项目实施、项目组织、项目管理工程过程建立项目管理信息系统，并确保该系统在实际应用中正常运行；向上级、向其他部门、单位提供各种信息；文件档案的管理。

7）协调各单位之间的关系

即协调设计单位、施工单位、建设单位及其他政府相关部门之间的关系。

（5）参与竣工验收

在竣工验收阶段项目监理机构应：审查承包单位报送的竣工资料；审查并对工程质量进行竣工预验收，并对存在的问题及时要求承包单位整改；签署工程竣工报验单，并提出工程质量评估报告；参加竣工验收并提供相关监理资料，对验收中提出的问题要求承包单位进行整改；会同参加验收的各方签署竣工验收报告。

（6）工程质量保修期的监理工作

在工程质量保修期项目监理机构应检查和记录工程质量缺陷；对承包单位进行修复的工程质量进行验收并签认；调查分析工程质量缺陷原因，确定责任归属；核实修复工程的费用和签署工程款支付证书。

8.3.6　工程监理实施的程序

（1）成立项目监理机构

监理单位被建设单位通过招标投标方式择优选定后，根据所承担的监理任务组建工程建设监理机构。监理机构一般由总监理工程师、监理工程师和其他监理人员组成。建设工程监理实行总监理工程师负责制。

（2）编制工程建设监理规划

监理规划是监理单位与建设单位签订监理委托合同后，在总监理工程师的主持下，根据合同内容，结合工程具体情况，广泛收集工程信息和资料的情况下编制，经监理单位技术负责人批准，用来指导项目监理机构全面开展监理工作的指导性文件。

监理规划主要包括：工程项目概况；监理工作范围、内容、目标、依据；项目监理机构的组织形式、人员配备计划、岗位职责；监理工作程序、方法及措施；监理工作制度及监理设施等内容。

（3）编制监理细则

监理细则是根据监理规划、专业工程相关的标准设计文件和技术资料及施工组织设计在相应工程施工开始前，由专业监理工程师编写，并经总监理工程师批准，针对工程项目中某一专业或某一方面监理工作的操作性文件。

监理实施细则应分专业编制，体现该工程项目在各专业技术、管理和目标控制方面的具体要求，以达到规范监理工作的目的，且应做到详细、具体、具有可操作性。

监理实施细则应包括：专业工程的特点、监理工作的流程、监理工作的控制要点及目标值、监理工作的方法及措施等内容。

（4）按照监理细则进行建设监理

监理细则编制并审核批准后，项目监理机构应按照细则对每一道施工环节实施科学、严谨、客观、公正的监督管理。

当然在监理工程实施过程中监理机构也可根据实际情况对监理规划或监理细则进行补充修改和完善。

（5）参与工程竣工预验收，签署建设监理意见

建设工程施工完成以后，监理单位应在正式验收前进行竣工预验收，如存在问题，应及时与施工单位沟通，提出整改要求。监理单位应参加建设单位组织的工程竣工验收，并在工程竣工验收报告上签署监理单位意见。

（6）向建设单位提交工程建设监理档案资料

建设工程监理工作完成后，监理单位向建设单位提交的监理档案资料应在委托监理合同文件中约定。监理资料一般包括：设计变更、工程变更资料，工程质量、进度情况资料、工程款支付资料，监理指令性文件，监理月报、监理工作总结及各种签证资料等档案资料。

8.4 房地产开发项目竣工验收

工程竣工验收是项目建设全过程的最后一个阶段，是考核工程成本，检验设计和工程质量的重要环节。房地产开发项目经验收合格的，方可出租或出售给客户使用，才能为开发商回收成本获取收益，因此，开发商对确已符合竣工验收条件的开发项目，应按有关规定和国家质量标准及时进行竣工验收，并抓紧投入经营和交付使用，使项目能尽快获取经济效益和社会效益。

8.4.1 竣工验收的条件

《房屋建筑工程和市政基础设施工程竣工验收暂行规定》第五条规定工程竣工验收的条件为：

（1）完成工程设计和合同约定的各项内容。

（2）施工单位在工程完工后对工程质量进行了检查，确认工程质量符合有关法律、法规和工程建设强制性标准，符合设计文件及合同要求，并提出工程竣工报告。工程竣工报告应经项目经理和施工单位有关负责人审核签字。

（3）对于委托监理的工程项目，监理单位对工程进行了质量评估，具有完整的监理资料，并提出工程质量评估报告。工程质量评估报告应经监理单位有关负责人审核签字。

（4）勘察、设计单位对勘察、设计文件及施工过程中由设计单位签署的设计变更通知书进行了检查，并提出质量检查报告。质量检查报告应经该项目勘察、设计负责人和勘

察、设计单位有关负责人审核签字。

（5）有完整的技术档案和施工管理资料。

（6）主要建筑材料、建筑构配件和设备的进场试验报告。

（7）建设单位已按合同约定支付工程款。

（8）有施工单位签署的工程质量保修书。

（9）城乡规划行政主管部门对工程是否符合规划设计要求进行检查，并出具认可文件。

（10）有公安消防、环保等部门出具的认可文件或者准许使用文件。

（11）建设行政主管部门及其委托的工程质量监督机构等有关部门责令整改的问题全部整改完毕。

8.4.2　竣工验收的依据

主要有批准的设计任务书、初步设计或扩大初步设计、施工图和设备技术说明书以及现行施工技术验收规范以及主管部门(公司)有关审批、修改、调整文件等。

从国外引进新技术或成套设备的项目以及中外合资建设项目，还应按照签订的合同和国外提供的设计文件等资料，进行验收。

8.4.3　竣工验收主要参加人员

（1）建设单位：驻现场代表及相关专业工程人员

（2）勘察单位：主要工程负责人

（3）设计单位：相关专业设计人

（4）总承包单位(施工单位)：项目经理、现场技术和质量人员、工长、重要分包单位负责人

（5）监理单位：总监、总监代表、各专业监理工程师和监理员

（6）质量监督站：责任区域监督员

其中建设单位、勘察单位、设计单位、总承包单位(施工单位)、监理单位习惯称为五方责任主体。

8.4.4　工程验收的划分及组织形式

（1）检验批的验收

所谓检验批是指按同一的生产条件或按规定的方式汇总起来供检验用的，由一定数量样本组成的检验体。检验批是施工过程中条件相同并有一定数量的材料、构配件或安装项目，由于其质量基本均匀一致，因此可以作为检验的基础单位，并按批验收。检验批的验收由专业监理工程师组织监理员和施工单位质量员、工长等人员进行。

（2）分项工程的验收

分项工程应按主要工种、材料、施工工艺、设备类别等进行划分。主要分项工程有：土方、模板、钢筋、混凝土、砌体、门窗、防水、幕墙、涂饰与饰面、电气、水暖等。分项工程的验收由总监理工程师组织专业监理工程师进行。

（3）分部工程的备案验收

分部工程的划分应按专业性质、建筑部位确定。主要分部工程有：地基、基础、主体、节能。分部工程的验收由建设单位组织五方责任主体相关人员，并在监督人员的监督下进行。

（4）竣工备案验收

竣工备案验收由建设单位组织五方责任主体全部人员，并在监督人员的监督下进行，在此项验收前必须完成的验收有：消防、人防、电梯、防雷、电检、环境、分户验收和预验收。

每道验收的前提条件是上一道验收项目必须全部合格，并提供必要的检验、监测文件。

8.4.5　竣工验收的程序

（1）工程竣工后，施工单位向建设单位提交工程竣工报告，申请工程竣工验收。实行监理的工程竣工报告须经总监理工程师签署意见。

（2）建设单位收到工程竣工报告后，对符合竣工验收要求的工程，组织勘察、设计、施工、监理等单位和其他有关方面的专家组成验收组，制定验收方案。

（3）建设单位应当在工程竣工验收 7 个工作日前将验收的时间、地点及验收组名单书面通知负责监督该工程的工程质量监督机构。

（4）建设单位组织工程竣工验收。

1）由建设单位主持会议，简要介绍工程和参建单位的情况。

2）施工单位做工程施工质量自检报告。

3）监理单位做工程质量评估报告。

4）由建设单位宣布验收分组人员名单。验收一般分为观感组、实测实量组、水电组和资料组，每组内各单位应有一名人员参加。

5）按组别分别到现场进行实体验收、检查。

6）验收人员集中，对验收情况作出总体评价，并给出验收意见。

7）当在验收过程中发现严重问题，达不到竣工验收标准时，将责成责任单位立即整改，并宣布本次验收无效，重新确定时间组织单位工程竣工验收；若五方验收主体达不成一致意见时，应报当地建设行政主管部门进行协调，待意见一致后重新组织验收。

（5）建设单位应在验收后 14 天内给出认可或修改意见。若建设单位在收到验收竣工报告后 28 天内不组织验收或验收后 14 天内不提出修改意见，则竣工验收报告自动被视为认可，承包商不再承担工程保管及其他意外责任。

8.4.6　竣工验收备案

建设单位应当自工程竣工验收合格之日起 15 日内，依照《房屋建筑工程和市政基础设施工程竣工验收备案管理暂行办法》的规定，向工程所在地的县级以上地方人民政府建设主管部门备案。

建设单位办理工程竣工验收备案应当提交下列文件：

（1）工程竣工验收备案表；

（2）工程竣工验收报告。竣工验收报告应当包括工程报建日期，施工许可证号，施工图设计文件审查意见，勘察、设计、施工、工程监理等单位分别签署的质量合格文件及验收人员签署的竣工验收原始文件，市政基础设施的有关质量检测和功能性试验资料以及备案机关认为需要提供的有关资料；

（3）法律、行政法规规定应当由规划、环保等部门出具的认可文件或者准许使用文件；

（4）法律规定应当由公安消防部门出具的对大型的人员密集场所和其他特殊建设工程验收合格的证明文件；

（5）施工单位签署的工程质量保修书；

（6）法规、规章规定必须提供的其他文件。

若是住宅工程还应当提交《住宅质量保证书》和《住宅使用说明书》。

8.4.7 竣工决算

竣工决算是反映项目实际造价的技术经济文件，是开发商进行经济核算的重要依据。每项工程在办理验收手续之前，承包商对所有财产和物资进行清理，分析预（概）算执行情况，编制工程决算，进行财务结算。工程决算应在竣工验收后一个月内完成。

竣工决算的程序为：

（1）承包商递交竣工结算报告

承包商应在工程竣工验收合格后的 28 天内向建设单位递交竣工结算报告和完整的结算资料。

（2）建设单位审核和支付

建设单位在收到竣工结算报告和结算资料后要进行认真核实并在 28 天内给予认可或修改意见。若确认，则应及时办理竣工结算支付的各项手续。

（3）工程移交

承包商应在收到竣工结算款后的 14 天内将工程移交给建设单位，至此施工合同自然终止。

8.4.8 编制竣工档案

技术资料和竣工图是开发建设项目的重要技术管理成果，是使用者正常使用、管理和进一步改造、扩建的依据。因此，开发项目竣工后，要认真整理各种技术文件材料，绘制竣工图纸，编制完整的竣工档案，并按规定移交给建设单位和项目当地档案管理机构。

竣工档案中技术资料的内容主要包括：前期工作资料；土建资料及安装方面的资料。竣工图是真实记录各种地下、地上建筑物、构筑物等详细情况的技术文件，是对工程进行验收、维护、改造、扩建的依据。技术资料齐全、竣工图准确、完整、符合归档条件，为工程竣工验收提供有效的保证。

8.4.9 工程质量保修

承包单位应在提交工程竣工验收报告时，向建设单位出具质量保修书，书中明确建设工程的保修范围、保修期限和保修责任等内容。

在正常使用条件下，建设工程的最低保修期限为：

（1）基础设施工程、房屋建筑的地基基础工程和主体结构工程，为设计文件规定的该工程的合理使用年限；

（2）屋面防水工程、有防水要求的卫生间、房间和外墙面的防渗漏，为 5 年；

（3）供热与供冷系统，为 2 个采暖期、供冷期；

（4）电气管线、给排水管道、设备安装和装修工程，为 2 年；

（5）其他项目的保修期限由发包方与承包方约定。

建设工程的保修期，自竣工验收合格之日起计算。建设单位与承包商约定的保险期限不得低于法规规定的标准。

建设工程在保修范围和保修期限内发生质量问题的，施工单位应当履行保修义务，并对造成的损失承担赔偿责任。

8.5　房地产开发项目合同管理

房地产开发项目合同是指开发商或其代理人与承包商或供应人为完成项目所指向的确定目标或规定的内容，明确双方权利义务关系而达成的协议。合同的设立，是为使合同各方在经济法规约束下，各自履行一定的责任，达到各自的经济目的。为实现合同的规定目标，对合同进行管理是十分必要的。

8.5.1　项目合同的类型

工程项目合同的类型较多，不同类型的合同，有不同的应用条件、不同的责权分配、不同的风险。

（1）按签约的各方的关系划分

主要包括：工程总承包合同、工程分包合同、联合承包合同、转包合同、货物购销合同、劳务合同、劳务分包合同等。

（2）按合同内容所涉及的合同范围的大小划分

主要包括：一体化合同和分期式合同。

（3）按合同计价方式划分

主要包括：总价合同（又分为：固定总价和可调总价合同）、单价合同（又分为：估算工程量单价合同、纯单价合同、单价与包干混合式合同）、成本加酬金合同（其又包括：成本加固定百分比酬金、成本和固定酬金、成本加浮动酬金、目标成本加奖罚）。

（4）开发商和承包商常用合同

开发商常用合同包括：咨询合同、贷款合同、监理委托合同、勘察及设计合同、采购供应合同、工程保险合同、材料设备运输合同、科技开发合同等。

承包商常用合同包括：流动资金贷款合同、保险合同、材料设备采购合同、仓储保管合同、设备租赁合同、工程分包合同、运输合同，如若是国际工程，还会有国际工程承包合同 FIDIC。

开发商与承包商之间签订的是工程施工承包合同。

（5）常用的国内外工程施工合同条件

国内有：《建设工程施工合同示范文本》、《建设工程施工专业分包合同示范文本》和《建设工程施工劳务分包合同示范文本》。

国际有：FIDIC（国际咨询工程师联合会）土木工程施工合同条件，英国土木工程合同条件、ICE 合同条件、JCT 合同条件、NEC 合同条件，欧洲发展基金会 EDF 合同条件，美国 AIA 系列合同条件。

8.5.2　合同在工程管理中的作用

（1）确定了工程实施和管理的工期、质量、价格等主要目标，是合同双方在工程进行中各种经济活动的依据；

（2）规定了合同双方的经济责任、利益和权力，是调节双方在合同实施过程中责、权、利关系的主要手段；

（3）合同一经签署，即成为一个法律文件，具有法律约束力。履行合同按合同办事，是合同双方的最高行为准则；

（4）项目的合同体系决定了该项目的管理机制，开发商通过合同分解或委托项目任务，实施对项目的控制；

（5）是合同双方在工程实施过程中解决争执的依据。

8.5.3 合同管理的意义

（1）确立各参与单位的相互之间的关系

如建设单位与施工单位签订施工承包合同，建设单位与监理单位签订委托监理合同，建设单位与勘察设计单位签订工程勘察设计合同；建设单位与材料设备供应商签订采购合同等，对这些合同的签订、履行管理能确立各单位之间的权利义务关系。

（2）提高工程建设的管理水平

工程建设管理水平是通过质量、进度、成本有效控制来反映的，而这三大控制目标程度又都在合同中体现。在合同中约定三大控制目标后，合同当事人在工程建设中要严格执行规定，工程的质量才能得到保障，进度才能如期进行，投资效益才能实现最大化。

（3）推进建筑领域的改革

我国建筑领域推行项目法人负责制、招标投标制、工程监理制和合同管理制，而这其中合同管理制是核心，因为其他制度的建立和完善都离不开合同的健全完善，因此，合同管理能够推进其他各项改革。

8.5.4 合同管理的主要工作内容

工程项目的合同管理主要是对合同的签订、履行、违约、变更、解除等进行监督、检查，对合同双方的争议进行有效解决，以保证合同的全面、适当履行。房地产开发项目合同管理的主要工作包括：

（1）合同的总体策划

开发商和承包商要认真研究确定影响整个工程，整个合同实施的根本性、方向性等重大问题，确定工程范围、承包方式、合同种类、合同形式与条件、合同主要条款、合同签订与实施过程中可能遇到的重大问题及相关合同的协调等。

（2）招标投标阶段的合同管理

由于招标投标是合同的形成阶段，这个阶段合同管理的主要任务是：通过对招标文件、合同风险、投标文件等的分析和合同审查，明确合同签订前应注意的事项。

（3）合同分析

通过合同分析具体落实合同执行战略，还要通过合同分析与解释，使每一个项目管理人员，都明确自己在整个合同实施过程中的位置，应起的作用，这是合同执行的基础。

（4）合同履行的监督、检查

这个阶段的主要工作包括合同实施监督、合同跟踪、合同措施的决策等立足于现场的合同管理。建立合同实施保障体系、完善合同变更管理、合同资料的文档管理，是搞好合同实施过程控制的关键。

(5) 合同纠纷的处理

建设工程发生合同纠纷是比较常见的，通常处置合同纠纷的方式有：协商、调解、仲裁和诉讼。

8.5.5　建设工程施工合同管理

(1) 建设工程施工合同

建设工程施工合同是合同双方当事人(即建设单位与承包单位)就完成工程项目的建设施工、设备安装与调试、工程保修等内容确定双方的权利与义务的协议。

建设工程施工合同是建设工程合同的主要合同之一(建设工程合同主要有勘察设计合同、委托监理合同、施工合同和物资采购合同)，是一种双务有偿合同，订立时应遵守平等、自愿、诚实信用等原则。

(2) 建设工程施工合同范本

建设部和国家工商行政总局联合颁布并推荐使用的施工合同范本主要由以下部分构成：

1) 协议书。主要由工程概况、工程承包范围、合同工期、质量标准、合同价款、组成合同的文件、词语定义、承包人承诺、发包人承诺和合同生效时间等 10 部分组成。

2) 通用条款。主要由词语定义及合同条件、双方一般权利和义务、施工组织设计和工期、质量与验收、安全施工、合同价款与支付、材料设备供应、工程变更、竣工验收与结算、违约、索赔和争议及其他十一部分，47 项条款组成。通用条款在使用时不得做任何改动。

3) 专用条款。专用条款与通用条款的序号一致。合同双方当事人应结合工程项目的实际情况进行约定。

4) 附件。范本中主要提供了"承包人承揽工程项目一览表"、"发包人供应材料设备一览表"和"工程质量保修书"三个标准化附件。

(3) 建设工程施工合同的管理

1) 施工准备阶段的合同管理

在此阶段主要按照合同的约定完成施工图纸的提供、施工进度计划的编制、做好施工前的各项准备、工程开工、工程的分包以及支付工程预付款等工作。

2) 施工过程的合同管理

施工过程中的合同管理主要体现在对材料、设备的质量控制、对施工质量的监督管理、隐蔽工程的检查、施工进度管理、设计变更管理、工程量的确认、支付管理、施工环境管理以及不可抗力发生后的合同管理等内容。

3) 竣工阶段的合同管理

此阶段的合同管理主要是按照合同的要求完成工程试车、竣工验收、工程保修和竣工结算各项工作。

复 习 思 考 题

1. 招标的方式有哪几种？

2. 请简述招标的程序。

3. 美国项目管理协会 PMI 提出的项目管理知识体系包括哪几方面？

4. 请简述工程项目管理的内容。
5. 工程监理的主要工作内容是什么？
6. 工程监理的工作程序是什么？
7. 竣工验收的条件是什么？
8. 请简述竣工验收的程序。

9 房地产销售经营

9.1 房地产销售概述

房地产销售经营是指房地产所有者采取一次收回房产价值的方式，把房产所有权和土地使用权一并转移给买方。

目前我国房产出售经营包括办公用房、宾馆、住宅等多种形式。

9.1.1 房地产的预售经营

商品房出售从交货的期限来看，分为现房和期房。现房即现实存在的房地产品；期房即正在开发建设中，尚未竣工的商品房。从事现房房产业务称作现房经营；从事期货房地产业务称作预售经营。

（1）商品房预售内容

商品房预售也叫做卖楼花，是指房地产开发公司将已在开发建设中的尚未竣工的商品房推向市场，在收取定金后，出售给买受人。房地产预售的标的不是现实的房地产，而是房地产的期货合约。商品房预售可以实行分期付款的经营模式，购房时支付30％以上房价款的定金，余款在交房时付清。其二是办理住房抵押贷款。即购房者先交部分房价款，接到入住通知时，以所购房合同作为贷款的抵押品，向指定银行办理公积金贷款或按揭贷款手续。银行向购房者提供其余的房价款，直接给付房地产开发公司，购房者在规定的时间内，以一定的年利率，按时向银行分期偿还借款。

（2）商品房预售

一般应具备下列条件：

1）已交付全部土地使用权出让金，取得土地使用权证书。

2）持有建设工程规划许可证和施工许可证。

3）按提供预售的商品房计算，投入开发建设的资金达到工程建设总投资的25％以上，并已经确定施工进度和竣工交付日期。

4）开发企业向城市，县人民政府房产管理部门办理预售登记，取得《商品房预售许可证》。

（3）商品房预售的优缺点

商品房预售是目前普遍流行的商品房销售办法。

优点：

1）它是房地产开发商资金实力不够强大的条件下，继续8进行开发建设的一条途径。

2）商品房买主中途有了更多考虑的机会。

缺点：

1）没有房产成品，买主不太放心，降低了成交动力。

2）预售到竣工，等待期间越长，存在市场变数越多，风险性、投机性越大，容易产生损坏购房者利益的情况，出现纠纷。

9.1.2　现房经营

房地产的出售经营是以现房为标的进行的销售。出售经营是与预售经营相对应的不同概念。现房指新建房产。现房即现货房产。

(1) 现房经营具有的优点是：

1) 能够及时满足急需用房的买主。

2) 房产的个别性能，形象地出现在用户面前。房地产的差异易于比较。

(2) 现房经营的缺点

现房价值大，分期付款时，还款压力大。

9.1.3　房产买卖经营的程序

(1) 介绍项目情况

对商品房位置、环境、户型、价格进行介绍，确定所选项目。

(2) 查验"七证"

购房人确定所选项目合法性。查验七证，即《国有土地使用权证》、《建设工程用地许可证》、《建设工程规划许可证》、《建设工程开工许可证》、《内(外)销售预售许可证》、《住房质量保证书》及《住房使用说明书》。七证中内容与所购商品房屋口径要一致。

(3) 签订认购书，缴纳定金。

(4) 签订商品房买卖合同（契约）

(5) 办理预售登记手续

(6) 办理银行贷款

(7) 办理入住手续

(8) 申领产权证、立契过户、缴纳税费

9.1.4　房屋出售合同的内容

由于房屋出售是一种契约式交易，所以出售合同的签订是十分重要的，房屋出售合同应包括以下一些内容。

(1) 合同双方当事人的名称，法定地位。

(2) 购买或卖出房屋的地点、幢数或层数、单元数。

(3) 房屋建筑面积。如果不是整幢购买，应把楼梯、公共走道、公共用房的建筑面积分摊计算。

(4) 价格及金额。如同时购买不同楼层、单元，应分别按不同价格进行计算，如一次付清房价有优惠的，应按优惠价格计算。

(5) 付款方法。一要明确付款方式，二是明确付款日期。

(6) 房屋建筑标准。包括房屋结构、内外墙面材料、门窗用料、卫生间及其他设施的要求。

(7) 房屋交付使用时间，在时间上一般应留有余地。因土建工程竣工后，室外清场、市政工程、供水、供电还要有一段时间才能完成。为了保证能按合同规定交付房屋，双方也可以签订奖罚条款。

(8) 拖延付款或违约赔偿办法。购房单位(或个人)拖延付款，应交纳按银行贷款利率计算的利息。如违约，则应按合同总额的一定比例支付赔偿金。

(9) 其他有关事项。

9.1.5 房屋出售的限制条件

房屋不同于一般商品，交易是一种极为复杂、涉及面广的民事法律行为，所以在法律上，对房产的出售作了以下规定：

（1）司法机关和行政机关依法裁定、决定查封或者以其他形式限制房产权力的，房产不得出售；

（2）依法收回土地使用权的，其地上房屋不得出售；

（3）共有房产，未经其他共有人书面同意的，不得擅自出售；

（4）权属有争议的，不得出售；

（5）未依法登记领取房屋产权证书的，不得出售；

（6）法律、行政法规规定禁止出售的其他情况，不得出售。

9.2 房地产委托销售代理

房地产委托销售代理是房地产销售形式之一。它是指房地产中介机构受委托人的委托，按照委托合同的约定，代替委托人销售房地产的行为。房地产销售代理是房地产经纪活动的内容之一。随着房地产业在市场经济体制下的发展，房地产市场功能还未成熟和完善，房地产业专业化、社会化程度日益提高，房地产代理业务也会随之扩大。

9.2.1 销售代理的特点

（1）代理方要由经过工商登记注册、领取营业执照、具有合格资质的房地产经纪机构来承担。

（2）代理方的权限经合同约定。在委托权限内的责任，由委托方承担；委托权限外的责任，由代理方承担。

（3）房地产销售代理以被代理人的名义进行销售。

9.2.2 销售代理的作用

现代销售代理已经从单纯的协助推销发展到对开发过程的全面参与。销售代理作为一个专业化部门，在长期的从业活动中积累了丰富的租售知识和经验，有着对市场情况的充分了解，有着稳定的从业队伍，构成了独到的行业优势。销售代理的作用主要表现为：

（1）协助开发商或业主进行市场定位。

借助于对市场情况的了解，能够对当前市场潜在需求进行准确判断，对今后发展趋势进行测估。协助业主或开发商进行投资时，做好市场定位。

（2）在房地产开发过程的各个阶段从营销角度参与开发全过程。

例如：制定广告宣传方案；选择推销的恰当时机；帮助专业人士选择恰当的房型结构；向开发商提出设计上的修改意见；帮助开发商解决融资上的困难。

（3）提高市场运营效率

开发商自己销售，销售部门人员难以稳定，素质难以提高。销售地点局限性大，对寻找潜在买主有很多不便。代理商信息灵通，实力强的代理商有自己的连锁网，可以帮助潜在的买主和卖主实现交换。

（4）降低市场运营成本

专门的销售代理网络的形成，社会化程度高，可以为众多的业主、开发商提供服务，保持经常性满负荷运转，从而降低交易成本。

9.2.3　销售代理的类型

房地产销售代理涉及的房地产从其内容看，有商品房、私产房、房改房和公产房。不同的房产类别，其交换关系的主体不同，从市场交换的层次可进行划分。

（1）市场层次划分

1）二级市场销售代理

二级市场销售代理即房地产经纪机构根据与房地产开发商委托合同的约定依法进行的商品房销售活动和收取代理佣金的行为，按照商品房销售对象的差别，可分为内销商品房代理和外销商品房代理，按照商品房销售阶段，可分为商品房预售代理和商品房现房销售代理。二级市场销售代理完成了新房上市的过程。

2）三级市场销售代理

三级市场销售代理指房产经纪机构受房屋所有人或公有房屋使用人的委托，根据委托合同依照相关法律法规的要求进行的二手房屋销售或公产房屋置换行为。

① 二手房销售代理

二手房屋包括范围很广，其中有已购公有住房，已购商品房（包括经济适用住房），存量私产房。这类销售代理，一般服务对象为个人房产主，销售代理机构按照公司的约定提供服务，成交后收取代理佣金。

② 公房置换代理

公房置换是指公产房产权人委托的置换机构，回收承租人住房，并再给承租人调其他处住房或由承租人购置新建住房时，给予经济补偿的行为。公房置换过户手续必须经特定的部门来办理，公房置换代理则是指房地产经纪机构，受房产使用人的委托，为实现公房使用权置换过程而进行的代理服务，并收取佣金的行为。

（2）销售代理从代理人的角度，又可分为不同代理类型

1）独家代理

独家代理是指房地产开发企业或产权人，将房屋的出售权单独委托给某一家具有销售此类房地产经验的代理公司。风险和收益由开发企业和代理公司按事先达成的协议共同分担。独家代理根据代理权限又可分为两种：①独家销售权代理（或称买卖权委托代理）。这是一种排他性独家代理，在代理的期限内，未通过代理途径进行的出售，代理方享有委托合同中规定的佣金，作为给代理方的补偿。②独家代理权代理。代理权只给一家代理公司，业主或开发商仍保留务业的自销权。

2）共同代理

共同代理指房地产开发企业或房地产所有权人将房屋出售权同时委托数家具有房地产经纪资格的机构。并按代理成果给付佣金的行为。

3）首席代理和分代理

大型房地产开发项目或物业，可以委托一个销售代理公司作为首席代理，全面负责项目的销售代理工作。首席代理再去委托分代理，负责某些部分的销售代理工作。不论采用哪种代理形式，都应当在开发项目前期确定下来。使得销售代理公司能够尽早介入到开发过程中来。对于项目的开发、设计提供一些专业意见。使得产品的设计和功能尽可能满足未来入住者的要求；同时代理公司也会就市场的状况，销售的总体方案策划，价格的制

定，广告宣传开展时机提出参考意见。同时，让代理公司参与开发过程，熟悉未来要推销的房屋，有利于开展推销活动。

9.2.4 销售代理佣金收取的原则

销售代理佣金收取的标准一般按销售额的 2%～3%比例提取。代理商有时只收取单方面的佣金，有时则向双方收取，一般根据市场情况来确定，主要看哪一方更需要代理商的帮助。

9.2.5 销售代理的相关规定

（1）代理销售的中介服务机构，应当具有行业行政主管部门确定的资质条件，同时应取得工商部门营业执照上的印章。

（2）受托房地产中介服务机构销售商品房时，应当向买受人出示商品房的有关证明文件和商品房销售委托书。受委托的房地产中介服务机构不得代理销售不符合销售条件的商品房。

（3）受委托的房地产中介服务机构，在代理商品房时不得收取佣金以外的其他费用。

（4）商品房销售人员应当经过专业培训，方可从事商品房销售业务。

9.3 房地产市场营销策略

现代房地产企业在对房地产市场进行充分的调研、细分，选定了目标市场并明确了市场定位之后，就应根据房地产产品在目标市场的定位，制定相应的房地产市场营销策略，以使产品尽快实现销售，为企业收回投资并获取利润。

所谓房地产市场营销策略，是指房地产企业针对选定的目标市场的需要，对企业可控制的各种营销策略进行优化组合和综合运用，组成企业系统化的整体策略，以发挥企业优势，取得最佳的经济效益和良好的社会效益。

传统的房地产营销策略即 4Ps（产品、价格、渠道、促销）（Product Price Place Promotion）营销策略是 20 世纪 50 年代末由美国人 Jerome Mc Carthy 提出来的，被营销经纪们奉为营销理论中的经典。如何运用 4Ps 理论实现营销组合，成为房地产市场营销的基本运营方法。到了 80 年代，美国的劳特明针对 4Ps 存在的问题提出了 4Cs（满足顾客 Consumer、研究顾客应付成本 Cost、方便顾客 Convenience 加强与顾客的交流 Communication）营销理论。虽然 4Cs 营销理论与 4Ps 相比有了很大进步和发展，传统的 4Ps 营销策略组合自然是实施营销战略的主要内容。因此本书将全面介绍 4Ps 营销组合理论。

房地产产品策略是营销组合策略中最重要的策略。在房地产市场活动中，企业满足顾客需要是通过开发不同用途的房地产产品来实现的。

房地产产品是人们通过交换而获得的需求的满足，包括各种物质产品和有形、无形的服务。房地产产品是买卖双方交易的基础，因此也是房地产企业市场营销活动的核心，是制定其他市场营销策略的基础。

9.3.1 房地产产品的层次

按照营销学理论，产品是指能提供给市场以引起人们注意、获取使用的消费，从而满足消费者某种欲望和需要的一切东西。它既包括有一定物质形态的产品，也包括信息和劳务。通常，人们将房地产产品理解为具有某种特定的物质形状和不同用途的建筑物，如住宅、商场等。其实不然，房地产产品有更广泛的含义。它是一个包含多层次内容的整体概念，而不单纯是指开发企业提供给消费者用以满足其需求的各种有形的建筑物或土地等。它还应包括开发企业在营销过程中提供的给消费者带去满足感和信任感的服务、保证等。即房地产产品整体概念包含三个层次的内容：核心产品、有形产品和附加产品，如图 9-1 所示。

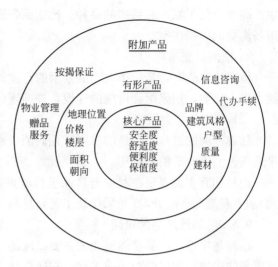

图 9-1 房地产产品整体概念的三个层次

（1）核心产品

核心产品是房地产产品在被消费使用过程中所体现出的基本功能和效用。它是房地产产品整体概念中的最基本层次。满足消费者最基本的需要。如办公楼宇，需要配套必要的、快捷、方便的各种服务。因此，开发企业对房地产产品的核心层应进行深入分析，及时了解消费者偏好变化的趋势，并针对核心需要搞好房地产产品的市场定位及优势宣传，才能使之畅销。

（2）有形产品

有形产品即产品的物质表现形式。它是消费者可直接观察和感觉到的内容。一般从房地产产品的质量、户型、建筑风格、品牌等不同的侧面反映出来。产品的核心只有通过精心设计且质量过硬，才能激发消费者的购买欲望。事实上，人们在购买房地产产品时，越来越注重房屋的布局、楼层、朝向、品牌等因素。

（3）附加产品

附加产品是消费者在购买房地产商品过程中可以得到的各种附加利益的总和。通常是指消费者在购买过程中所得到的售前咨询和售后服务。如代办手续、按揭保证及物业管理等。附加产品能给购房者带来更多的利益和更大的满足感。在日益激烈的市场竞争中，附加产品已成为重要的竞争手段。

物业管理作为房地产产品附加层次中的新内容，已成为房地产产品不可分割的一部分，而且在市场促销中占有越来越重要的地位。

9.3.2 经营策略

通过对产品的分析，说明房地产企业要生产适销对路的产品，就要研究市场，迎合消费者的需要，同时要突出本企业的特色和优势，对各层次产品因素进行优化组合，进行产品的全方位设计，满足不同消费群体的需要。

（1）结构优化策略

房地产产品结构优化策略是指通过进行房地产项目各要素的优化组合，使房地产产品的开发经营更能适应市场需求和提高企业竞争力，扩大销售的市场营销策略。

1）纵向延伸策略

产品延伸策略是指房地产产品的开发、经营、销售，改变原有产品的市场定位，转而生产高于或低于原产品系列的品种。比如原先定位低，专门生产低档民间住宅，转而生产市场需要的中档住宅。

2) 横向扩充策略

横向扩充战略，是指扩大产品要素的广度，加深产品要素的深度，提高原有产品的内涵水平。比如，加强配套设施的建设，提高现代化程度，增加环境设施建设的投入。

（2）新产品开发策略

随着社会的进步，经济的发展，人们消费水平提高，房地产企业也要不断开发新产品来适应人们求新的消费欲望。

产品创新主要表现在对原有产品进行改进（如在样式、色彩、形状、材料、房型等方面）和更新型新产品开发（如采用新工艺新材料、新技术等），使其使用功能有很大改进。

9.3.3 房地产品牌策略

品牌是房地产产品整体概念的重要组成部分。房地产品牌是指房地产企业给自己开发或管理的房地产规定的企业或名称，它通常是文字、标记、符号、图案和颜色等要素组合构成的。品牌是一个集合概念，包括品牌名称、品牌标志、商标等概念在内。房地产企业品牌选择策略主要有：

（1）品牌有无决策

品牌有无决策是指是否给企业或其他产品建立一个牌子。建立品牌，企业需进行大量的广告、包装策划，耗资较大，因而为了降低成本，使房地产产品价格降低，增强竞争力，企业不愿意建立品牌。随着市场竞争的加剧及消费者品牌意识的增强，企业越来越重视企业品牌的建设。

（2）品牌归属决策

品牌归属对房地产企业来说，可有两种选择：

1) 自建品牌。自建品牌投资大，创立品牌时间长，是否能被接受取决于市场的反应，风险较大；

2) 选用中介代理机构为其代销。选用这种方式，项目使用代理公司品牌上市销售。借用中介机构品牌，需支付较高的代理佣金。

（3）品牌统分决策

房地产企业往往同时着手多个项目，是全部使用同一品牌，还是分别使用不同品牌，有以下两种方法可供选择：

1) 个别品牌。即开发企业每推出一个房地产项目，分别给予单独命名的方法。这种方法的优点是可把个别项目的成败与企业声誉分开，不至于因为一个项目的失败而损坏企业形象。缺点是为每个项目推广都需做广告宣传，费用开支较大。

2) 企业名称加个别品牌。即房地产开发企业为其推出的每个项目命名时，均在每个项目具体名称前冠以企业名称的方法。这样既可通过企业推出原有项目的声誉推广新的楼盘，缩短消费者了解和感受产品的过程，有利于迅速打开销路，节省广告宣传费用，又可以使每个项目的品牌在市场中保持相对独立，便于消费者识记。

（4）品牌命名和设计决策

品牌设计与命名是一项专门的技术，考虑广告的宣传效果，房地产命名应遵循以下原则：

1）易于认读，识记。切忌选用生、冷、偏、怪的文字；

2）与房地产品质、环境、价格相适应，做到名副其实；

3）符合时代潮流和民族传统。过土、过洋及带有迷信色彩的词语应尽量避免。

房地产商品命名应注意强调物业的意境、特色及开发企业策划人员独特的创意。最重要的是优雅高贵的命名常起到"锦上添花"的作用，甚至可提升房地产商品的档次，从而提高销售率。

目前，对房地产商品命名的方法可归纳为以下类型：

1）路名型。这是最广泛使用的方法，如民生大厦、长江南里等；

2）地域型。与路名型相似，只是采用地区名称。如天津宾馆、金陵饭店等；

3）企业型。如远洋宾馆、长信大厦等；

4）名人型。如世界名人、英雄或捐资建造物业的人的名字命名，如马可·波罗广场；

5）古典型。如罗马花园；

6）景观型。以物业周围的景观命名。如水上村；

7）职业或行业型。用名称直接体现房地产的使用者和服务特色。如国展中心、奥林匹克大厦；

8）吉利型。如吉利大厦；

9）财利型。如富贵名厦；

10）优雅型。如水蓝花园；

11）植物、花卉型。如芳竹园、玫瑰苑等。

（5）品牌重新定位决策

由于市场环境的变化或是初始定位不准，品牌往往要重新定位，以保持企业原有声誉和吸引新的购买群体。如全国驰名的某企业在初涉某城市房地产市场时，开发一城市花园。在市场最初发售阶段，将项目定位于大众社区，销售价格为 3500 元/m^2。由于该项目定位高于大众，而在当时的市场环境下（1995 年），其定价明显又脱离该市大众承受能力，因而销售不畅。为此公司从深圳请专业策划公司为该项目进行品牌的重新包装定位，在增加一些新的配套设施基础上，将其定位于成功人士的高档社区，售价也相应提高到了 6500 元/m^2。在当时该市高档居住物业较少的情形下，这一定位正迎合了一部分高收入人士的需求。经过这次重新定位与包装，该物业以其专业化、人性化、高尚化的新设计理念和社区形象一炮打响，取得了骄人的销售业绩，也使该公司在这一城市建立了地产先锋的形象。

9.4　房地产定价策略

9.4.1　定价目标

在对房地产产品定价之前，房地产企业必须先明确定价目标。定价目标是房地产企业通过对一定水平的价格的判定和调整所要达到的最终目的。房地产企业的定价目标主要有：

（1）追求利润最大化

最大利润目标即房地产企业以获取最大限度的利润为定价目标。以此目标定价，必须具备一定的条件。当公司声誉卓著，在目标市场上占有竞争优势地位时，或当公司推出精品项目时，可以采用此种定价目标。而同时选择一个适应当期环境的短期目标来制定价格。

（2）提高市场占有率

市场占有率是指在一定时期内房地产企业产品的销售量占同类产品销售总量的百分比。它是企业的经营状况和产品竞争力的直接反映。许多企业宁愿牺牲短期利润，以确保企业产品的销路，利于提高产品的市场占有率。

（3）适应竞争

处于激烈竞争中的房地产企业经常以价格调整为竞争手段。实力雄厚的大企业利用价格竞争提高其市场份额，相对弱小的企业则随行就市。开发企业面对竞争对手的价格调整，可选择以下对策：

1）维持原价，同时增加赠品活动并加强广告宣传攻势；

2）降低售价，同时努力保持原有的服务水平和销售网络；

3）提高售价，同时推出新的服务措施或改进产品设计结构后推出新楼盘以围攻竞争对手。

（4）稳定价格

房地产商品价值巨大，是关系到国计民生的重要产品。其价格的稳定关系到经济发展与社会稳定。因此，稳定价格的定价目标是企业为维护其良好的社会形象而采取的定价目标。

9.4.2 定价方法

房地产开发企业在确定定价目标后，应选择适当的定价方法以实现其目标。由于影响房地产商品价格的最基本的主要因素是项目开发成本、市场需求和竞争状况，因此定价方法可归纳为成本导向定价法、需求导向定价法和竞争导向定价法三种。

（1）成本导向定价法

成本导向定价法是以房地产产品总成本作为定价基础的定价方法，是企业最常采用的定价方法，具体有三种方式。

1）成本加成定价法。

成本加成定价法是最简单的会计学定价方法，它着重分析房地产产品直接以货币计算的实际成本，即按单位产品总成本加上一定比例的预期利润，再加税金，计算出产品销售价格。

单位产品的总成本是单位产品的固定成本与变动成本之和。在房地产开发中，固定成本指企业所支出的固定费用，其成本总额不随房地产产量的变化而变化。如固定资产折旧费、配套设施费、房地产企业管理费等。变动成本是总额随产量增减而增减变化的成本，它是在房地产产品物质形态形成过程中逐步投入的。如直接用于房地产开发的建筑工程费、劳务费等。

成本加成定价法的计算公式是：

$$单位产品价格 = \frac{单位成品总成本 \times (1 + 加成率)}{1 - 税金率}$$

上述公式中，加成率的确定是定价的关键。一般地，加成率与房地产产品的需求弹性成反比。如需求弹性大，则加成率宜低，以求薄利多销；加成率与房地产产品的经营风险及投资额成正比关系，如高级娱乐物业，经营风险高，投资巨大，则加成率宜较高。成本加成定价法的优点是简单易行。正常市场情况下，只要物业销售出去，就能实现预期利润。其缺点是只考虑到开发物业的成本支出，而忽略了市场供求与竞争对物业价格的影响，难以适应市场变化。

2）盈亏平衡定价法

盈亏平衡定价法又称为损益平衡分析法。它是在成本既定、价格既定的前提下，通过确定房地产开发企业的产（销）量以保证企业收支平衡的定价方法。运用此方法可通过计算销售面积或销售收入预测企业的保本、盈利和亏损状况。

如图 9-2 所示，X_0 为盈方平衡点的产（销）量，此时总收入等于总成本，企业保本无利。

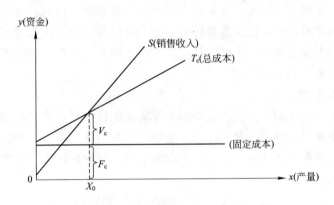

图 9-2　盈亏平衡示意图

则：

$$S = W \times X$$

$$T_c = F_c + V_c$$

$$V_c = C \times X$$

当盈亏平衡时：
$$S = T_c, \quad X = X_0$$

$$W \times X_0 = F_c + C \times X_0$$

$$X_0 = \frac{F_c}{W - C}$$

即：

$$盈亏平衡点产（销）量 = \frac{固定成本总额}{单价 - 单位变动成本}$$

在此售价下实现的产（销）量使房地产企业保本，因此该价格是企业保本价格。

$$W = \frac{F_c}{X_0} + C$$

即
$$售价 = \frac{固定成本总额}{盈亏平衡点产（销）量} + 单位变动成本$$

式中　W——单位房地产产品的销售价格；

　　　S——企业销售收入；

F_c——固定成本总额；

V_c——可变成本总额；

T_c——总成本；

C——单位产品可变成本。

【例】 某房地产开发项目固定资本 600 万元，单位建筑面积可变成本 2000 元，预计项目完成后，可出售面积 10000m²，则该项目的售价为：

$$W=\frac{6000000}{10000}+2000=2600 \ 元/m^2$$

即盈亏平衡时，该物业售价为 2600 元/m²。

盈亏平衡定价法的优点是侧重于总成本费用的补偿。由于房地产开发企业产品项目较多，各项盈利水平各异，开发某个项目的高盈利有可能被其他项目的亏损冲抵。因此，定价时从保本入手就显得十分重要。在某种产品预期销量难以实现时，可适当提高其他拟建项目或销售正旺的项目价格，以提高整体盈利能力。但是，如果企业对市场需求动态分析不准确，销售量预测偏差较大，价格定位就会不准。因此，采用这种分析方法时，特别要注重对市场数据的调查和分析。

3）目标利润定价法

目标利润定价法是房地产开发企业根据所要实现的目标利润来定价的一种方法。它是以项目总成本和企业目标利润为定价标准，定价时，先估算出项目的总投资及预期可能达到的销量，在盈亏平衡分析的基础上，加上预期的目标利润后计算房地产商品的价格。

其计算公式为：

$$单位价格=\frac{(总成本＋目标利润额)}{预期销售面积}$$

$$目标利润额＝投资总额×投资利润率$$

这种定价方法简便易行，可提供共获得预期利润率时最低可能接受的价格和最低销量。但是，采用这种方法定价时，应在综合考虑房地产商品的需求弹性特征对价格的影响，以及价格对销量的影响后，确定适合市场环境的目标利润水平。

（2）需求导向定价法

需求导向定价法是房地产企业依据消费者对房地产商品价格的接受程度和需求强度来定价的，是现代市场营销观念指导下产生的新型定价方法。

它包括两种形式

1）价值感受定价法

所谓价格感受是指消费者对商品价值的感受、理解和接受程度。

由于房地产商品价值巨大，因而消费者能在选购过程中总是受理智动机的驱使，要货比三家，选择那些既能满足其消费需要，又被认为是"物有所值"，符合其支付标准的商品。因此，企业应灵活运用各种营销手段，如优美的样板间设计和提供高质量的服务等，来影响消费者的感受，提高消费者对房地产商品的价值认同程度，使企业所定价格顺利被消费者接受。

2）需求差异定价法

不同的时间地点消费者的购买力和需求强度不同。企业可以以此为依据实行不同的价格。这种价格策略要运用得当，避免引起消费者的抵触。

（3）竞争导向定价法

竞争导向定价法是企业以市场上相近区域内的同类型商品的价格作为定价的基本依据，并随市场竞争状况的变化确定和调整价格的方法。具体有以下几种方式：

1）随行就市定价法

随行就市定价法是企业以同行业的同类房地产商品的价格水平作为定价标准的定价方法。

2）主动竞争定价法

主动竞争定价法是房地产企业根据开发项目的状况与竞争对手的差异来确定价格的方法。这种方法一般适用于独具特色的物业定价。还应继续关注竞争对手的价格变化，及时分析并相应作出价格调整。

3）招投标定价法

招投标定价法。一般由买方公开招标，卖方竞争投标、买方按择优原则选择最佳方案，到期公开开标，中标者与买方签约成交。

4）拍卖定价法

一般地，由卖方预先发表公告，买方可预先到现场参观，在规定时间公开拍卖，由拍卖师公开叫价，出价最高者得。

9.4.3 价格的调整

在房地产产品的基础价格确定之后，为了适应营销环境的变化，处理实际销售数量与预期之间的差异所带来的问题，企业通常运用不同的定价策略对基础价格进行调整，以提高企业产品的竞争力。这些定价策略主要有：

（1）心理学定价策略

心理学定价策略是企业为迎合消费者心理需要，有意识地采取多种价格形式，以促进销售的定价策略。心理学定价策略包括：

1）尾数定价法

尾数定价法是企业针对低档产品的消费者乐于接受尾数为非整数的价格，认为尾数价格比整数价格更便宜的求实、求廉心理而采取的定价方法。

2）声望定价法

声望定价法是针对消费者"优质则价高"的心理，利用企业品牌声誉，对企业开发的项目采取比同类项目价格偏高的价格进行定价的方法。

3）促销定价法

与声望定价相反，促销定价法是开发企业在某一地段的房屋销售不佳或新楼盘上市时，推出少数几套特惠价商品房以吸引顾客的购买力，当先期购买者确认物业物美价廉时，会为企业做宣传、推广，以吸引更多消费者的关注和购买。

4）系列定价法

系列定价法，企业将其推出的同类型的房地产产品价格有意识地拉开档次，形成系列价格，使消费者能在比较中迅速寻找到价值认同并可以承受的商品房的定价方法。

（2）折扣定价策略

折扣定价策略是房地产企业为吸引消费者购买而在原定价格的基础上减收一定比例的

房价款。

1）现金折扣法

现金折扣法是房地产企业对一次性付款或按约定及时或提早付款的购房者给予一定比例的折扣的定价方法。

2）数量折扣法

数量折扣法是开发企业根据消费者购买房地产产品的面积或金额达到的不同标准给予的优惠。所购面积越大，优惠幅度越高。这种方法也常用于开发企业向代理销售公司提供的佣金比例的制定。

（3）差别定价策略

由于房地产商品的个案性很强，房地产企业可根据物业的不同地理位置、推出时间、结构等差异决定在基础价格上采用加价或减价策略。

1）产品差别定价法

产品差别定价法是由于房地产商品在楼层、朝向、户型及在住宅小区或商圈中的位置存在很大差异，开发企业针对每种差别在物业起步价的基础上提高一定的比例以适应不同消费者的需求的定价方法。

2）销售时间差别定价法

销售时间差别定价法是开发企业针对消费者购买物业时间上的差别给予不同的加价或减价，以吸引其购买的定价方法。这种方法普遍用于期房销售和酒店的招租上，如楼宇预售。

9.5 房地产营销渠道策略

房地产商品的营销渠道是指实现房地产商品由开发者转移给消费者的途径。是将产品或服务由开发者转移给消费者的过程中，完成产品所有权或使用权转移的机构和个人。

9.5.1 营销渠道的类型

营销渠道的类型分为二大类型，直接渠道和间接渠道。

（1）直接渠道

直接销售是指房地产开发商自行建立销售部门，直接把房地产商品推销给消费者的行为。它是目前我国房地产销售的主要渠道。其优点是企业可以节省委托代理推销的佣金。缺点是推销人员流动性大，专业技能和经验不足，往往影响到销售的业绩。

（2）间接渠道

间接渠道指房地产开发商通过房地产中间商把产品销售给最终用户。

房地产中间商分为房地产经销商和房地产代理商。房地产经销商由开发商手中成批购进已开发的房地产商品，然后再加价出售。一般中、小型开发公司，由于资金回收的需要，往往乐于采取这种方式。

房地产代理商是指为开发企业代理销售房地产商品的中间商。代理商按照委托代理的协议，向买卖双方或者单方收取一定比例的佣金。代理的性质属于中介行为。

9.5.2 影响房地产营销渠道选择的因素

（1）市场因素

房地产市场供求关系状况是影响营销渠道选择的重要因素。房地产市场产品紧缺，开发商乐于自销，房地产商品积压，买方市场形式，易选择代理销售。批量购买形式下易于自销，个人消费购买为主，易于代理销售。

（2）企业自身因素

管理能力和管理经验也影响到销售渠道的选择，本企业缺乏有经验的销售人员时，易选择委托代理。

（3）产品因素

当产品质量优良，市场反映好的前提下易采用自营销售。产品质量一般，市场反映平淡时，可考虑采用委托代理形式来推动产品的销售。

9.5.3 代理商的选择

（1）代理商的资质

持有合法执照有丰富的专业和法律知识，经营业绩优良，诚实守信用，职业道德好。

（2）销售能力

销售的组织，销售的方式，促销的手段等。

（3）管理和财务能力

代理商的管理能力，经营的策略，经济实力及财务状况。

（4）形象和社会地位

代理商的知名度、口碑、社会上的影响力、信誉、代理商的背景等。

9.6 房地产促销组合策略

现代市场营销要求开发企业不仅要努力开发适销对路的产品，制定合适的价格，选择合理的销售渠道，还要制定有效的促销组合策略，发掘潜在的需求，尽快销售自己的物业。房地产促销，是指房地产企业（或业主）通过一定的方式向消费者传递房地产商品的信息并与消费者进行有效的信息沟通，以达到影响消费者的决策，促进房地产商品流通的营销活动。常用的促销方式有四种，即广告促销、人员推销、营业推广和公共关系促销。

9.6.1 广告促销

广告促销是指房地产企业通过精妙的构思、设计和适当的媒体组合来促进产品销售的形式。主要包括广告定位、广告创作、媒体组合三部分内容。

（1）房地产商品的广告定位

房地产商品的广告定位是指房地产企业确定其产品在同类或竞争性产品中的位置。因此企业要对物业的功能性、区域性、市场环境有充分的认识，正确确定物业的价格、服务后，通过广告设计给消费者留下难以忘却的印象。

（2）广告创作

房地产广告创作应当包括广告标题、广告词和广告画面三部分组成。

1）广告标题

广告标题在创作中一般要遵循七个原则：

① 向消费者承诺将获得的利益，即房地产的基本功能；

② 包括房地产商品的名称和特征；

③ 标题词的表达不能单纯追求简短；

④ 语调要适合消费者的口味；

⑤ 巧妙运用普通而平凡的语调；

⑥ 不要强迫消费者读完广告后，才能了解标题的内容；

⑦ 不要写繁琐，拗口的标题。

2）广告词

广告在创作过程中要遵循"五 I"原则：

① 新颖的创意(Idea)

② 直接的刺激(Impact)

③ 连续的兴趣(Interest)

④ 信息资料(Information)

⑤ 冲动的意念(Impulsion)

（3）媒体组合

企业要寻找适当的媒体来宣传自己的房地产商品。选择广告媒体时，要进行比较分析确定最适合的媒体组合。

需要考虑的因素是：

1）产品。物业的优势与卖点是什么？

2）市场。传播的范围，潜在的客户群体在哪儿？

3）动机。消费者购买物业的原因？

4）媒体。哪一种媒体较适合上述因素？

5）测定。通过信息反馈，了解媒体搭配是否合理有效。

9.6.2 人员推销

人员推销是指房地产销售人员通过主动与消费者直接进行洽谈，向消费者宣传介绍本企业房地产，达到促进房地产商品租售的活动。

人员推销的作用表现在以下几个方面：

第一，通过与顾客直接接触，可完成信息的双向传递。在推销过程中，一方面推销人员必须向顾客宣传介绍房地产产品的设计、布局、小区环境和物业管理等情况，以达到促销的目的；另一方面，推销人员通过与顾客的交谈，可以了解顾客对企业及所推销产品的态度、意见和要求，不断收集信息，为企业的经营决策提供依据。

第二，推销人员可根据客户的心理动机、需求的迫切程度及对产品的兴趣点：进行针对性的宣传，以迅速激发客户的欲望，促进房地产商品的销售。

第三，可了解消费者对竞争对手产品的态度、褒贬程度，以便企业及时对本企业产品和竞争对手的产品进行比较分析，扬长避短，保持竞争优势。

9.6.3 营业推广

营业推广是房地产企业通过各种销售方式来刺激消费者购买(或租赁)房地产的促销活动。营业推广的主要工具有：商品交易会、有奖销售、优惠销售及购房赠礼等多种方式。

（1）营业推广的主要方式

1）房地产商品交易会

参加房地产商品交易会是营业推广的有效形式。通过交易会，房地产企业可以展示出新楼盘。参加交易的开发企业、产权交易部门、银行等的一条龙服务，及交易会期间的多种优惠措施，均有助于促进消费者的购买。

2）样板间展示

样板间展示是开发企业推出楼盘的某一层或某一层的一部分进行装修，也有的是仿真建造的模拟房样板间，并配置家具、各种设备，布置美观的装饰品，以供消费者参观，使其亲身体验入住的感受的促销方式。除样板间外，对于建筑物的大堂、入口也要进行装修，并保持整洁，尽量给顾客留下美好的第一印象。值得注意的是，样板间的装修应突出个性化设计，切忌简单的豪华装修材料的堆砌。

3）赠品促销

开发企业为了吸引消费者购买，通常推出赠品活动。在实际的房地产市场销售中，多种营业推广形式的组合应用在房地产产品营销中，正发挥越来越重要的作用。

（2）营业推广方案的制订

营业推广方案的制订由以下几方面构成：

1）根据营业推广目标，选择适当的营业推广形式。可以是单一的形式，也可以是多种形式的组合；

2）选择营业推广的对象，营业推广信息可向每个消费者及经过挑选的团体提供；

3）选择促销宣传的载体。开发企业应及早确定发布营业推广促销活动信息的载体，以尽快传递信息，吸引更多的消费者参与；

4）确定促销的持续时间和时机。应根据促销的目标和性质决定营业推广活动持续的时间，并选择适当的时机（如节假日之前）推出该活动；

5）制定促销预算。制定促销预算应包括此次推出的各种营业推广活动方式的各项费用。

9.6.4　公共关系促销

公共关系促销是房地产企业为了获得人们信赖，树立企业或房地产的形象，用非直接付款的方式，通过各种公关工具所进行的宣传活动。公共关系促销的特点是不以直接的短期促销为目标，而是通过公共关系活动，使潜在的购买者对企业及其产品产生好感和信任。

（1）发展公共关系的途径

1）创造和利用新闻

通过报纸等新闻途径传播企业活动的信息，扩大企业影响，树立良好企业形象。

2）参与社会公益活动

企业积极参与社会公益活动，用以支持体育文化、教育、社会福利和慈善事业的发展。通过这种活动，可以充分显示企业的实力雄厚，树立企业积极承担社会责任的形象，从而在公众中树立企业关心公益事业的美誉，赢得政府的支持，为企业生存发展创造更大的空间。

3）开展形式多样的专题活动

企业通过举办大型公关专题活动，吸引新闻媒体的报道，扩大企业的社会影响和知名度。

4）制作印发各种宣传材料和宣传品

企业通过自办刊物，组织座谈会，宣传企业文化，塑造企业形象，通过企业内部标志、品牌，建立企业识别系统，树立企业的公众形象。

（2）公共关系策略的实施

1）确定公共关系活动的目标

公共关系活动目标有四种

① 传播企业信息

② 联络感情

③ 改变公众态度

④ 挖掘购买者

2）设计公共关系方案

活动目标确定以后，应设计公共关系方案。方案内容如下：

① 确定项目名称和项目目标，并应明确目的；

② 确定项目负责人，实施者并落实各自的责任；

③ 项目活动主题的确定、项目筹备、程序设计及活动时间安排；

④ 确定项目活动所涉及的范围、参加单位及人选、不同阶段的活动内容；

⑤ 选取项目所需的传播媒介，准备器材设备，确定场地租用及外部环境布置等；

⑥ 项目的活动经费预算；

⑦ 确定项目成果的考核标准及办法。

综上所述，公共关系策略的组织策划与实施的目的，就是促使房地产企业通过信息传播渠道向目标公众解释和宣传企业的产品、企业的文化、及时了解公众的意见、看法、态度，促使企业与社会公众之间进行双向沟通，相互支持，以期实现企业的公共关系计划目标，为企业创造经济效益和社会效益。

9.6.5 房地产促销方式组合

房地产促销组合是指为实现房地产企业的促销目标而将不同的促销方式进行组合所形成的有机整体。企业应根据以下促销组合的特点，对 4 类促销方式进行有效的组合，使企业能够以最少的促销费用，达到所确定的促销目标。房地产促销组合有以下几个特点：

（1）房地产促销组合是一个有机的整体组合。一个房地产企业的促销活动，是将不同的促销方式作为一个整体使用，使其促销方式进行合理的组合。

（2）促销组合的不同促销方式具有相互推动作用。不同促销方式的相互推动作用是指一种促销方式的发挥受到其他促销方式的影响。没有其他促销方式的配合推动，就不能充分发挥其作用，合理的组合将使促销作用达到最大。

（3）构成促销组合的各种促销方式既有可替代性又具有独立性。促销的目的就是促进销售，而任何一种促销方式都具有承担信息沟通的职责，也都可以起到促进销售的作用，因此，各种方式均具有可替代性。但是，由于各种方式具有各自不同的特点，因而，不同促销方式所产生的效果有所差异，各种方式又都具有独立性。

（4）促销组合是一种多层次组合。每一种促销方式中，都有许多可供选择的促销工具，进行促销组合就是适当地选择各种促销工具。因此，企业的促销组合策略是一种多层次的策略。

（5）促销组合是一种动态组合。促销组合策略必须建立在一定的内外部环境条件基础上，并且必须与企业营销组合的其他因素相协调。根据环境的变化调整企业的促销组合。

促销组合的以上特点说明，适当的促销组合能达到每种促销方式简单的相加所不能达到的促销效果。同时促销组合需要不断根据环境条件的变化而不断调整。

复 习 思 考 题

1. 商品房预售有哪些要求？
2. 销售代理的类型有哪些？
3. 房地产产品整体概念包含哪几个层次，内容是什么？
4. 房地产价格定位的主要目标有哪些？
5. 试论影响房地产营销渠道选择的因素？
6. 人员推销的作用。
7. 公共关系方案设计内容。
8. 房地产促销方式组合特点。

10 房地产租赁经营

10.1 房地产租赁方式

10.1.1 房地产租赁经营的内涵

商品房租赁是指房产所有权人将房产使用权出租给承租者使用，承租者按照双方签订的租赁合同向出租者定期支付租金的行为。其实质是承租者以分期付款的方法取得房产的使用价值，相当于以租金作为价格的房屋零星出售，房屋的价值在租赁过程中分期得以实现．它是房地产经营的一种重要方式。原因在于，商品房租赁适应性强。人们的住房需求随工作条件、收入水平、人口数量而变化，条件变了，住房需求也随之变化，租赁形式容易调换，损失小，再就是对低收入阶层来说，与其花一大笔钱购房，不如租房更容易接受。

10.1.2 房地产租赁的特征

房地产租赁活动就其特殊性来讲具有以下经济特征，

(1) 房地产租赁活动的指向性是特定的房屋。

(2) 房地产租赁关系性质是经济契约关系。

(3) 房地产租赁双方责任人必须符合法律规定。

10.1.3 房地产租赁方式

房地产租赁按照不同的划分依据，可以分成不同种类。

(1) 按租期长短分类

长期租赁：租用一年以上时间，起租时间至少一年。

短期租赁：租用一年以下时间。

日租赁：租用时间短，可按实际租用天数计量租金。与旅馆有所不同的是，既无完备的设施又不提供服务。

(2) 按租期终结方式分类

1) 定期租赁。定期租赁是确定了租赁期限的租赁方式。租赁双方应先明确起租日期和终止日期。确定的租赁期限双方都要遵守。提前退租或提前收回承租权都属于违约行为。当租赁期限届满时，租约则自动失效。租约期内租约内容对双方都具有法律效力，当事人双方都无权擅自更改。

2) 自动延期租赁。延期租赁是租约到期后重新续约的租赁方式。当定期租赁期限到期时，若租赁双方都存在继续保持租赁关系的愿望，则可以协商新的租约内容。可以重新确定租期，租金标准。也可以不定租期，按月缴纳。直到租约一方提出终止要求。延期租赁兼顾了长期租赁和短期租赁二者利弊的结合。

3) 不定期租赁。租赁双方根据各自的需要，随时可以提出终止租约的要求。双方均应在搬迁前数日通知对方，以便有所准备。

(3) 按租金内涵分类

1) 完全商品租金。出租方逐次转让一定时期的房屋使用权而向承租方收取的租金，若包含了房屋使用权价格全部构成因素时，称之为完全商品租金。在完全租金方式下承租人需支付使用房屋过程中所发生的费用，如物业费、水电费、下水管道清掏费。房屋设备设施物理损毁、维护维修费用则由产权人维护维修。

2）不完全商品租金。出租方逐次转让一定时期的房屋使用权而向承租方收取的租金若仅包含了房屋使用权价格部分构成因素时，称之为不完全商品租金。

3）超额分成租金。

这种租赁形式常常应用于商业零售物业柜台租用。承租方按照事先的约定，除了向出租方定期支付固定租金外，还要根据承租方利用所租赁物业经营超出预定销售量的部分，按预定的分配比例向出租者缴纳超额分成。这种租赁方式兼顾当事人双方的利益，降低了双方的经营风险。尤其是市场景气度稍差的时候，更是人们乐于选择的方式。

固定租金部分一般要按月支付，超额分成部分还是按年度计算较恰当。因为租赁过程中，很多与租金计算方式相关因素存在着变数，比如租赁位置、性质、经营品种、店堂环境，受此影响，经营者的收益状况变动会很大，按年度考量则可能有利于降低这些因素的影响。制定收益提成办法要考虑很多细节问题，保证获取租金的安全性，降低风险性。通常要对承租人的收益设定下限，保证出租人获得足够的租金收入。租约中常常设立使用权强制收回的条款，以保障出租人在承租人不能履约时顺利收回物业使用权。

按照租赁房屋的用途将租赁房屋分为：住宅用房、办公用房、商业用房、生产用房等。

（4）按租赁用途分类

根据租赁房屋用途可以分成住宅用房、办公用房、商业用房、生产用房。

10.1.4 房地产租赁的经营模式

房地产产权人利用自己所有的房地产进行的租赁活动，由于产权人自身情况不同，需要采取不同的经营模式，可以从以下方式中进行选择。

（1）包租转租。包租转租是指房地产经营企业将全部房地产包租下来，然后进行转租经营，零星出租。经营企业通过批零差价获得收益。一旦出租率过低，企业将面临风险。

（2）出租代理。出租代理是指房地产经营企业接受产权人委托，代理产权人开展租赁活动。经营企业通过代理活动收取佣金，佣金的计量根据代理的房地产按比例提取。租金收入扣除佣金后全部归产权人所有。产权人承担经营风险。

（3）自营经营。产权人直接进行房地产租赁活动。产权人自己承担全部风险，同样也获得全部收入。

10.2 房屋租赁合同

房地产租赁所反映的商品交换过程，随着租赁时间的延续而逐期进行。交换行为是一个长期过程，因此需要一个文字性的东西作保障，使得租赁关系正常化、规范化、合法化。租赁双方签订一个房屋租赁合同。

房屋租赁合同又称房屋租赁契约，是出租人与承租人签订的，用于明确双方权利关系的协议。租赁是一种民事法律关系，在租赁关系中出租人与承租人之间所发生的民事关系主要是通过租赁合同确定的。签订了协议，双方的租赁关系正式确立。房地产租赁合同属于财产租赁合同之一，是经济合同范畴，具有法律效力。

10.2.1　房屋租赁合同的作用

（1）签订租赁合同的原则得到确立。保证租赁行为符合国家法律、法规规定，保证租赁行为平等互利、协商一致、等价有偿，保证双方利益。合同违法或与社会利益抵触则无效。

（2）用于租赁的标的物房屋加以确定。作为特定物的房屋，通过相关因素的描述加以确定，写入合同。标明租赁房屋坐落地点、建筑结构、楼层部位、间数、面积、用途、租赁期限等事项。

（3）租赁双方的权利、义务得到明确。租赁双方的权利义务关系通过文字的形式加以明确，写进协议得以最终成立。

（4）双方租赁行为受到约束。租赁条款中对双方的行为进行约定，规定了行为规范，以及限制性条款。违反合同条款，将承担经济和法律责任。

10.2.2　签订租赁合同的原则

签订物业租赁合同时应当遵守以下原则。

（1）自愿互利原则。物业租赁合同表达了双方当事人的真实意愿。签订租赁合同没有外部的欺诈、胁迫行为，完全是双方当事人的真实意愿。互利是租赁合同双方当事人通过合同的签订享有的权利和相应的义务。

（2）公平合理原则。合同内容要求公平合理，权利义务关系要求基本对等。租金通过双方协商，确定一个合理价位。

（3）维护合法权益原则。签订租赁合同要对双方租赁过程中的合法权益起到维护作用。既要保障承租方正常使用物业的权利，又要维护出租方所有权权益。

（4）合法原则。租赁合同的签订必须符合国家相关法律、法规的政策规定。凡是违反国家法律、法规的合同不受国家的承认和保护。

10.2.3　房屋租赁的限制条件

公民、法人、或其他组织对自有或授权经营的房屋可以依法出租经营。但有以下情形的房屋不得出租：

（1）未依法取得《房屋所有权证》的；

（2）司法机关和行政机关依法裁定、决定查封或者以其他形式限制房产权利的；

（3）共有房屋未取得共有人同意的；

（4）权属有争议的；

（5）属于违章建筑的；

（6）不符合安全标准的；

（7）已抵押，未经抵押人同意的；

（8）不符合公安、环保、卫生等主管部门有关规定的；

（9）有关法律、法规禁止出租的情形。

10.2.4　租赁合同的基本内容

（1）合同标的物——被租赁房产的情况，主要包括房产的坐落、面积、用途、房产的各项装修、各种设备，明确被租赁房产的范围和用途。

（2）按照规定计算的租金金额和起租日期。

（3）租赁双方的权利、义务。

（4）合同的期限，包括合同的起始日期和终止日期。

（5）双方签章。

10.2.5 房屋租赁登记备案

房屋租赁登记备案是《城市房地产管理法》规定的重要内容。实行房屋租赁登记备案一方面可以防止非法出租房屋，另一方面也有利于保证国家避免税收流失，房屋租赁登记备案程序：

（1）申请

签订、变更租赁合同时，当事人双方要在租赁合同签订后 30 日内，持有关证明文件到人民政府房地产管理部门办理登记备案手续。应当提交的证明文件有：

1）租赁合同。

2）房屋所有权证。

3）当事人合法身份证明。

4）按规定要求提交的其他文件。

出租共有房屋，还须提交共有权人同意出租的证明。出租委托代管房屋，还须提交委托人授权出租的证明。

（2）审查

房屋租赁登记备案登记过程包含了审查的内容：

1）租赁合同主体，即出租人、承租人自身应具备的条件；

2）租赁合同客体，即出租的房屋是否受法律、法规限制；

3）租赁合同内容，是否完备；

4）租赁行为，是否符合租赁政策；

5）税费缴纳情况。

（3）领取房屋租赁证

经过主管部门审核登记后，领取房屋租赁证。房屋租赁证可成为从事生产经营活动场所的有效凭证，也可作为居住用房租赁凭证。已经登记的租赁活动具有法律效力。

10.2.6 租赁双方的权利和义务

（1）承租方的权利

1）享有按租赁合同所列房产范围和租赁有效期内的合法使用权。

2）对承租的房产，按规定修缮范围要求房产经营者进行修缮，保证在有效期内的使用安全。

3）对房产经营者有监督和建议权。

4）租赁期满时，承租人有继续承租或购买的优先权。

（2）承租方的义务

1）按月缴纳房租。

2）不得私自转租、转借、转让所承租的房产和改变房产的用途。

3）有妥善保管、爱护房屋的装修及其设备的义务，对因承租方人为的损坏有赔偿的责任。

4) 遵守国家有关房产租赁的政策和规定,对违反政策和规定的行为要承担法律责任。

(3) 房产出租方的权利

1) 按期收取租金,对拖欠租金者收取滞纳金。

2) 对承租方有指导消费,监督检查的权利。

3) 对承租方的违约行为,有权按照规定解除租赁合同,终止租赁关系,收回房产并依据法规进行处理。

4) 制止承租方在租赁期内违反国家和地方有关房产的政策和规定的行为。

(4) 房产出租方的义务

1) 保证承租方的合法使用权。

2) 按合同规定的修缮范围维修房产,保证承租方安全和正常使用。

3) 宣传房产管理规定,调节租赁纠纷。接受承租方对房产经营单位和工作人员的监督,听取意见改进工作。

10.2.7　租赁合同的终止

(1) 租赁合同的正常终止。由于承租方退户迁出需要终止租赁关系,或者由于"代管产"、"委托产",其房屋产权归还原产权人时,租赁合同正常终止。

(2) 租赁合同因违约行为的终止。因拖欠租金超过合同规定期限、转租、转让使用权等原因解除合同,应以书面形式通知承租方,说明违约情况,按照合同规定终止租赁合同。

10.2.8　解决租赁纠纷的方法

尽管房产租赁契约是当事人双方在平等、互利、协商一致的原则下产生的,由于多种原因,租赁双方有时会产生纠纷,人们在长期实践的基础上,一般按以下办法解决纠纷。

(1) 协商。当事人就纠纷进行面对面协商、对话,以便取得一致性意见解决纠纷。

(2) 调解。当协商不能解决纠纷时,当事人双方在互相信任的第三方的主持下,查明事实,划清责任,进行调解,达到互相谅解,消除纠纷。

(3) 仲裁。经调解无效,由契约管理机关调查,根据仲裁条例,作出有约束力的裁决。

(4) 诉讼。当事人双方还可以向人民法院起诉,请求依法处理,由人民法院根据事实进行调解或依法作出判决和裁定。

10.2.9　房产租赁策略

在进行房产经租的实务中,要充分认识房产的特点,讲求房产租赁经营的策略。

住宅房产就目前来讲,大部分是采用租赁经营。但是随着房改进一步深入,住宅房产正逐步实行商品化经营,加上职工购买力的不断提高,住宅房产的租赁经营在房产经营业务中的分量将减少。在西方发达国家住宅自有化程度较高,因而住宅房产买卖经营的分量也将加重。

房产中位置较好的写字楼、门面用房因其一般用于商业等获利水平较好的行业,因此从房产经营商的经济效益看,采用经租经营较为合适。还有像仓库、标准厂房由于房产需求方的使用皆是较短期的储存货物和生产使用,因而也一般采用租赁经营。

10.3　物　业　租　金

物业租金，即物业租赁价格，是分期出售物业使用权价值的货币表现。是物业商品价值的实现形式。

10.3.1　房屋租金的构成

房屋租金的理论构成包含八项因素，折旧费、管理费、维修费、利息、税金、地租、利润、保险。

（1）折旧费。按房屋使用年限计算的逐期回收的房地产投资的补偿。折旧费可以采用直线折旧法计算。折旧费＝成本价格(1－残值率)/折旧年限

（2）维修费。为保证房屋正常使用功能和使用年限，按年度计算的平均维修支出。维修费计算公式是，维修费＝耐用年限内维修费总额/耐用年限

（3）管理费。对出租房屋进行必要的管理和服务所需要的费用，包括管理人员工资、行政办公费、业务费和其他费用。

（4）利息。租赁形式是逐期收回房屋建设成本，而承租方占用的全部建造成本本期贷款利息成为租金构成的因素之一。投资利息按照银行固定资本贷款利率计算。

（5）房产税。房屋所有者向国家缴纳的费用。国家1986年10月1日起开征房产税。房产税计算公式：(折旧费＋维修费＋管理费＋投资利息)×10%。

（6）保险费。房屋所有者为了使自己的房产免遭自然灾害或意外事故造成的损失，而向保险公司支付的费用。保险费是房产使用过程中产权人追加的费用，保险费加入租金通过租赁过程回收。

（7）利润。出租人在租赁经营中获得的正常利润。

（8）地租。房屋所有权人向土地所有者缴纳的土地使用费用。商品房租赁表现为国家征收的土地使用税，成为租金的构成因素。

以上八项因素构成的房屋租金构成商品租金内容，以房屋商品的价值为基础。通过商品租金进行租赁，所有权人可以收回房产投资价值和经营成本，经营利润。八因素构成的租金称之为真正意义上的租金。

10.3.2　房地产租赁价格的确定

（1）房地产租赁价格的确定原则

房地产租赁价格与房地产商品售卖价格一样，受商品经济规律的支配。计算租金应遵循的原则有：

1）价值补偿原则

房屋租赁活动就是要以租金形式收回投资，满足房屋维修和保养需要，并获取相应利润。

2）按质论价原则

房屋租金制定，要综合房屋自身各种因素来确定，按质定价。

3）供求调节原则

房屋租赁市场供求状况直接影响房屋租赁价格的确定。租赁价格又会影响房屋供求关系。使得房屋供给与需求在波动中实现平衡。

4) 经济承受原则

房屋租金与房屋自身价值相关联，受房屋市场供求关系影响而发生波动，同时房屋租赁价格变动受到有支付能力需求的影响。支付能力的需求制约了供给价格的上涨。

(2) 房地产租赁价格确定的形式

物业使用过程中会发生各种费用，这些费用应当由使用人来支付。这些费用就其性质而言，有些不属于真正意义上的租金，它的付费方式是否采取租金形式，现实中处理是不同的。现实中的租金有可能包含真正意义房租构成因素之外的费用，也可能实际租金将真正意义租金构成因素排除在外。物业使用过程中发生的费用，可以分成三类。第一类，水、电、燃气、供暖、通信费、有线电视。第二类，物业服务费。第三类，房产税、保险费、租赁税费、租赁代理费、家具设备费。按照出租人所收取的租金中包含上述支出的多少，可以将物业出租形式分成净租金、毛租金、百分比租金三种。

1) 净租金。承租人缴纳的租金中只包含真正意义上的租金因素部分或全部，不包含上述费用的部分或全部，未包含在租金中的部分，仍需承租人另行缴纳。按照承租人所缴租金中包含因素由少到多来表明租金的纯净，净租金又分三种形式。一方面，承租人向业主缴纳租金。另一方面，承租人要缴纳其他费用，第一种，要另外支付上述所列举的全部三类费用。第二种，承租人另外要缴纳上述费用中第一类能源通信费，第二类物业服务费。第三种，承租人另外要缴纳能源通信使用费。

2) 毛租金。承租人缴纳的租金中，包含上述三类费用中全部，承租人在物业使用过程中，不需要再另行缴纳任何费用。

3) 百分比租金。百分比租金通常用于经营性商业物业。承租人与出租人之间在约定的固定租金之外，还要根据营业额的情况，对于超出定额部分按照百分比进行提取作为固定租金的补充。

(3) 房地产租赁价格的确定

房地产租赁价格的确定从理论角度与实际角度相比较既有联系又有区别。理论租赁价格是实际租赁价格的基础，实际租赁价格在市场供求关系影响下与理论租赁价格又有差别。这里提出的租赁价格确定方法，采用了两种不同角度的分析。

1) 收益回报率法。租金的确定要根据出租物业经营成本和业主期望的投资回报率来确定。房屋价格×预期收益率＝年租金，月租金＋使用过程中发生费用＝房地产租赁价格。

2) 租金构成的比例关系法。根据房地产商品市场价格，房地产商品租赁价格构成因素及各因素所占比例，计算房地产租金的方法。月租金折旧费＝价格×(1－残值率)/50 年折旧年限/12，残值率 2%；月维修费＝折旧费×维修费率，维修费＋管理费＝折旧费×80%，管理费占 15%，维修费占 85%，维修费率为 68%。月管理费＝折旧费×管理费率，管理费率 12%；房产税＝价格×12%；月保险费＝(投保金额×年保险费率)×12；月地租＝(土地费用×年利息率)/12。月租赁价格＝月租金＋使用过程中发生费用。

3) 市场法。在市场经济条件下，租赁价格由市场供求关系决定。租赁价格有可能偏离房地产商品价格。在商品租赁市场已存在条件下，租赁价格确定通过市场同类物业比较，通过物业在质量、结构、设备条件等方面的因素差异进行调剂，确定实际租赁价格。

10.4　房地产租赁代理概述

房地产租赁代理是为房地产租赁活动提供劳务服务的一种经济活动，它是出租人与承租人之间建立租赁关系的重要渠道。

10.4.1　房地产租赁代理的含义

（1）代理

代理即代理人在代理权限内以被代理人的名义实施民事活动的法律行为，代理的经济含义即是指代理人介绍他人之间进行活动的商业行为。这种代理行为也称为中介服务。房地产买卖、租赁、交换、抵押过程中提供信息及其他劳务工作的终结服务都属于代理。在代理行为实施过程中，代理人作为受托人，是代理行为的主体，是委托人意愿的具体实施者，他只能在双方约定的权限内开展活动。被代理人是代理行为的委托人，他对代理人的代理行为承担民事责任。委托人与受托人约定的代理内容，是代理活动实施的客体。代理行为有很强的时效性，代理人必须在双方约定的时期内实现代理的内容，否则代理活动会成为无效劳动。从事代理活动的代理人，可以是个人，也可以是公司、机构等身份，但都必须经政府委托的管理机构进行资质认定，办理合法手续，方可准予承揽业务。

（2）房地产租赁代理

房地产租赁代理是指在房地产租赁市场上，房地产租赁代理人按照与房屋所有权人约定的条件，在物业出租与承租过程中帮助他人依法取得物业使用权所提供的中介服务。

房地产租赁代理活动属于房地产流通中的一种交换方式，但这种交换方式的运作过程又经常与房地产消费过程交织在一起，因此，租赁代理活动与消费过程中的物业管理活动有着密切的联系。但房地产租赁代理与物业管理在工作性质、内容、目标等诸方面又有很大的不同，因此，房地产租赁代理和物业管理在一般情况下往往分属于不同的代理人。然而，由于这两类经济活动的对象物是同一物业，所以有时二者也可能合二为一，即房地产租赁代理人同时又是物业管理代理人。

房地产租赁代理客体的多样性决定了租赁方式的多样性。由于租赁客体如住宅、工业厂房、商贾综合楼、写字楼等，在用途上存在巨大的差异，因而，有时物业租赁采取整栋楼出租的形式；有时是将同一所有权物业的一部分出租；也有时是将物业各部分分别出租给不同的承租人。

房地产租赁代理提供的代理业务内容，应当在与委托人签订的代理协议中载明。代理人应当提供完善的服务，发挥代理的优势，加快租赁成交速度。

10.4.2　房地产租赁代理的作用

（1）房地产租赁代理的一般作用

1）房地产租赁代理活动为物业流通提供了便利

房地产租赁代理活动，根据其业务内容的需要，可能只涉及房地产流通领域，也可能同时涉及房地产流通和消费两个领域。物业租赁代理人本身具备行业的优势，拥有众多具备行业管理经验的管理人才，并且掌握了系统的专业技术知识，熟悉各种用途物业的管理方法，熟悉与行业管理有关的法律法规、政策规章，因此具备了对房地产实行全面管理、综合管理的基础。这样的代理人有可能将单纯的租赁代理与物业管理集于一身，一方面对房地产进行专业化、技术化的管理，使房地产得到充分地使用与维护，另一方面，把委托人从房地产日常管理工作中解脱出来，从而为物业的流通提供了便利。

2）房地产租赁代理为租赁双方提供了信息交流的渠道

在房地产租赁市场中，租赁代理人专门从事租赁经营。他们首先必须通过行业主管部门的资质审查，具备经营的资格，然后才能办理经营执照。他们一般在临街的门面房办公，办公地点有显著的标识名称。经过长期经营，在公众中已经树立了自己的信誉和形象。而租赁双方对于物业用途、位置、价格等市场信息的了解局限性很大，只有委托这些专业代理人代理。这样，租赁代理人就成为房地产市场信息的汇集者，成为房地产开发商、物业产权人、物业使用人之间沟通的纽带。租赁代理人的出现扩大了租赁双方选择的余地，提高了成交的可能性，最终缩小了物业租赁市场的时空差距，加快了成交速度。

3）房地产租赁代理提高了租赁活动的专业化、社会化程度

房地产租赁代理的规模化经营和行业联系，使租赁代理得到了充分的发展，并在整个房地产市场中发挥了重要作用。单纯的中介服务工作只需要少量的人员就可以完成，因此，有实力的代理人往往采用连锁经营的方式，同时开办若干个租赁代理连锁店，分布在城市的各个地区。这些连锁店使用相同的信息，提供同样的服务。租赁代理人之间进行横向联系，相互沟通市场情况，共同享有信息，可提高租赁代理的成交率。代理人各自开展自己的业务活动，通过提高服务水平，完善服务质量，进行平等竞争，促进了租赁代理行业合理有序、健康地发展。

（2）房地产租赁代理在不同产权条件下的作用

1）单一产权房地产租赁代理的作用

整栋楼宇甚至整片住宅同属于一个产权人，即为单一产权。在这种情况下，他可以将其全部房地产委托给同一个租赁代理人来运作，还可以指定、聘请租赁代理人兼做物业管理代理。这样做能够更好地发挥代理的优势。

① 单一产权条件下，不存在产权人相互间的利益冲突，租赁代理人可以从全部房地产的角度进行统一筹划，设计一套完整的出租方案。租赁代理人长期专门从事租赁业务，熟悉租赁市场的情况，因此他们能够很快地将房地产租赁出去。

② 单一产权条件下的房地产租赁代理具备了开展有计划、有步骤的广告宣传活动的基础，有利于房地产租赁代理活动的顺利展开。然而，大规模的广告宣传活动所耗费的资金能否通过招租及时地收回，是没有切实保障的，因此租赁代理人将承担较大的风险。

2）异产毗连房地产租赁代理的作用

异产毗连房屋系指结构相连或具有共有、共用设备和附属建筑，而为不同所有人所共有的房屋。

我国现阶段城镇房屋所有制具有多种形式，按产权的性质可以分为公产、私产、单位产、外产等。因此，物业租赁代理人所接管的房产可能属于不同的产权单位或产权人。不动产的所有权、使用权、管理权是可以分割的，这就决定了产权人可以将自己的物业交给物业租赁代理人代为管理、经营或出租给他人使用。代理人在承认和保护产权人合法权益的基础上，处理好产权相邻的房屋关系，在法律规定范围内行使管理权，处理好代理人统一管理与产权人合法权益及相邻权益之间的关系，是做好物业管理工作的第一步。在物业租赁代理中，做好房屋产权管理，对于协调理顺各方面关系和避免出现矛盾纠纷有着十分

重要的意义。

对于居住房地产、住宅小区和高层公寓等本身是一个统一的整体的物业，可以按权属对其中用于住宅、商业、文教、卫生等不同用途房屋进行区分；其他如小区院落用地、供水、供电、供暖、供气等公用部位和公用设施，有些在权属上可以适当分割，而有些设施则无法分割，因此，需要代理人作为中间人，在不动产相邻各方之间按照有利生产、方便生活、公平合理原则，处理好用水、排水、通风、采光、公用设施使用及维护等方面的关系。

异产毗连房屋的产权各异，房屋租赁代理人有时是一个，有时不同的房产主按照各自的需要，分别委托不同的中介机构代为办理，这时租赁代理人就是多个。当房屋租赁业务由多家负责时，租赁代理人之间无形中构成了竞争关系，促使租赁代理人充分利用各自优势，做好代理工作。

另外，产权人若自行租赁，就要分头进行市场宣传，既浪费人力，又浪费财力，得不偿失。而众多分散的产权人也难以独立承担昂贵的广告宣传费用。而租赁代理人凭借其对市场的了解，凭借中介信息形成的网络体系，能够更及时地推出租赁业务，有效地节约人力和物力。

10.4.3　房地产租赁代理的形式

随着房地产租赁代理的发展，其形式也日趋多样化，以适应房地产业发展的需要。

（1）单纯中介

单纯中介是指房地产租赁代理人仅仅作为中间介绍人，为承租人和出租人提供信息与服务。

单纯中介实际上是一种信息代理，它出现在早期的换房代理服务中，也被称为换房代理。单纯的租赁信息代理服务是在房地产市场商品房上市后才出现的。一般情况下，租赁双方要求代理人提供的服务也仅是提供信息。

按照房地产租赁代理人与承租人、出租人三方的关系分类，单纯中介可分为四种类型。

1）开放型中介代理

开放型中介代理是指待出租的房地产同时拥有几个租赁代理人，代理人之间展开竞争，且委托人同时也在寻找该房地产的承租人，只有当租赁代理人首先找到并确定承租人时，才能获得佣金的代理方式。这种代理通常没有期限限制。

2）独家代理

委托人将房地产出租代理权指定给某个受托人代理。通常要规定代理期限，如果代理人在规定期限内完成了租赁工作，应按约定收取佣金。委托人在此期间也可以自己寻找承租人。

3）排他性独家代理

这是房地产租赁代理的最高形式。这种方式要求拥有出租房的独家代理权的代理人在规定时间内将房地产出租。委托人不参与租赁活动。

4）联合代理

联合代理是物业租赁代理人共同组成集团式代理组织进行代理的方式。联合有两种方式，一种是合作型的松散联合，一种是具有行政和经济隶属关系的经济实体联合。这种代理组织发挥了集体和团队的优势,在业务内容上实现了横向联合,拥有共同的信息网络,尤其便于运用现代计算机网络技术进行信息交流。联合代理组织实力雄厚,所占领的市场份额大,社会知名度高,容易得到租赁双方的信赖,因此在市场竞争中具有较强的竞争力。

(2) 包租转租

房地产租赁代理人在这种租赁方式下具有双重身份。首先,租赁代理人作为承租人按议定价格承租出租人的全部房地产,这种租赁方式叫做包租。然后,代理人作为出租人独立地行使出租权,将其承租的房地产再以零星租赁的方式转租给其他承租人,即所谓转租。租赁代理人可以获得承包价格与转租价格之间的差价部分。

这种形式实际上相当于商品交易中的批发零售。差价部分是出租人对代理人的让利,以此冲抵租赁代理的代理佣金。对房地产出租人来说,这种做法实际上降低了房地产空置的风险,不论租赁代理人的租赁活动结果如何,出租人均可获得稳定的批租收入。尤其是在房地产市场处于低迷状态时,房地产企业经营的风险更大,通过转租来转嫁风险是一种明智的选择;对于租赁代理人来说,采取这种方式虽然承担了较大的风险,但通过承租、转租所得到的收益,往往比其他租赁代理佣金要高。另外,租赁代理人对于房地产租赁市场情况有着更深刻的了解,在长期的经营活动中积累了丰富的经验,敢于以风险换取获利的机会,因此也更能调动其积极性和主动性。

(3) 联合经营

联合经营是由房地产租赁代理人与房地产所有人在房地产租赁经营活动中采取的一种合作经营方式。合作双方优势互补,一方拥有房地产,一方拥有经营的其他条件,如专业人才、资金、经验等。代理人与所有人按照双方达成的协议,分工合作,共同参与房地产的经营管理活动,共同承担经营中的风险,按照各自的份额获取经营利润。

10.5 房地产租赁代理活动

10.5.1 招租

物业租赁代理人在接受委托人的委托后,代理人与委托者签订房地产中介合同被称作正式承接。如果委托人是出租者,那么代理人就要通过开展各种市场活动,寻找承租人。看房者来到时,代理人应安排接待,组织参观房屋,与其进行洽谈磋商。如果看房者有意要租,仍需由代理人出面协商确定租金,并签订租赁合同。承租者进住后,代理人代表委托人管理物业。

(1) 招租策划

招租策划就是指招租人为保证招租的成功,针对招租的各个阶段而进行计划、部署,并制定一系列策略的过程。招租策划的内容包括制订招租渠道策略、租金定价策略、招租方案等。

选择由代理商代理招租项目,本身就体现了招租渠道的选择。因此,进行招租策划只需要考虑另外两个问题即可。

1) 租金定价策略

房地产租金定价策略是指企业为了在目标市场上实现其经营目标,所规定的定价指导思想和定价原则。租金定价策略的选择应以商品本身的情况、市场总体价格情况、成本情况、消费构成、消费心理等诸多因素作参照来确定。具体包含以下几种策略：

①　成本导向定价策略。是以产品成本和社会平均利润补偿为基础定价。

②　需求导向定价策略。以市场需求为基础，确定目标市场消费者可接受的价格并据此定价。

③　竞争导向定价策略。从市场竞争形式分析，以产品市场定位为基础，为争取有利竞争条件与地位的定价策略。这种定价策略中最直接的方法就是以同类产品现行市场价格为定价依据。

④　心理导向定价策略。以价格及其变化对消费者心理产生影响的角度考虑定价。消费者存在求廉心理和求荣心理，采用相应的心理价格有助于商品推销。

⑤　变动价格策略。这种策略的形式多种多样，其价格不是固定不变的，如一次付款优惠、提前付款优惠、批量购买优惠、季节差价等。

2）制订招租方案

招租方案是经营者为了使招租工作顺利完成而制订的招租行动实施细则。它包括招租方式、招租程序两部分。

①　招租方式。房地产租赁代理中可供选择的招租方式有：

A.　人员推销。人员推销是指招租人员以交谈的形式向顾客口头宣传介绍，以满足承租者的需求，并出租物业实现企业目标的经营活动。人员推销是租赁代理人广泛采用的促销方式。租赁代理人与委托人、承租人直接面对面交谈，通过介绍、分析、说服等谈判手法进行协商，最容易达到预想的结果，促成交易。

B.　广告宣传。广告是通过各种媒体，有计划地向广大消费者传递商品或劳务信息，以达到提高市场占有率目的的一种促销形式。按照广告媒体的不同，目前的广告形式可分为六大类：视听广告、印刷广告、实体广告、户外广告、邮寄广告、交通广告等。不同的广告媒体有不同的特点，它们传递信息的方式不同，效果也不一样。因此，在进行广告宣传之前，一定要周密策划，才能收到事半功倍的效果。

在广告策划中，下列内容是很重要的：广告的目的、广告推出的时机、广告对象及对象区域、广告宣传中心策略、产品定位、产品命名等，对这些方面必须进行精心的策划。广告宣传要根据广告目的选择好媒体，要做好广告预算。

C.　展示会。展示会是为迅速刺激需求和鼓励消费而采取的促销措施。它的作用在于短时间内将顾客吸引到一个集中的地点，并迅速成交。展览会的形式要比较新颖，以保证确实能够吸引潜在的消费者。

D.　公共关系。公共关系是组织或部门利用双向信息交流手段，有计划地加强与公众的联系，以赢得广大公众的信任和支持，并树立自己信誉的活动。公共关系的活动形式主要有市场宣传、新闻宣传报道、提供赞助等。

②　招租程序。首次招租工作分两个阶段进行，即预备期和招租期。预备期代理人应做的工作有：市场调研分析、确定租赁价格、制订广告发布方案、研究代租方式。另外，还要安排招租接待室，挑选招租人员，制作宣传资料和宣传工具，为下一阶段工作做好准备；招租期应开展多层次全方位的宣传工作，同时进行大规模招租。

首次招租工作完成后，房地产租赁代理转入日常性常规工作，由专门人员长期负责退租、招租等承租人变更的工作。

(2) 租赁代理方式下的契约关系

随着租赁市场的发展和完善，租赁市场中的社会化分工必然更加细化。最初的租赁，只是所有人和使用人之间的交易行为，现在发展成使用人、所有人、代理人、管理人四者间的行为。

1) 直接的租赁关系

直接的租赁关系即所有人与使用人之间的租赁关系，所有人称作出租人，使用人称作承租人。双方签订租赁合同，送交房地产管理部门备案。经过签证后，合同即告生效，租赁关系成立。

2) 代理方式下的租赁关系

租赁双方的交易是通过代理人来办理的，因此这种租赁方式下的交易手续要复杂得多。如图 10-1 所示，所有人和使用人之间仍然要办理租赁合同并验证，确保无差错。所有人要把房地产的日常业务交付给代理人来完成，因此所有人与代理人之间要签订代理合同。代理人代表委托人与承租人订立契约。

图 10-1　代理方式下的租赁关系

3) 物业管理方式下的租赁关系

物业管理方式下的租赁关系见图 10-2 所示。

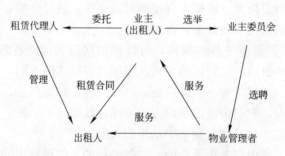

图 10-2　物业管理方式下的租赁关系

根据需要，租赁代理公司可与不同的被代理方订立不同种类的协议。这些协议包括：

① 单纯物业出租代理协议；

② 物业管理委托合同；

③ 房屋租赁合同。

10.5.2　房地产租赁代理的管理

(1) 租赁管理

1) 租赁办理的管理

在办理租赁时，房地产租赁代理人应审核房地产租赁必备的法律文书及证件。代理人在从事代理业务过程中，同时对出租人和承租人双方负有一定的责任和义务，必须依法行事。需要检查的文书及证件有：

① 承租人身份证件；

② 出租人物业产权证明，相关法律文件；

③ 双方签订的租赁合同；

④ 房地产现实状况说明书；

⑤ 其他相关文件。

2）租赁过程中的管理

房地产租赁代理机构应制定各项物业管理制度，以契约形式把承租人和管理、服务人员相互间的责权关系及各自的行为规范下来，通过经营方式向承租人提供有偿服务。需要以契约形式加以规范的内容有：

① 房屋结构的维护；

② 房屋损坏的鉴定、赔偿、修复办法；

③ 租金收缴办法；

④ 物业管理常规性活动内容。

（2）财务管理

财务管理是指制定财务收支、管理计划、管理年度财务收支活动。房地产租赁代理机构所提供的财务管理服务包括租金管理、各项税费、佣金管理等内容。

1）租金管理

租金管理主要是指收租，也包括对特殊情况下会发生的退租欠租行为的管理。代理人应当深入实际了解情况，排除障碍，提高租金收缴率。

① 租金标准的确定。由于房屋的产权不同，用途不同，其租金标准也不同。采用包租转租代理形式时，除考虑上述因素外，还应把经营中的房屋空置因素考虑进来，可以市场上同类房屋空置率水平作为参照依据。

② 租金收缴方式。租金收缴方式由租赁双方共同协商确定。居民住宅用房采用现金结算，按月收缴。单位部门非住宅用房，适宜通过银行划拨结账或支票结账。

③ 租金的调整。在房地产租赁过程中，为保证房屋出租人得到合理的回报，消除物价上涨因素带来的影响，适度调整租金价格是租赁代理人的一项重要工作。

调整租金的具体方法有两种：一是定比法。即按租赁双方事先议定的升幅比例，定期调整；二是市场法。即根据市场供求状况和同类房屋租金价格变动情况，不定期调整租金价格。不管采用何种方法，调整后的租金价格必须得到租赁双方的一致认可。如果有争议，则需要重新调查核实，重新协商确定。调整后的租赁价格要在租赁合同上进行登录。

2）租赁代理的收支管理

租赁代理的资金来源与运用是房地产租赁代理财务管理的重要组成部分。合理确定代理人资金收支项目，正确运用、分配代理资金，是协调处理委托人、代理人、承租人三方面经济利益关系的关键。

① 房地产租赁代理的收入项目。其收入项目有：

A. 物业租金收入。即代理人向承租人收取的房租；

B. 代理费。是委托人支付给代理人的佣金；

C. 管理基金。用于支付物业维修费、保险费。其来源主要有四项，首先是委托人上缴的房屋维护费。一般应按房屋总造价的一定比例提取；其次是水电管理费备用金。它主要用于配套设施，如供电、供水、电梯、消防等重要设备的更新和改造。备用金使用后可如数向委托人分摊，并应及时收取以补充备用金；再次是管理基金的利息收入；最后是特约服务收入。特约服务收入的弹性比较大，要视开展经营活动的具体情况来确定。

除上述三项比较确定的收入项目之外，代理机构还可能获得其他一些收入。如保险公司支付给代理机构的保险赔偿款，承租人违约罚款等。如果租赁代理机构同时又是物业管理机构，那么物业管理费收入将成为其收入项目中最主要的一项。

② 房地产租赁代理的支出项目。租赁代理支出的具体用途有很多，按照支出的性质可将其分成三大部分：一是代收代缴费用。主要指租金和各种税费。租金是替委托人收取的，税费是上缴给国家的；二是日常业务支出及设备设施维修养护费；三是人头费和办公费。包括物业管理人员、代理人员的工资和福利等。

3) 委托人基金管理

委托人须交纳一定的费用建立委托人基金，用于支付日常管理中的费用。

委托人需支付的项目如下：

① 会计报告书费。会计报告书是代理人为委托人提供的，费用由委托人支付；

② 代理人佣金；

③ 税费开支。属于委托人应付的税费部分。

10.6 房地产租赁代理的财产管理

房地产租赁代理除去单纯从事中介形式的代理外，都不同程度地介入了物业租赁过程中的管理活动。因此，物业的财产管理也成为租赁代理的一项重要工作内容。

房地产的财产按照财产性质分为动产和不动产，财产管理也相应分为动产管理和不动产管理。

10.6.1 不动产管理

不动产是指房屋建筑及与其固定在一起的难以拆、改的设施。如建筑物及其供暖、供水、电气等设施。不动产管理是指房屋出租代理人对其直接代理的房屋及其他附着物的出租、接管、修缮、养护，直到结束物业代理关系或房屋报废等全过程的管理。不动产管理主要研究房屋物质运动形态的管理，是物业租赁代理房屋管理中最基础的工作。

不动产管理的内容具体包括：

(1) 房地产产权管理

产权管理的核心是权属问题。因此，首先要做好确定权属的工作，明确产权人，然后才能进行房地产产权登记，建立委托代管关系。登记工作完成后，再转向管理系统内部的建账归档工作，根据物业的实际情况建立账、卡、图、表等财产档案，进行账簿记载。

另外，财产记录要反映房地产出租过程中的变动情况，及时变更原始记录，保证账目能够及时准确地反映房地产的实际状况。

(2) 房屋建筑及设施管理

对于单一产权楼宇，产权人和出租人联合经营可能涉及到房屋建筑和设备的管理。对于异产毗连楼宇，代理人只负责单元内的建筑及设施管理。

房屋建筑管理主要包括建筑结构、建筑完好程度的管理。上述管理内容的记载，可为房屋维修养护提供重要的依据。在物业租赁代理过程中，应对房屋情况定期检查，如实记录，同时要将主要结构的修缮情况完整记录下来，归档备查。要写明修缮时间、项目及费用，修缮处理方法及用料情况，修缮人员等主要内容。

1）建筑结构管理。房屋建筑结构指房屋的承重骨架，包括屋架、楼板、墙身、柱和基础等主要部位。物业租赁代理人应随时掌握房屋结构情况，发现问题要及时处理。

2）建筑完好程度管理。房屋建筑完好程度的划分，是组织房屋维修和更新改造的依据，房屋建筑完好程度主要取决于房屋建筑质量、建筑年限及维修养护情况。确定房屋完好程度，主要根据房屋结构情况来判断。按照城乡建设部的评定标准，建筑完好程度划分为五个等级：完好房屋、基本完好房屋、一般损坏房屋、严重损坏房屋和危险房屋。

3）大型设备管理。大型设备管理是指对房屋大型设备的操作、保养等进行的管理。在房屋设备使用过程中，对大型、重要设备、设施，如水箱、水泵、配电箱、变压器、电梯、中央空调、锅炉监控中心等，应指定专人专岗负责，定期养护维修，保证设备正常运转。

（3）物业数量管理

物业数量管理就是要掌握物业租赁现状及租出物业与全部物业的确切数字，以便制定租赁代理的对策和计划。为了及时掌握房屋数量变动情况，可以定期填写房屋增减统计表，如表10-1所示。该表通过所设置的指标体系，考核房屋的原有量、增加量、减少量、现存量的变动情况，从而为物业租赁、租金收缴等项工作提供依据。

房屋增减统计表（季报） 表 10-1

代理人（物业公司）

项目	住宅		写字楼		其他	
	间数（间）	建筑面积（m²）	间数（间）	建筑面积（m²）	间数（间）	建筑面积（m²）
房屋原有量 增加房屋量 减少房屋量 房屋现存量						

（4）物业价值管理

做好物业价值管理，有助于掌握所管辖物业的总规模、总水平。同时，也为实行经济核算提供了依据。房屋价值由于使用和时间推移会发生损耗，由于房屋市场的变化会发生价格的变更，因此物业价值管理的基础工作，就是要做好物业的估值。可以通过房产估价表来记载房产价值的变动情况，如表10-2所示。

房产估价及变动表 表 10-2

房屋现状	掌管情况间/建筑面积	房屋结构	房屋等级	房屋地区级别	房屋健康状况	原值或完全价值	房屋现值（净值）	房屋折旧	价值及变动依据	日期
变动情况										
备注										

制表：

（5）物业变动管理

物业变动管理是指对房屋的数量、质量及租金变动的管理工作。房地产租赁代理人应对委托物业的数量变化，以及物业设备变化及时进行增减清点与核查，并根据变化情况及时调整档案资料，保证数据准确、资料完备、账实相符。

（6）不动产档案的建立及管理

不动产档案是房屋及其地基的图、卡、账、单等基础资料的总称。它是不动产管理工作的依据。不动产档案必须资料完整、数字准确、账实相符，租赁代理人须对其实行严格的科学管理。不动产档案的主要内容包括两部分。

1）资料和文件。具体有：

①代理租赁管理协议书和房屋、土地证复印件；

②房屋结构、设备、设施变更情况记录；

③物业管理相关服务的合同及入住合同。

2）图表。不动产档案中的图表包括：

① 房屋建筑平面图。可用于查阅房屋的位置和面积。

② 租金评定表。用于记录租金评定的有关内容。

③ 建筑情况表。用于记录建筑及其结构的基本情况，如表10-3所示。

房屋建筑情况表　　　　　　　　　　　　　　表 10-3

产权人：　　　　　　　　　　　　　　　　　　　　　　　　　　地址：

幢号	建筑形式	房屋结构	层数	用途	总间数	成套住宅	建筑面积(m²)	占地面积(m²)	基底面积(m²)	建造年份

幢号	建筑构造情况				
	屋顶部分	墙身部分	楼层部分	门窗部分	其他部分
	屋面材料_____ _____ 屋架形式_____ _____	砌体材料_____ 外墙面_____ 墙厚：外___内___	楼板_____ 楼梯_____ 外走廊_____	材料_____ 槽数_____ 纱窗_____	顶棚___
	屋面材料_____ _____ 屋架形式_____	砌体材料_____ 外墙面_____ 墙厚：外___内___	楼板_____ 楼梯_____ 外走廊_____	材料_____ 槽数_____ 纱窗_____	顶棚___

地下室	用途	间数	面积(m²)	净高(m)	埋深(m)	积水情况	备注

④ 装修设备登记表。记载设备装修变更情况，应逐项登记载明，如表10-4所示。

装修设备登记表 表 10-4

产权人： 地址：

间号	用途	门窗			空调		地面		电器			暖气		卫生					上下水		
		门	窗	玻璃	分体式	集中空调	地板	地毯	电灯	插电门	电表	暖气片	燃气灶	便池	水箱	澡盆	面盆	淋浴	龙头	洗菜池	水表
备注																					

调查制表：

⑤ 房屋现状及维修记录表，如表 10-5 所示。

房屋现状及维修记录 表 10-5

产权人： 地址：

房屋现状	屋顶_____ 屋架_____ 墙身_____ 门窗_____ 基础_____ 地面_____ 年 月 日(查)	类别 …… 1 2 3 4 5	间号 ……	建筑面积(m²) …………

维修记录	日期		施工单位	主要维修增改项目	维修间数	维修面积(m²)	投资金额(元)	修后类别
	开工	竣工						
								类 间 m²
								类 间 m²
								类 间 m²
								类 间 m²

调查制表：

10.6.2 动产管理

所谓动产是指与不动产相比，对房屋的附着性小，可以轻易搬动、拆迁、修理的部分。搞好动产管理也是租赁代理人职责的一部分。要充分发挥设备的使用功能，提高设备的完好率。

动产管理的内容主要有五项：

(1) 建立动产档案以便管理过程中查阅，利用卡片、账册做好接管登记和变更登记；

(2) 定期对动产进行检查、保养与维修，保证设备正常使用；

(3) 指导承租人正确使用设备、设施；

(4) 明确维修责任，妥善做好损坏设备的修复更新工作；

(5) 填写房屋状况报告表。该表必须经双方签字认可，并附在房屋租赁合同上。

10.6.3 租赁物业的使用检查

房地产租赁代理人对物业是否正常使用负有责任，为了保证物业的正常使用，租赁代理人应及时了解所代理的物业运行状况，通过常规检查的方法，及时发现并解决问题，代理人每年要向委托人提供物业全面状况的报告。

常规检查的目的是为了对承租人使用物业行为进行监督管理，并给予指导，使承租人严格按建筑设计用途使用房屋。对可能出现的问题应事先明确责任范围，出现问题时及时纠正处理。

常规检查采用日常检查和定期检查相结合的形式。

（1）日常检查

日常检查的特点是随时发现问题，随时给予解决。这样可以减少不必要的损失。日常检查可以每月进行一次。检查情况要如实记录，有关情况填写在日常检查单中，如表 10-6所示。

日 常 检 查 单　　　　　　　　　　　　　　　　表 10-6

```
                          日常检查单
出租人_____
代理人_____
住宅地址_____  检查者_____
                                  日期_____
维修说明和清扫通知


                          外部设施
房顶：
下水管道：
门、窗、墙：
管道：
电：
车库(停车场)：
垃圾区：
地面：
大门(围墙)：
                          公共用地
大厅：
楼梯：墙/天花板
      地面
      门锁
      窗
门灯：
洗衣房：
```

日常检查的内容主要是房屋外部设施及公用部位。对使用不当或损坏行为要及时纠正。需要维修的，应按照维修要求作出预算报告，报送出租人。

（2）定期检查

定期检查是租赁代理人对其所管理的房屋内部状况，在固定时期内进行全面的检查。定期检查每年进行一次，一般在年初进行。应根据检查情况填写年检单(见表 10-7)，作为房屋档案资料，妥善留存。

年 检 单　　　　　　　　　　　　　表 10-7

年检查单
出租人姓名＿＿＿＿＿＿＿＿＿＿＿＿＿＿＿＿＿＿＿＿＿＿＿＿
检查范围＿＿＿＿＿＿＿＿＿＿＿＿＿＿＿＿＿＿＿＿＿＿＿＿＿＿
住宅地址＿＿＿＿＿＿＿＿＿＿＿＿＿　检查人＿＿＿＿＿＿＿＿＿
＿＿＿＿＿＿＿＿＿＿＿＿＿　日期＿＿＿＿＿＿＿＿＿＿＿＿＿＿
承租人姓名＿＿＿＿＿＿＿＿＿＿＿＿＿＿＿＿＿＿＿＿＿＿＿＿

维修/维护和清洁状况

内部状况

卧室 1
卧室 2
卧室 3
阳光室/阳台
＿＿＿＿＿室
客厅
餐厅
厨房
洗澡间
洗衣房
热水供给类型＿＿＿＿＿＿＿＿

其他

概况
有无家具＿＿＿＿＿＿＿＿＿＿＿＿＿＿＿＿＿＿＿＿＿
卧室数目＿＿＿＿＿＿＿＿＿＿＿＿＿＿＿＿＿＿＿＿＿
租金＿＿＿＿＿＿＿＿＿＿＿＿＿＿＿＿＿＿＿＿＿＿＿＿
最后一次租金审核日期＿＿＿＿＿＿＿＿＿＿＿＿＿＿＿

定期检查的特点是间隔期长，因此检查工作一定要全面彻底，对带有隐患性的问题彻底解决。

定期检查的内容是使用中的房屋状况。发现有需要维修的部位，应制定相应的维修计划、报送物业出租人。

特别要注意的是现场检查记录，必须经承租人、代理人和出租人三方签字认可并作为底档留存备查。

10.6.4　租赁物业的维修管理

房屋维修是保证房屋正常消费的手段，对于采取租赁形式流通的房地产来说，维修也是实现其正常流通的手段。维修管理是租赁代理人财务管理工作的重要组成部分。

（1）修缮工程的种类

房屋维修管理的重点在于维修施工管理。按待修房屋的结构性质，可将修缮分成承重结构修缮和非承重结构修缮两类；按修缮规模划分，可分成大修、中修、小修和综合维修四种。代理人应根据房屋损坏情况，制定相应的修缮计划，完成修缮工作。

（2）修缮工程的组织

租赁代理人利用自己的施工队伍对管理范围内的房屋进行修缮，称作自营修缮。自营修缮在管理上应重点抓好修缮质量，对工程质量、成本、施工进度进行统筹安排。房屋租赁代理人在自己没有足够的施工力量时，采取工程发包形式，将修缮工程发包给施工队的做法称为发包修缮。发包修缮在管理上应重点做好工程发包合同的订立工作，以明确双方的权利与义务。合同中应对维修部位、材料价格、质量要求、成本、施工期及清洁卫生等方面进行详细标注。

(3) 日常维修管理

进行日常维修管理必须建立承租人与修缮人员报修联系办法。一般的报修程序如下:

1) 承租人提出维修申请;

2) 承租人填写登记表,包括修理登记表(如表 10-8 所示)和修理要求表(如表 10-9 所示);

修 理 登 记 表　　　　　　　　　　　　表 10-8

修理登记		
日期:	承租人姓名: 地址: 电话(宅) (单位)	出租人: 出租人是否同意: 是( )否( )日期: 联系过程: 活动: 施工队: 日期: 登记号: 付款人: 出租人( )承租人( ) 票据: 保险:
修理要求: 检查者:		

修 理 要 求 表　　　　　　　　　　　　表 10-9

修理要求
日期＿＿＿＿＿＿＿＿＿＿＿＿＿＿＿＿ 承租人姓名＿＿＿＿＿＿＿＿＿＿＿＿ 地址＿＿＿＿＿＿＿＿＿＿＿＿＿＿＿＿ 修理要求＿＿＿＿＿＿＿＿＿＿＿＿＿＿ 过程安排＿＿＿＿＿＿＿＿＿＿＿＿＿＿
以下供办公室使用
把工作交付何人＿＿＿＿＿＿＿＿＿＿＿＿ 指示＿＿＿＿＿＿＿＿＿＿＿＿＿＿＿＿ 付费日期＿＿＿＿＿＿＿成本费＿＿＿＿＿＿＿
把工作交付何人＿＿＿＿＿＿＿＿＿＿＿＿ 指示＿＿＿＿＿＿＿＿＿＿＿＿＿＿＿＿ 付费日期＿＿＿＿＿＿＿成本费＿＿＿＿＿＿＿

3) 代理人现场勘查鉴定;

4) 订立维修计划,提出预算报告;

5) 组织施工队维修;

6) 委托人审核拨款。

(4) 紧急维修管理

不可预见事故突然发生,对房屋的损坏一般均较大,必须及时采取措施抢救,制止事态的扩大。常见的突发事故有水管破裂跑水,下水道堵塞,严重的屋顶漏水,电路故障,烟道堵塞,外力造成的墙体损坏,物业责任范围内因设施故障引发的水、电、煤气、暖气等供应的中断。面对这些突发事故,一定要尽快采取措施,排除故障。故障排除后,代理人应将费用开支情况书面报告给原委托人。

（5）房屋修缮费用管理

房屋修缮费用日常管理由租赁代理人负责。维修费从维修基金项目中列支。

1）维修基金的资金来源

① 委托人支付的维修基金；

② 承租人支付的维修基金；

③ 保险公司的赔款。

2）维修基金的支出项目

① 非紧急状况下的维修费支付：

A. 承租人支付范畴。包括因使用不当造成的损坏、人为的损坏和采访者行为不当造成的损坏等的维修费用支出；

B. 出租人支付范畴。包括房屋正常养护维修费、自然力损坏维修费等。

② 紧急状态下的维修费支付：

由于事件紧急，往往要代理人先垫支，然后根据具体情况，请承租人或出租人补交。

复习思考题

1. 房地产租赁方式。

2. 房地产租赁的经营模式。

3. 房屋租赁合同的作用。

4. 签订租赁合同的原则。

5. 房屋租赁的限制条件。

6. 解决租赁纠纷的方法。

7. 房屋租金的构成。

8. 房地产租赁价格确定的形式。

9. 房地产代理的形式与内容是什么？

10. 房地产租赁代理策划的内容有哪些？

11 房地产开发经营税费

与房地产开发经营有关的税费是影响房地产开发经营实际可获得纯收入的重要因素。根据国家和地方各级人民政府颁发的有关法规，房地产开发经营者应按规定缴纳有关税项和税外费用。

11.1 我国现行房地产税收制度体系

11.1.1 我国房地产税收制度的建立及发展

（1）我国房地产税收制度的建立

中华人民共和国成立前后，在全国统一的、新的税收制度建立以前，为了保证国家财政收入的稳定，根据中共中央的指示，老解放区的人民政府暂时可以继续按照自己制定的税法征税，来不及制定新税法的新解放区则可暂时沿用原国民党政府实行过的一些可以利用的税法征税，其中包括不同名目的房产税、土地税和房地产有关的一些税收，如契税、印花税、所得税。在 1949 年 11 月底至 12 月初召开的首届全国税务会议上，确定了统一全国税收制度，税收政策的大政方针和拟出台的主要税法的基本方案，确定全国范围适用的税收为 14 种，其中涉及房地产的税种有房产税、地产税、工商业税、印花税和遗产税。上述内容载入了 1950 年 1 月 30 日中央人民政府政务院发布的新中国税制建设的纲领性文件——《全国税政实施要则》。此外，各地普遍征收契税。遗产税始终没有立法开征。

（2）我国房地产税收制度的发展

20 世纪 50 年代中期，我国实行生产资料所有制的社会主义改造以后，绝大部分房地产属于国家和集体所有，土地的买卖和转让被禁止，房屋产权变动的征税范围也日益缩小，房屋的出租也被严格限制，因而房地产市场和相关的税收制度在以后的近 30 年时间内几乎名存实亡。党的十一届三中全会以后，我国开始实行经济体制改革和对外开放，房地产税收制度也逐步进行了改革，20 世纪 80 年代初恢复了征收契税；80 年代后期开征了耕地占用税；90 年代前期开征了土地增值税，其他相关税种也实行了改革。

11.1.2 我国现行房地产税收制度体系

我国现行房地产税收制度体系的基本框架是在 1994 年全面的结构性税制改革后形成的。到目前为止，我国并没有形成一套完整的、专门的房地产税收制度体系。现行税制中，涉及到房地产的税收主要有：营业税、房产税、城镇土地使用税、土地增值税，契税、耕地占用税、印花税、企业所得税、个人所得税、城市维护建设税等。这些税种按照征税环节的不同可以划分为三类：即房地产取得（开发）环节征收的税收、房地产交易（转让、出租）环节征收的税收、房地产保有环节征收的税收。（见表 11-1）

我国现行房地产税收体系在房地产各环节税种设置情况   表 11-1

序号	取得（开发）阶段	交易（转让）阶段	保有阶段
1	契税	契税	城镇土地使用税
2	印花税	印花税	房产税

序号	取得(开发)阶段	交易(转让)阶段	保有阶段
3	营业税	营业税	
4	城市维护建设税	城市维护建设税	
6	教育费附加	教育费附加	
7	企业所得税	企业所得税或个人所得税	
8	城镇土地使用税	土地增值税	
9	耕地占用税		

11.2 房地产开发经营的有关税费

11.2.1 房地产税收

(1) 房地产税收的概念及房地产税外收费的区别

1) 房地产税收的概念

房地产税收是指国家税收管理机关或其委托机关依据法律、法规的规定无偿、强制地向房地产纳税义务人征收的税赋。房地产税收不是一个独立税种，而是房地产业务中所涉及的诸多相关税种的总称。

房地产税收与房地产税外收费不同。房地产税外收费则是指依据法律、法规、规定和政策，由有关行政机关、事业单位等向房地产开发企业、房地产交易各方、房地产产权人等收取的各种管理性、服务性、补偿性费用。

2) 房地产税收与房地产税外收费的区别

房地产税收与房地产税外收费的区别主要表现在以下 3 个方面：

① 主体不同

房地产税收只能由国家税务机关征收，有时由国家税务机关委托的行政管理机关征收。而房地产税外收费是由有关行政机关、事业单位等收缴。

② 依据不同

征收房地产税赋，一般都根据国家有关部门制定的税收法律而实施；而房地产税外收费可以根据国家的法律、政策、地方性法规而实施，还可以根据收缴主体的自行规定而实施。因此，前者效力较高，后者效力较低。

③ 目的不同

房地产税收作为经济杠杆，可以调节社会关系，促进土地资源的合理配置和房地产有效利用，同时也是为了增加财政收入。而房地产税外收费是为了补充行政机关、事业单位的经费来源，因此所收费用一般由其自收自支，用于从事与其职能或业务相关的房地产管理或服务活动。

(2) 房地产税收的特征

税收是税法所确定的具体内容。其实质是国家为了行使其职能，取得财政收入的一种形式。

房地产税收具有强制性、无偿性和固定性。

1) 强制性

强制性是指国家以社会管理者的身份，用法律法规等形式对征收捐税加以规定，并依照法律强制征收。房地产税收相关纳税义务人须依法纳税，否则将受到国家法律的制裁。

2）无偿性

无偿性是指国家在征收税款后，税款即成为财政收入，不再归还纳税人，也不支付任何报酬，它不同于市场经济下的等价交换。

3）固定性

固定性是指在征税之前，以法律法规的形式预先规定了课税对象、课税额度和课税方法等。

（3）房地产税收体系

现行税制中，房地产税收按照征税环节的不同可以划分为三类：即房地产取得（开发）环节征收的税收、房地产交易（转让、出租）环节征收的税收、房地产保有环节征收的税收。按征税对象性质不同可以划分为五类：即商品流转税、财产税、所得税、行为税和资源税。资源税因我国现行的征税范围仅包括矿产品和盐两大类资源，故房地产经营中不涉及此类税种。

1）商品流转税

商品流转税是指以商品流转额和非商品流转额作为课税对象的税种。房地产经营中涉及此类的税种主要有营业税、城市维护建设税等。

2）财产税

财产税是指以各种财产为课税对象的税种。房地产经营中涉及此类的税种主要有房产税、契税。

3）所得税

所得税是指以企业利润和个人收入作为课税对象的税种。房地产经营中涉及此类的税种主要有个人所得税、企业所得税、外商投资企业和外国企业所得税。

4）行为税

行为税是指以纳税人各种特定的行为作为课税对象的税种。房地产经营中涉及此类的税种主要有耕地占用税、城镇土地使用税、土地增值税、印花税、固定资产投资方向调节税等。

11.2.2 房地产开发经营有关税费

在房地产开发经营活动中主要涉及的税费包括营业税、城市维护建设税、教育费附加、地方教育费附加、城镇土地使用税、耕地占用税、土地增值税、契税、印花税、房产税、企业所得税等。

（1）营业税

营业税是以在我国境内提供应税劳务、转让无形资产或销售不动产所取得的营业额为征税对象而征收的一种流转税。

1）纳税义务人

根据1993年11月26日国务院颁布的《中华人民共和国营业税暂行条例》，凡在我国境内提供应税劳务、转让无形资产或者销售不动产的单位和个人，均为营业税的纳税义务人。

"我国境内"指实际税收的行政管理区域。

"提供应税劳务、转让无形资产或销售不动产"指的是有偿的活动，即取得货币、货物或其他经济利益。

"单位"指各种类型的企业、行政事业单位、军事单位和社会团体等。

"个人"指个体工商户或有其他经营行为的中国与外国公民。

2）税目与税率

营业税税目按照行业、类别的不同分别设置。现行营业税共设置了9个税目，且按行业、类别的不同分别采取了不同的比例税率。销售不动产的营业税税率为5%。

销售不动产征收营业税的范围包括销售建筑物或构筑物、销售其他土地附着物。在销售不动产时，连同不动产所占土地使用权一并转让的行为，比照销售不动产的行为征收营业税。以不动产投资入股、参与投资方利润分配，共同承担投资风险的行为，不征收营业税。单位和个人自己新建建筑物后销售的行为，视同提供应税劳务。转让不动产有限产权以及将不动产无偿赠与他人的行为，视同销售不动产。

3）计税依据

营业税的计税依据为营业额。营业额为纳税义务人提供应税劳务、转让无形资产或者销售不动产向对方收取的全部价款和价外费用。价外费用包括向对方收取的手续费、基金、集资费、代收款项、代垫款项以及其他各种性质的价外费用。

凡从事房地产开发经营的单位和个人，销售建筑物及其他土地附着物，以其销售收入额为计税依据。

转让土地使用权的，以其转让收入额为计税依据，按税率5%征收。

凡从事房地产代理、租赁等服务业务的单位和个人，以其服务费为计税依据，按税率5%征收。

物业服务企业代有关部门收取的水、电、煤气等费用，属于服务业中的代理业务，其所收取的手续费收入应当征收营业税。

在销售不动产时，价格明显偏低且无正当理由的，由税务机关核定其营业额并作为计税依据。

4）应纳税额的计算

应纳税额按照营业额和规定的适用税率计算。其公式为：

$$应纳税额＝营业额×税率$$

应纳税额以人民币计算。纳税人以外汇结算营业额的，应当按外汇市场价格折合成人民币计算。

5）税收优惠

与房地产业务有关的税收优惠主要有以下三种：

① 对住房公积金管理中心用住房公积金在指定的委托银行发放个人住房贷款取得的收入，免征营业税。

② 对按政府规定价格出租的公有住房和廉租住房暂免征营业税；对个人按市场价格出租的居民用房，暂按3%的税率征收营业税。

③ 对个人购买并居住超过一年的普通住宅，销售时免征营业税；个人购买并居住不足一年的普通住宅，销售时营业税按销售价减去购入原价后的余额计征营业税；个人自建住房，销售时免征营业税。对企业、行政事业单位按房改成本价、标准价出售住房的收

入，暂免征营业税。

为促进房地产市场健康发展，遏制投机炒作行为，国家对个人转让房地产营业税政策做出调整，自 2005 年 6 月 1 日起，对个人购买住房不足两年转手交易的，销售时按其取得售房收入全额征收营业税；个人购买普通住房超过 2 年(含 2 年)转手交易的，销售时免征营业税；对个人购买非普通住房超过两年(含两年)转手交易的，销售时按其售房收入减去购买房屋的价款后的差额征收营业税。2009 年 12 月国务院常务会议决定，个人住房转让营业税征免时限由 2 年延长到 5 年。但部分省市并未彻底贯彻执行。因此，2011 年 1 月国务院常务会议强调并决定，个人转让不满 5 年的住房按销售总额全额征收营业税；个人将购买超过 5 年(含 5 年)的非普通住房对外销售的，按照其销售收入减去其购买房屋的价款后的差额征收营业税；将购买超过 5 年(含 5 年)的普通住房对外销售的，免征营业税。

6) 纳税义务发生时间及纳税期限

营业税的纳税义务发生时间为纳税人收讫营业收入款项或者取得索取营业收入款项凭据的当天。对一些具体项目规定如下：

① 转让土地使用权或者销售不动产，采用预收款方式的，其纳税义务发生时间为收到预收款的当天。

② 单位或者个人自己新建建筑物后出售，其自建行为的纳税义务发生时间为其销售自建建筑物并收讫营业额或者取得索取营业额凭据的当天。

③ 将不动产无偿赠与他人，其纳税义务发生时间为不动产所有权转移的当天。

营业税的纳税期限，分为 5 日、10 日、15 日或者一个月。纳税人的具体纳税期限，由主管税务机关根据纳税人应纳税额的大小分别核定；不能按照固定期限纳税的，可以按次纳税。

(2) 城市维护建设税

城市维护建设税是指国家对缴纳消费税、增值税、营业税的单位和个人征收的一种税。它属于特定目的税，是国家为加强城市的维护建设、扩大和稳定城市建设资金的来源而采取的一项税收措施。它本身无特定的征税对象，而以消费税、增值税、营业税税额为计税依据，随此"三税"附征，因此属于一种附加税。

1) 纳税义务人

城市维护建设税纳税义务人是指缴纳消费税、增值税、营业税的单位和个人，包括国有企业、集体企业、股份制企业、其他企业和行政事业单位、军事单位、社团、其他单位以及个体工商户及其他个人，但对外商投资企业和外国企业不征收城市维护建设税。

2) 税率

城市维护建设税税率是指纳税人应缴纳的城市维护建设税税额与纳税人实际缴纳的消费税、增值税、营业税税额之间的比率。

城市维护建设税实行地区差别比例税率，其纳税税率视纳税人所在地点不同而异，设置了三档差别比例税率。具体为：纳税人所在地在市区的，税率为 7%；纳税人所在地在县城、镇的，税率为 5%；纳税人所在地不在市区、县城或镇的，税率为 1%。

3) 计税依据

城市维护建设税的计税依据为纳税人实际缴纳的消费税、增值税、营业税税额。如果对纳税人免征或减征消费税、增值税、营业税，也要同时免征或减征城市维护建设税。

纳税人违反消费税、增值税、营业税税法而加收的滞纳金和罚款，是税务机关对纳税人违法行为的经济制裁，不作为城市维护建设税的计税依据，但纳税人被查补消费税、增值税、营业税和被处以罚款时，应同时对其偷漏的城市维护建设税进行补税和罚款。

4）应纳税额的计算

城市维护建设税纳税人的应纳税额大小是由纳税人实际缴纳的消费税、增值税、营业税税额决定的。其公式为：

应纳税额＝(实际缴纳的消费税＋增值税＋营业税税额)×适用税率

5）纳税申报及缴纳

① 纳税环节

纳税环节是指城市维护建设税税法规定的纳税人应当缴纳城市维护建设税的阶段，实际就是纳税人缴纳消费税、增值税、营业税的环节。纳税人只要发生消费税、增值税、营业税的纳税义务，就要在同样的环节，分别计算缴纳城市维护建设税。

② 纳税地点和纳税期限

城市维护建设税以消费税、增值税、营业税为依据，且与其同时缴纳，所以缴纳消费税、增值税、营业税的地点，就是缴纳城市维护建设税的地点(特殊情况除外)。

城市维护建设税的纳税期限与消费税、增值税、营业税的纳税期限也是一致的。消费税、增值税的纳税期限分别为 1 日、3 日、5 日、10 日、15 日或者一个月，营业税的纳税期限分别为 5 日、10 日、15 日或者一个月。城市维护建设税的具体纳税期限，由主管税务机关根据纳税人应纳税额的大小分别核定，不能按照固定期限纳税的，可以按次纳税。

③ 税收减免

城市维护建设税原则上不能减免，但因城市维护建设税具有附加税性质，当主税发生减免时，城市维护建设税相应发生税收减免。

(3) 教育费附加及地方教育费附加

1）教育费附加

依据 2005 年国务院令第 448 号《征收教育费附加的暂行规定》（该规定是在国发〔1986〕50 号《征收教育费附加的暂行规定》基础上修订为 1990 年国务院令第 60 号《征收教育费附加的暂行规定》，又在 1990 年国务院令第 60 号《征收教育费附加的暂行规定》基础上修订而来），对缴纳增值税、消费税、营业税的单位和个人征收的一种附加费，于 2005 年 10 月 1 日起施行。它可起到发展地方教育事业，扩大地方教育经费资金来源的作用。

① 纳费人

凡缴纳产品税、增值税、营业税的单位和个人，除按照《国务院关于筹措农村学校办学经费的通知》的规定，缴纳农村教育事业费附加的单位外，都应当依照本规定缴纳教育费附加。

纳费人即纳费义务人，是指凡是缴纳增值税、消费税、营业税的单位和个人，均为教育费附加的纳费义务人，简称纳费人。

② 计征依据及费率

教育费附加，以各单位和个人实际缴纳的增值税、营业税、消费税的税额为计征依据，教育费附加费率为 3％，分别与增值税、营业税、消费税同时缴纳。

除国务院另有规定者外，任何地区、部门不得擅自提高或者降低教育费附加率。

③ 费额计算

计算公式为：

$$应纳教育费附加＝(实际缴纳的增值税、营业税、消费税三税税额)×3\%$$

④ 征收管理

A. 纳费期限。纳费人申报增值税、营业税、消费税的同时，申报缴纳教育费附加。

B. 其他规定。教育费附加由地方税务局负责征收，也可委托国家税务总局征收；纳费人不按规定期限缴纳教育费附加，需处以滞纳金和罚款的，由县、市人民政府规定；海关进口产品征收的增值税、消费税，不征收教育费附加。

2) 地方教育费附加

为贯彻落实《国家中长期教育改革和发展规划纲要(2010—2020)》，进一步规范和拓宽财政性教育经费筹集渠道，支持地方教育事业发展，财政部、国家税务总局 2010 年 11 月 7 日公布《关于统一地方教育附加政策有关问题的通知》(财综【2010】98 号)，凡缴纳增值税、营业税、消费税的单位和个人，都应按规定缴纳地方教育费附加。

地方教育费附加以各单位和个人实际缴纳的增值税、营业税、消费税的税额为计征依据，与增值税、营业税、消费税同时计算征收。征收标准为单位和个人实际缴纳的增值税、营业税、消费税税额的 2%。

教育费附加与地方教育费附加既有不同之处又有相同之处。

不同之处主要在于：第一，从征收依据看，教育费附加是根据《征收教育费附加的暂行规定》征收，主要是为了扩大地方教育经费的资金来源；而地方教育附加，是地方政府根据《中华人民共和国义务教育法》和财政部有关通知要求，结合本地实际可以决定开征的属于地方政府性基金，专款专用。第二，从征收时间上看，教育费附加全国从 1986 年 7 月 1 日起就统一征收；地方教育附加各地有的开征，有的没开征。《关于统一地方教育附加政策有关问题的通知》明确要求：尚未开征地方教育附加的省份，省级财政部门应按照《中华人民共和国义务教育法》的规定，根据本地区实际情况尽快研究制定开征地方教育附加的方案。第三，从征收率看，教育费附加征收率为 3%，地方教育附加征收率为 2%。《关于统一地方教育附加政策有关问题的通知》规定，已经财政部审批且征收标准低于 2% 的省份，应将地方教育附加的征收标准调整为 2%。第四，从财政收入的角度看，各地征收的教育费附加收入不进入省级财政，但地方教育费附加收入要按固定比例与省分成，30% 为省级收入缴入省级国库，70% 为市、县级收入缴入市、县级国库。

在征收管理方面相同之处主要有：第一，征收对象和标准均是缴纳增值税、营业税、消费税的单位和个人(包括外商投资企业、外国企业及外籍个人)，按实际缴纳这三税的税额来征收。第二，征缴管理、退费等业务一致，均由各级地方税务部门负责征收，实行随税同征同管。

(4) 城镇土地使用税

开征城镇土地使用税(简称土地使用税)的目的是为了保护土地资源的合理利用和开发，调节土地级差收入，提高土地的使用效益，加强土地管理。1988 年 9 月 27 日中华人民共和国国务院令第 17 号发布《中华人民共和国城镇土地使用税暂行条例》，于 1988 年 11 月 1 日开征。2006 年 12 月 30 日国务院第 163 次常务会议通过对其进行修订，并于

2007年1月1日起施行。修订后的《中华人民共和国城镇土地使用税暂行条例》提高了城镇土地使用税税额标准，将每平方米年税额在1988年暂行条例规定的基础上提高2倍，将征收范围扩大到外商投资企业和外国企业。

1）征税范围与纳税人

征税范围为城市（包括市区、郊区）、县城、建制镇、工矿区。纳税人为在以上范围内使用国家所有和集体所有土地的单位和个人。

单位包括国有企业、集体企业、私营企业、股份制企业、外商投资企业、外国企业以及其他企业和事业单位、社会团体、国家机关、军队以及其他单位；个人包括个体工商户以及其他个人。

2）计税依据

城镇土地使用税以纳税人实际占用的土地面积为计税依据，依照规定税额计算征收。土地占用面积的组织测量工作，由省、自治区、直辖市人民政府根据实际情况确定。

3）税额

城镇土地使用税每平方米年税额分为四档，即大城市1.5元至30元；中等城市1.2元至24元；小城市0.9元至18元；县城、建制镇、工矿区0.6元至12元。

省、自治区、直辖市人民政府，在规定的税额幅度内，根据市政建设状况、经济繁荣程度等条件，确定所辖地区的适用税额幅度。

市、县人民政府应当根据实际情况，将本地区土地划分为若干等级，在省、自治区、直辖市人民政府确定的税额幅度内，制定相应的适用税额标准，报省、自治区、直辖市人民政府批准执行。

4）税款缴纳及缴纳期限

城镇土地使用税按年计算、分期缴纳。缴纳期限由省、自治区、直辖市人民政府确定。

新征用的土地，如为耕地，自批准征用之日起满1年时开始缴纳土地使用税；如为非耕地，自批准征用次月起缴纳土地使用税。

5）城镇土地使用税的免缴

下列情况免缴城镇土地使用税：

① 国家机关、人民团体、军队自用的土地；

② 由国家财政部门拨付事业经费的单位自用的土地；

③ 宗教寺庙、公园、名胜古迹自用的土地；

④ 市政街道、广场、绿化地带等公共用地；

⑤ 直接用于农、林、牧、渔业的生产用地；

⑥ 经批准开山填海整治的土地和改造的废弃土地，从使用的月份起免缴土地使用税5年至10年；

⑦ 由财政部另行规定免税的能源、交通、水利设施用地和其他用地。

6）税款征收

土地使用税由土地所在地的税务机关征收。土地管理机关应当向土地所在地的税务机关提供土地使用权属资料。

（5）耕地占用税

1987 年 4 月 1 日国务院发布并施行《中华人民共和国耕地占用税暂行条例》，征税目的在于合理利用土地资源，加强土地管理，保护农用耕地。为统一内、外资企业耕地占用税税收负担，国务院于 2007 年 12 月 1 日公布修订后的《中华人民共和国耕地占用税暂行条例》，自 2008 年 1 月 1 日起施行。

1) 纳税人

耕地是指用于种植农作物的土地。占用耕地建房或者从事非农业建设的单位或者个人，为耕地占用税的纳税人。单位包括国有企业、集体企业、私营企业、股份制企业、外商投资企业、外国企业以及其他企业和事业单位、社会团体、国家机关、部队以及其他单位；个人包括个体工商户以及其他个人。

2) 税额标准

耕地占用税实行地区差别定额税率，一次性征收，因此，不同地区耕地占用税税额标准不一样。耕地占用税暂行条例规定的税额分 4 个档次，即：人均耕地不超过 1 亩的地区（以县级行政区域为单位，下同），每平方米为 10 元至 50 元；人均耕地超过 1 亩但不超过 2 亩的地区，每平方米为 8 元至 40 元；人均耕地超过 2 亩但不超过 3 亩的地区，每平方米为 6 元至 30 元；人均耕地超过 3 亩的地区，每平方米为 5 元至 25 元。各省、自治区、直辖市耕地占用税平均税额见表 11-2。

各省、自治区、直辖市耕地占用税平均税额表　　　　　表 11-2

地　　区	每平方米平均税额(元)
上海	45
北京	40
天津	35
江苏、浙江、福建、广东	30
辽宁、湖北、湖南	25
河北、安徽、江西、山东、河南、重庆、四川	22.5
广西、海南、贵州、云南、陕西	20
山西、吉林、黑龙江	17.5
内蒙古、西藏、甘肃、青海、宁夏、新疆	12.5

国务院财政、税务主管部门根据人均耕地面积和经济发展情况确定各省、自治区、直辖市的平均税额。

各地适用税额，由省、自治区、直辖市人民政府在规定的税额幅度内，根据本地区情况核定。各省、自治区、直辖市人民政府核定的适用税额的平均水平，不得低于国务院财政、税务主管部门根据人均耕地面积和经济发展情况确定各省、自治区、直辖市的平均税额。

经济特区、经济技术开发区和经济发达且人均耕地特别少的地区，适用税额可以适当提高，但是提高的部分最高不得超过当地适用税额的 50%。

3) 减免范围

铁路线路、公路线路、飞机场跑道、停机坪、港口、航道占用耕地，减按每平方米 2元的税额征收耕地占用税。农村居民占用耕地新建住宅，按照当地适用税额减半征收耕地占用税。农村烈士家属、残疾军人、鳏寡孤独以及革命老根据地、少数民族聚居区和边远贫困山区生活困难的农村居民，在规定用地标准以内新建住宅缴纳耕地占用税确有困难的，经所在地乡（镇）人民政府审核，报经县级人民政府批准后，可以免征或者减征耕地占用税。

对于军事设施占用耕地以及学校、幼儿园、养老院、医院占用耕地免征耕地占用税。

免征或者减征耕地占用税后，纳税人改变原占地用途，不再属于免征或者减征耕地占用税情形的，应当按照当地适用税额补缴耕地占用税。

纳税人临时占用耕地，应当依照条例的规定缴纳耕地占用税。纳税人在批准临时占用耕地的期限内恢复所占用耕地原状的，全额退还已经缴纳的耕地占用税。

4）征收管理

纳税人占用耕地或其他农用地，应当在耕地或其他农用地所在地申报纳税。经批准占用耕地的，耕地占用税纳税义务发生时间为纳税人收到土地管理部门办理占用农用地手续通知的当天。未经批准占用耕地的，耕地占用税纳税义务发生时间为纳税人实际占用耕地的当天。

（6）土地增值税

根据 1993 年 12 月 13 日国务院发布的《中华人民共和国土地增值税暂行条例》和 1995 年 1 月 27 日财政部公布的《土地增值税暂行条例实施细则》，土地增值税是对转让国有土地使用权，地上的建筑物及其附着物并取得收入的单位和个人就其转让房地产所取得的增值额征收的一种税。其目的主要是抑制土地投机，防止国有土地资源的流失。

1）纳税义务人

土地增值税的纳税义务人为转让国有土地使用权、地上建筑物及其附着物并取得收入的单位和个人。《中华人民共和国土地增值税暂行条例》对纳税人的规定有四个特点：

① 不论法人与自然人，只要有偿转让房地产都是土地增值税的纳税人；

② 不论经济性质，只要有偿转让房地产都是土地增值税的纳税人；

③ 不论内资与外资企业，只要有偿转让房地产都是土地增值税的纳税人；

④ 不论部门和行业，只要有偿转让房地产都是土地增值税的纳税人。

2）征税范围

① 征税范围

A. 转让国有土地使用权；

B. 地上建筑物及其附着物连同国有土地使用权一并转让。

地上建筑物指土地上的一切建筑物，包括地上地下的各种附属设施；附着物指附于土地上不能移动或一经移动即受破坏的物品。

② 征税范围界定

征税范围按下列标准界定。

A. 转让的土地是否为国家所有是判定标准之一

在我国城市土地国家所有，农村土地集体所有。国家为了公共利益，可依法对集体所有土地进行征用，征用后即属于国家所有。属于国家所有的土地，在转让使用权时，属于土地增值税的征税范围。

农村集体所有的土地，是不得自行转让的。只有在征用变为国家所有后，才能进行转让，并纳入土地增值税的征税范围。

B. 土地使用权、地上建筑物及其附着物的产权是否发生转让是判定标准之二

土地增值税的征税范围不包括国有土地使用权出让所取得的收入。土地使用权出让行为属于政府垄断的土地一级市场，出让方是国家。其目的是实行国有土地的有偿使用制度，合理开发、利用、经营土地。因此土地使用权出让不属于土地增值税的征税范围。而国有土地使用权转让行为属于土地的二级市场，属于土地增值税的征税范围。

土地增值税的征税范围不包括未转让土地使用权、房产产权的行为。是否发生房地产权属的变更，是确定是否纳入土地增值税的征税范围的一个标准。凡土地使用权、房产产权未转让的，不征收土地增值税。

C. 是否取得收入是判定是否属于土地增值税征税范围的标准之三

土地增值税的征税范围不包括房地产的权属虽转让，但未取得收入的行为，如继承。只要转让房地产的权属并取得收入，均属于土地增值税的征税范围。

3）应税收入的认定

根据《中华人民共和国土地增值税暂行条例》和《土地增值税暂行条例实施细则》的规定，纳税人转让房地产取得应税收入应包括转让房地产的全部价款及有关经济利益，包括以下几种形式：

① 货币收入：一般比较容易确定（转让土地使用权、房屋所有权取得的价款）；

② 实物收入：其价值不太容易确定，一般要对其进行估价；

③ 其他收入：因转让房地产而取得的无形资产或具有财产价值的权利，该类收入较少见，其价值需要专门评估。

4）确定增值额的扣除项目

计算土地增值税，并不是直接对转让房地产取得的收入征税，而是要对收入额减除国家规定的各项扣除项目金额的余额（增值额）征税。因此，首先必须确定扣除项目，其主要包括：

① 取得土地使用权所支付的金额。取得土地使用权所支付的金额包括：

A. 纳税人为取得土地使用权所支付的地价款。以出让方式取得的土地使用权，地价款为所支付的土地出让金；如以划拨方式取得的土地使用权，地价款为按国家有关规定补交的土地出让金；如以转让方式取得的土地使用权，地价款为向原土地使用人实际支付的地价款。

B. 纳税人在取得土地使用权时，按国家统一规定交纳有关费用。有关费用指取得土地使用权的过程中办理有关手续，按国家统一规定缴纳的有关登记、过户手续费。

对取得土地使用权时未支付地价款或不能提供已支付地价款凭据的，则不允许扣除。

② 房地产开发成本

房地产开发成本指纳税人在开发中实际发生的成本，包括土地征用及拆迁补偿费、前期工程费、建筑安装工程费、基础设施费、公共配套设施费、开发间接费等。

③ 房地产开发费用

房地产开发费用是指与房地产开发项目有关的销售费用、管理费用和财务费用。这些费用根据现行的会计制度按期间费用处理，直接计入当期损益，不按成本核算对象进行分摊。因此，房地产开发费用不按纳税人实际发生的费用扣除，而应按《土地增值税暂行条

例实施细则》的标准进行扣除。

纳税人能够按转让房地产项目计算分摊利息支出，并能提供金融机构贷款证明的，其允许扣除房地产开发费用为：利息加上取得土地使用权的金额与房地产开发成本之和的百分之五以内。利息最高不能超过按商业银行同类同期贷款利率计算的金额。

纳税人不能按转让房地产项目计算分摊利息支出或不能提供金融机构贷款证明的，其允许扣除房地产开发费用为：取得土地使用权的金额与房地产开发成本之和的百分之十以内。

此外，对扣除项目中利息支出的计算问题还专门作了规定：一是利息上浮幅度按国家有关规定执行，超过规定部分不允许扣除，二是对于超过贷款期限的利息和加罚利息不允许扣除。

④ 旧房及建筑物的评估价格

旧房及建筑物的评估价格是指在转让已使用的旧房及建筑物时，由评估机构评定的重置成本价乘以成新折扣率后的价格。评估价格须经当地税务机关确认。

⑤ 与转让房地产有关的税金

与转让房地产有关的税金是指在转让房地产时缴纳的营业税、城市维护建设税、印花税。因转让房地产而缴纳的教育费附加也可视同税金予以扣除。这里需要注意的是房地产开发企业在转让房地产时缴纳的印花税因列入管理费用中，故不允许扣除，其他纳税人缴纳的印花税允许扣除。

⑥ 其他扣除项目

对从事房地产开发的纳税人，可按《土地增值税暂行条例实施细则》的规定项目之和的20%扣除。这只是用于从事房地产开发的纳税人，其目的是为了抑制投机，保护正常开发者的积极性。

5）增值额

增值额为纳税人转让房地产所取得收入减除规定的扣除项目金额后的余额。增值额是土地增值税的本质。准确的计算增值额，还需有准确的房地产转让收入和扣除项目金额。

纳税人有下列情况之一的，按房地产评估价格征收：隐瞒、虚报房地产成交价格的；提供扣除项目金额不实的；转让价格低于评估价格又无正当理由的。

6）税率

土地增值税实行四级超额累进税率。内容如下：

① 增值额未超过扣除项目金额50%的部分，税率为30%；

② 增值额超过扣除项目金额50%，但未超过扣除项目金额100%的部分，税率为40%；

③ 增值额超过扣除项目金额100%，但未超过扣除项目金额200%的部分，税率为50%；

④ 增值额超过扣除项目金额200%的部分，税率为60%。

7）应纳税额的计算

按纳税人转让房地产所取得的增值额和规定的税率计算征收的。公式为：

$$应纳税额 = \Sigma(每级距的土地增值额 \times 使用税率)$$

在实际中，分步计算比较繁琐，一般可采用速算扣除法进行计算。具体公式为：

① 增值额未超过扣除项目金额 50%。应纳税额＝增值额×30%。

② 增值额超过扣除项目金额 50%，但未超过扣除项目金额 100%。应纳税额＝增值额×40%－扣除项目金额×5%。

③ 增值额超过扣除项目金额 100%，但未超过扣除项目金额 200%。应纳税额＝增值额×50%－扣除项目金额×15%。

④ 增值额超过扣除项目金额 200%。应纳税额＝增值额×60%－扣除项目金额×35%。

以上公式中 5%、15%、35%分别为速算扣除系数。

8）税收优惠

① 对建造普通标准住宅的税收优惠

纳税人建造普通标准住宅出售，增值额未超过扣除项目金额 20%的，免征土地增值税。超过扣除项目金额 20%的，应就全部增值额按规定计税。如果纳税人既建造普通标准住宅又开发其他项目，应分别核算增值额，不分别核算或不能准确核算增值额的，不能适用这一免税规定。

② 对国家征用收回的房地产的税收优惠

因国家需要依法征用、收回的房地产，免征土地增值税。

③ 对个人转让房地产的税收优惠

个人转让原自用住房，经向税务机关申报核准，凡居住满五年或五年以上的，免予征收土地增值税；居住满三年未满五年的，减半征收土地增值税；居住未满三年的，按规定计征土地增值税。

④ 对 1994 年 1 月 1 日前签订转让合同的房地产的税收优惠

A. 1994 年 1 月 1 日前签订的房地产转让合同，不论转让在何时，均免征土地增值税。

B. 1994 年 1 月 1 日前签订的房地产开发合同或已立项，并按规定投入资金的开发项目，在 1994 年 1 月 1 日以后的五年内首次转让房地产，免征土地增值税；大片、周转周期长的房地产项目，在五年免税期后首次转让的，经批准，可适当延长免税期限。

9）纳税申报及缴纳

① 纳税申报

应在转让房地产合同签订后的 7 日内，到房地产所在地的主管税务机关办理纳税申报及向税务机关提供房屋产权、土地使用权证书、土地转让、房屋买卖合同、房地产评估报告及其他相关材料，对难以在转让后申报的且经常发生转让，可经税务机关同意，定期进行纳税申报。

② 纳税地点

纳税人应向房地产所在地的税务机关办理申报，并在税务机关核定的期限内纳税。在实际工作中，纳税地点分为：

纳税人是法人。如转让房地产的地点与其经营的地点一致，则在办理税务登记的税务机关申报纳税。如不一致，则在房地产坐落地所辖税务机关申报纳税。

纳税人是自然人。如转让房地产的地点与其住所所在地一致，则在住所所在地的税务机关申报纳税。如不一致，则在办理过户手续所在地的税务机关申报纳税。

（7）契税

《中华人民共和国契税暂行条例》自 1997 年 10 月 1 日起施行（1950 年 4 月 3 日中央人民政府政务院发布的《契税暂行条例》同时废止。）。

1）征税对象和纳税义务人

① 征税对象

契税的征税对象是境内转移土地、房屋权属。具体包括以下五项内容：

A. 国有土地使用权出让。国有土地使用权出让，是指土地使用者向国家交付土地使用权出让费用，国家将国有土地使用权在一定年限内让予土地使用者的行为。

B. 土地使用权转让。土地使用权转让，是指土地使用者以出售、赠与、交换或者其他方式将土地使用权转移给其他单位和个人的行为。

C. 房屋买卖。房屋买卖，是指房屋所有者将其房屋出售，由承受者交付货币、实物、无形资产或者其他经济利益的行为。

D. 房屋赠与。房屋赠与，是指房屋所有者将其房屋无偿转让给受赠者的行为。

E. 房屋交换。房屋交换，是指房屋所有者之间相互交换房屋的行为。

随着经济的发展，有些特殊方式转移土地、房屋权属的，也将视同土地使用权转让、房屋买卖或房屋赠与。一是以土地、房屋权属作价投资、入股；二是以土地、房屋权属抵债；三是以获奖方式承受土地、房屋权属；四是以预购方式或者预付集资建房款方式承受土地、房屋权属。

② 纳税义务人

契税的纳税义务人是在中华人民共和国境内转移土地、房屋权属，承受的单位和个人。境内是指中华人民共和国实际税收管辖范围内。土地、房屋权属是指土地使用权、房屋所有权。单位是指企业单位、事业单位、国家机关、军事单位和社会团体以及其他组织。个人是指个体经营者及其他个人。

2）税率

契税实行 3‰～5‰ 的幅度税率。实行该税率是考虑到我国经济发展不平衡，各地经济差异较大的实际情况。各省、自治区、直辖市人民政府可以在 3‰～5‰ 的幅度税率规定范围内，按照本地区的实际情况决定。

3）计税依据

契税的计税依据为不动产的价格。具体计税依据视不同情况而定。

① 国有土地使用权出让、转让、房屋买卖以成交价格为计税依据。

② 土地使用权赠与、房屋赠与，由征收机关参照土地使用权出让、房屋买卖的市场价格核定。

③ 土地使用权交换、房屋交换，为所交换价格的差额。当交换价格相等时，免征契税；不等时，由多交付的一方交纳。

④ 以划拨方式取得土地使用权，在转让房地产时，由转让者补交契税。计税依据为补交的土地使用权出让费或土地收益。

成交价格明显低于市场价格且无正当理由的，或交换土地使用权、房屋价格差额明显不合理且无正当理由的，征收机关可以参照市场价格核定计税依据。

4) 应纳税额的计算

契税采用比例税率，当计税依据确定后，计算就比较简单了。公式如下：

$$应纳税额＝计税依据×税率$$

5) 税收优惠

① 国家机关、事业单位、社会团体、军事单位承受土地、房屋用于办公、教学、医疗、科研和军事设施的，免征契税；

② 城镇职工按规定第一次购买公有住房的，免征契税；

③ 因不可抗力灭失住房而重新购买住房的，酌情准予减征或者免征契税；

④ 土地、房屋被县级以上人民政府征用、占用后，重新承受土地、房屋权属的，是否减征或者免征契税，由省、自治区、直辖市人民政府确定。

⑤ 纳税人承受荒山、荒沟、荒丘、荒滩土地使用权，用于农、林、牧、渔业生产的，免征契税。

以上经批准减免契税的纳税人改变土地、房屋用途，不在减免契税之列，应当补缴减免的税款。其纳税义务发生时间为改变有关土地、房屋用途的当天。

纳税人符合减征或者免征契税规定的，应当在签订土地、房屋权属转移合同后 10 日内，向土地、房屋所在地的契税征收机关办理减征或者免征契税手续。

6) 纳税申报和缴纳

纳税人在签订土地、房屋权属转移合同的当天，或者取得其他具有土地、房屋权属转移合同性质凭证的当天，为纳税义务发生的时间。

纳税人应当自纳税义务发生之日起 10 日内，向土地、房屋所在地的契税征收机关办理纳税申报，并在契税征收机关核定的期限内缴纳税款。纳税人办理纳税事宜后，契税征收机关应当向纳税人开具契税完税凭证。

纳税人出具契税完税凭证，土地管理部门、房产管理部门才能办理有关土地、房屋的权属变更登记手续。

(8) 印花税

《中华人民共和国印花税暂行条例》于 1988 年 10 月 1 日起施行。它是对经济活动和经济交往中书立、使用、领受具有法律效力的凭证的单位和个人征收的一种税。是一种具有行为税性质的凭证税，凡发生书立、使用、领受应税凭证的行为，就必须按照印花税法的规定履行纳税义务。

印花税具有覆盖面广、税率低税赋轻、纳税人自行完税的特点。覆盖面广是指凡税法列举的合同或具有合同性质的凭证、产权转移书据、营业账簿以及权利、许可证照等都必须依法纳税。税率低税赋轻是指印花税最高税率为 1‰，最低税率为 0.5‰，按定额税率征收的，每件 5 元。纳税人自行完税是指印花税实行"三自"的纳税办法，即纳税人书立、使用、领受应税凭证，发生纳税义务的同时先根据凭证所载计税金额和应适用的税目税率，自行计算应纳税额，再由纳税人自行购买印花税票，并一次足额粘贴于应税凭证上，最后由纳税人对已粘贴的印花税票进行注销和画销，至此纳税人的纳税义务履行完毕。

1) 纳税义务人

纳税义务人是指在中国境内书立、使用、领受印花税税法列举的凭证并依法履行纳税义务的单位和个人。这里所讲的单位和个人是指国内各类企业、事业、机关、团体、部队以及中外合资企业、合作企业、外资企业、外国公司和其他经济组织及其在华机构等单位和个人。这些单位和个人，按照书立、使用、领受应税凭证的不同，可分为如下五种：

① 立合同人：是指合同当事人，不包括合同担保人、证人、鉴定人。合同当事人的代理人有代理纳税的义务，他与纳税人负有同等的税收法律义务和责任。

② 立据人：产权转移书据的纳税人是立据人。

③ 立账簿人：是设立并使用营业账簿的单位和个人。

④ 领受人：权利、许可证照的纳税人是领受人，是领取或接受并持有该项凭证的单位和个人。

⑤ 使用人：在国外书立、领受，但在国内使用的应税凭证，其纳税人是使用人。

需要注意的是对应税凭证，凡由两方或两方以上当事人共同书立的，其当事人各方都是印花税的纳税人。

2）税目、税率

① 税目

税目即应纳税的项目。一般来讲列入税目的就应征税。印花税共有 13 个税目，其中与房地产有关的有：购销合同、建设工程勘察设计合同、建筑安装工程承包合同、借款合同、财产保险合同、产权转移书据、营业账簿、权利、许可证照共 9 种。

② 税率

印花税的税率设计遵循税负从轻、共同负担的原则，所以税率比较低，其税率有两种，比例税率和定额税率。

比例税率。共分四个档次，分别为 0.5‰、3‰、5‰、1‰，除权利、许可证照、营业账簿之外的各项税目，适用比例税率。

定额税率。权利、许可证照和营业账簿中的其他账簿，适用定额税率，均为按件贴花，税额为 5 元。

印花税的税票为有价证券，其票面金额以人民币为单位，分别为 1 角、2 角、5 角、1元、2 元、5 元、10 元、50 元、100 元九种。

3）应纳税额的计算

应纳税额的计算，根据应纳税额的性质，分别按比例税率或定额税率计算。公式如下：

$$应纳税额＝应税凭证计税金额（或应税凭证件数）×适用税率$$

公式中的计税金额按税目的不同有一定差别，实际上就是印花税的计税依据。具体来说就是：

① 购销合同的计税依据为购销金额；

② 建设工程勘察设计合同的计税依据为收取的费用；

③ 建筑安装工程承包合同的计税依据为承包金额；

④ 借款合同的计税依据为借款金额；

⑤ 财产保险合同的计税依据为保险费收入；

⑥ 产权转移书据的计税依据为所载金额；

⑦ 营业账簿税目中记载金额的账簿计税依据为"实收资本"与"资本公积"两项合

计金额，其他账簿的计税依据为应税凭证件数；

⑧ 权利、许可证照的计税依据为应税凭证件数。

4）税收优惠

印花税中与房地产业相关的税收优惠主要有：

① 对已缴印花税凭证的副本或者抄本免税，但视同正本使用的，则应另行贴花；

② 对财产所有人将财产赠给政府、社会福利单位、学校所立的书据免税；

③ 对无息、贴息贷款合同免税；

④ 对房地产管理部门与个人签订的用于生活居住的租赁合同免税。

5）纳税办法

根据印花税税额大小、贴花次数以及税收征收管理的需要，分别采用以下三种纳税办法。

① 自行贴花办法

一般适用于应税凭证较少或贴花次数较少的纳税人，其应根据纳税凭证的性质和适用的税目税率，自行计算应纳税额，自行购买印花税票，自行一次贴足印花税票并加以注销或画销，纳税义务才算履行完毕。

对已贴花的凭证，修改后所载金额增加的，其增加部分应当补贴印花税票。凡多贴印花税票者，不得申请退税或者抵用。

② 汇贴或汇缴办法

一般适用于应税额较大或贴花次数频繁的纳税人。

一份凭证应纳税额超过 500 元的，应向当地税务机关申请填写缴款书或完税证，将其中一联粘贴在凭证上或由税务机关在凭证上加注完税标记代替贴花，即汇贴办法。

同一种类应纳税凭证须频繁贴花的，应向当地税务机关申请按期汇总缴纳印花税，获准汇总纳税的纳税人，应持有税务机关发给的汇缴许可证，汇缴期限最长不超过一个月。

③ 委托代征办法

主要是通过税务机关的委托，经由发放或者办理应纳税凭证的单位代为征收印花税税款。税务机关应与代征单位签订代征委托书。发放或者办理应纳税凭证的单位是指发放权利、许可证照的单位和办理凭证的签证、公证及其他有关事项的单位。如工商行政管理机关核发各类营业执照和商标注册证的同时，负责代售印花税票，征收印花税税款，并监督领受单位或个人贴花。税务机关委托工商行政管理机关代售印花税票，按代售金额 5% 的比例支付代售手续费。

（9）房产税

房产税是以房屋为征税对象，以房产的价值和租金收入为计税依据，向房产的所有人或经营管理人征收的一种财产税。

根据国务院 1986 年 9 月 15 日发布的《中华人民共和国房产税暂行条例》规定，在城市、县城、建制镇、工矿区内的房屋产权所有人，应依法交纳房产税。

房产税以产权所有人为纳税人。对于产权为全民所有制的，房产税由其经营管理的单位缴纳；对于产权出典的，由承典人缴纳；对于产权所有人、承典人不在房产所在地的，或产权未确定、租典纠纷未解决的，由房产代管人或使用人缴纳。

房产税按房产余值缴纳的，税率为 1.2%（房产余值依照房产原值一次减除 10%～

30%计算）；按房产租金收入缴纳的，税率为12%。其计算式为：

应纳税额＝房产余值或租金收入×适用税率。

其中，房产余值＝房产原值×[1－(10%～30%)]

没有房产原值作为依据的，由房产所在地税务机关参考同类房产核定。

房产税按年征收、分期缴纳。

（10）企业所得税

2007年3月16日第十届全国人民代表大会第五次会议通过了《中华人民共和国企业所得税法》，并于2008年1月1日起施行(1991年4月9日第七届全国人民代表大会第四次会议通过的《中华人民共和国外商投资企业和外国企业所得税法》和1993年12月13日国务院发布的《中华人民共和国企业所得税暂行条例》同时废止)。

企业所得税是对企业生产经营所得与其他所得征收的一种税。

1）纳税义务人

在中华人民共和国境内，企业和其他取得收入的组织(以下统称企业)为企业所得税的纳税人(个人独资企业、合伙企业不作为企业所得税的纳税人)。

企业分为居民企业和非居民企业。

居民企业是指依法在中国境内成立，或者依照外国(地区)法律成立但实际管理机构在中国境内的企业。居民企业应当就其来源于中国境内、境外的所得缴纳企业所得税。

非居民企业是指依照外国(地区)法律成立且实际管理机构不在中国境内，但在中国境内设立机构、场所的，或者在中国境内未设立机构、场所，但有来源于中国境内所得的企业。非居民企业在中国境内设立机构、场所的，应当就其所设机构、场所取得的来源于中国境内的所得，以及发生在中国境外但与其所设机构、场所有实际联系的所得，缴纳企业所得税。非居民企业在中国境内未设立机构、场所的，或者虽设立机构、场所但取得的所得与其所设机构、场所没有实际联系的，应当就其来源于中国境内的所得缴纳企业所得税。

2）税率

企业所得税的税率为25%。

非居民企业在中国境内未设立机构、场所的，或者虽设立机构、场所但取得的所得与其所设机构、场所没有实际联系的，应当就其来源于中国境内的所得按20%的税率缴纳企业所得税。

3）应纳税所得额

企业每一纳税年度的收入总额，减除不征税收入、免税收入、各项扣除以及允许弥补的以前年度亏损后的余额，为应纳税所得额，以此作为计算企业所得税税额的依据。

收入总额是指企业以货币形式和非货币形式从各种来源取得的收入，包括销售货物收入；提供劳务收入；转让财产收入；股息、红利等权益性投资收益；利息收入；租金收入；特许权使用费收入；接受捐赠收入；其他收入。不征税收入包括财政拨款；依法收取并纳入财政管理的行政事业性收费、政府性基金；国务院规定的其他不征税收入。免税收入包括国债利息收入，符合条件的居民企业之间的股息、红利收入，在中国境内设立机构、场所的非居民企业从居民企业取得与该机构、场所有实际联系的股息、红利收入，符合条件的非营利公益组织的收入等。各项扣除是指企业实际发生的与取得收入有关的、合理的支出，包括成本、费用、税金、损失和其他支出，准予在计算应纳税所得额时扣除。

企业纳税年度发生的亏损，准予向以后年度结转，用以后年度的所得弥补，但结转年限最长不得超过五年。

非居民企业在中国境内未设立机构、场所的，或者虽设立机构、场所但取得的所得与其所设机构、场所没有实际联系的，就其来源于中国境内的股息、红利等权益性投资收益和利息、租金、特许权使用费所得，以收入全额为应纳税所得额；来源于中国境内的转让财产所得，以收入全额减除财产净值后的余额为应纳税所得额；其他所得，参照上述的方法计算应纳税所得额。

4) 应纳税额的计算

应纳税额为企业的应纳税所得额乘以适用税率，减除税收优惠的规定减免和抵免的税额后的余额。用公式表达为：

$$应纳税额＝应纳税所得额×适用税率－减免和抵免的税额$$

5) 税收优惠和缴纳

《中华人民共和国企业所得税法》规定的企业所得税的税收优惠方式包括免税、减税、加计扣除、加速折旧、减计收入、税额抵免等。

企业所得税按纳税年度计算(纳税年度自公历 1 月 1 日起至 12 月 31 日止)。

企业应当自月份或者季度终了之日起十五日内，向税务机关报送预缴企业所得税纳税申报表，预缴税款。

企业应当自年度终了之日起五个月内，向税务机关报送年度企业所得税纳税申报表，并汇算清缴，结清应缴应退税款。

缴纳的企业所得税，以人民币计算。所得以人民币以外的货币计算的，应当折合成人民币计算并缴纳税款。

11.3 房地产开发经营中的有关税外收费

我国有关房地产税外收费政出多门、名目繁多。有些收费项目是经国务院有关部门批准的，有些收费项目是经省级政府及有关部门批准的，有些是当地政府自行确定的。收费往往以各级政府的文件为依据。政府有关部门、有关事业单位设立收费项目，制定收费标准，对房地产开发、交易的各环节收取费用。

11.3.1 税外收费项目

税外收费包括行政事业性收费、经营服务性收费、中介服务机构收费、政府性基金、专项资金、附加费、摊派、罚款等。

行政事业性收费是指国家机关、事业单位、代行政府职能的社会团体及其他组织根据法律法规等有关规定，依照国务院规定程序批准，在实施社会公共管理，以及在向公民、法人提供特定公共服务过程中，向特定对象收取的费用。目前允许按批准规定项目收取行政事业性费用的有公安、工商、经贸、科技、外经贸部门、卫生部门、文化部门、新闻出版和广播电视部门、药品监督管理部门、国土房管部门、环境保护部门、建设部门、城市规划部门、林业部门、农业部门、水利部门、保密部门、质量技术监督部门等。设置行政事业性收费项目，必须以法律、法规、规章、政策为依据，以客观的管理行为和服务事实为基础，严格执行申报批准程序，禁止擅自设置行政事业性收费项目。按照国家有关规定，收取行政事业性收费的单位，必须持有物价管理部门核发的收费许可证。收费票据除国家规定使用的专业票据外，一律使用财政部门统一印制的票据。

经营性收费必须坚持双方自愿的原则，其收费标准按提供服务的成本加税金、利润制定，还要同人民群众生活水平相适应，既要考虑事业发展的需要，又要考虑群众的经济承受能力。严格禁止将经营收费纳入行政事业性收费，或者将行政事业性收费转作经营性收费。

政府性基金是指依照法律法规并经有关部门批准设立、凭借政府权力或政府信誉，向单位或个人征收的具有专项用途的资金。设立政府性基金的目的主要是支持某项特定产业或事业发展。其主要形式包括各种基金、资金、附加和专项收费等。按筹集方式可以分为附加在税收上的政府性基金、附加在价格上的政府性基金和以销售收入为对象征收的政府性基金。

11.3.2 房地产开发经营中的有关税外收费

房地产开发经营中的有关税外收费可按不同的标准进行分类。

（1）按收费性质分类

房地产开发经营中的税外收费按性质可分为两类：

1）项目性收费

一是为城市基础设施建设筹资的收费，包括城市基础设施配套费、人防工程建设费、水电增容费、电网改造费、供水设施工程补偿费等。二是为公共配套设施建设筹资的收费，如商业网点配套费。

2）管理费和手续费

管理费和手续费涉及的面广、收费部门多、收费项目多。每个项目收费数额不大，但收费总额相当可观。管理费和手续费主要包括立项管理费、拆迁管理费、施工管理费、规划管理费、验证费、合同审查费等。

（2）按开发及交易的环节分类

房地产开发经营中的税外收费按开发及交易的环节可分为四类：

1）立项规划环节

税外收费主要有：市政基础设施配套费、人防工程建设费、商业网点配套费、城市绿化补偿费、地名标志公告费、环卫配套费、规划管理费、环境影响评估费、地质灾害评估费、交通影响评估费、临时用地费、临时建设工程费、城建档案整理编制费等。

2）征地拆迁环节

税外收费主要有：征地管理费、地上物补偿费、青苗补偿费、拆迁管理费、拆迁服务费、土地登记费、征地手续费、停产停业综合补助费、搬家补助费、提前搬家奖励费、地籍测绘费、菜地建设基金等。

3）施工建设环节

税外收费主要有：招标管理费、标底编制费、中标管理费、工程合同审查费、工程质量监督费、劳保统筹费、施工管理费、安全监督费、农民工保证金、噪声排污费、化粪池建设费、环卫设施费、建筑垃圾处理费、白蚁防治费、工程造价咨询审核费、水电增容费、燃气建设费、防雷接地验收费、竣工图费等。

4）租售环节

税外收费主要有：房价审查服务费、合同签证费、商品房交易管理费及手续费、公证费、房屋及设备检验费、网络信息服务费等。

11.3.3 加强收费项目管理，规范房地产税外收费

随着房地产业的发展，建设项目乱收费问题越来越突出，推动了房价的过快上涨，制约了居民住宅建设和房地产业的健康发展，助长了腐败现象和不正之风的蔓延。为了控制商品房价格不合理上涨，减轻房地产开发企业和购房者的负担，促进住宅建设持续稳定发展，国家计委和财政部多次下发关于取消部分建设项目收费的通知，如《国家计委财政部关于取消部分建设项目收费进一步加强建设项目收费管理的通知》（计价费［1996］2922号）、《关于全面整顿住房建设收费取消部分收费项目的通知》（计价格［2001］585号）、《国家发展改革委关于降低部分建设项目收费标准规范收费行为等有关问题的通知》（发改价格［2011］534号）。这些通知对加强收费项目管理，规范房地产税外收费起到了极大的作用。

已经取消的房地产税外收费项目有：建筑工程管理费、开发企业资质初审、年审及年审公告费、建安临时工棚费、建筑技术开发费、临时建筑规划管理费、建设项目贷款抵押鉴证费、统建管理费、新建房屋安全鉴定费、房屋买卖登记费、房产复查费、商品房注册登记费、自来水安装管理费、自来水表立户费、规划定点保证金、拆迁安置押金、绿化保证金、绿化管理费、道路污染费、建设项目划定红线手续费、验线费、土地界桩、坐标测量费、土地出让管理、手续费、土地办证费、土地开发管理费、土地开发配套费、土地权属变更费、土地过户费、改变土地使用性质转户费、土地占用招工保证金、土地测量费、供电安装管理费、用电入户、立户费、接电报装费、用电附加费、电网改造费、建筑消防设计、设施审验费、施工企业治安费、消防押金、建筑市场管理费、考古调查费、考古勘探费、建设项目环保押金、施工企业使用临时工管理费、建设资金审计费、商品房统计费、地名申请费、教育设施配套费、体育设施配套费、邮电通讯设施配套费、房屋开发管理费、房屋租赁管理费、城建档案装具成本费、城市卫生管理费、建筑工程综合规划保证金、城市绿化建设保证金、临时占路保证金、临时建筑保证金、开发项目保证金、经济适用住房税费减免保证金、建安工程质量保修押金、伐树工程费、房产交易管理鉴证费、工程造价审查费、预制构件质量监督费、暖气集资费、城市给水建设费、新房进住手续费、拆房手续费、房屋兑换管理费、公园建设费、园林绿化管理费、优质工程奖励基金、合作建房管理费、城市规划管理业务费、勘察设计监督管理费、征地安置不可预见费、征地农业人口安置管理费、使用外地劳动力单位管理费、房地产抵押管理费、建筑垃圾弃土倾倒管理费、水表立表费、房地产转让交易管理费、房改商品房交易管理费、外省施工企业调节金、节水保证金、电负荷控制费、供电入网费、安全用电费、人防工程建设押金、外来流动人口管理服务费、使用散装水泥保证金、教育基础设施配套费、教师住房建设费、城镇中小学校舍修建附加费、建筑设计卫生学评价行政性收费、建设项目卫生审批费等。

11.4 房地产税费政策及其影响

11.4.1 我国房地产税费特征

目前我国房地产税费特征主要体现在以下三个方面：

（1）税费界限不明确且以费挤税

税费界限不明确即在现行税费体制下，几乎所有的收费项目都是以行为来征收，与以行为目的来征收的税种相互重叠、并立。如为了筹集教育资金，同时设立了依附于营业税征收的教育费附加和教育设施建设费。对同一纳税人的同一行为出于同一目的而交叉征收税费，形成"税上加费，费上加税"的状况。以费挤税即有些收费对象本身就是税基的组成部分，这就不可避免出现费用侵占税基并冲击正常税收。有些部门凭借权力或垄断地位迫使企业在税前交费，使企业多交费必然少交税，以费挤税使得税收的作用大大削弱。

（2）房地产税费种类多

房地产税费过多，据统计在房地产开发环节中，税收大约占售价的10%左右，费用大约占售价的15%～20%左右。税费加大了物业的开发成本，导致物业价格升高。一方面加重了房地产开发商的负担，另一方面也加重了消费者的负担。房地产税费过多也意味着办事程序复杂繁琐，对房地产业的健康发展产生了负面影响。

（3）房地产税费征收弹性过大

在房地产税费征收中，税外费用征收涉及的部门或机构众多，再加上各地的实际情况不同，所以国家和地方在制定有关收费政策时，给具体实施者预留了一部分空间，且无具体的实施细则，致使税外费用的空间弹性有余，刚性不足。再加上收费政策宣传力度不够，直接导致社会监督力度的弱化。

11.4.2　我国房地产税费政策的调整

为调节房地产市场正常运转，我国适时调整了房地产税费政策。从2001年来，我国房地产税费政策变动情况如下：

2001年，主要调整了两项政策：一是调整住房租赁市场税收政策。为了配合国家住房制度改革，支持住房租赁市场的健康发展，财政部、国家税务总局对房屋出租的税费进行减免。从2001年1月1日起，对政府定价出租的住房，暂免征收房产税、营业税，对个人按市场价格出租的居民住房，减征营业税（由5%降为3%），房产税（由12%降为4%），个人所得税（由20%降为10%），使个人出租房屋总体税收负担由原来的17.5%～30%降低为7.3%～14.57%。二是消化空置商品房有关税费政策。2001年4月19日，财政部、国家税务总局下发了《关于对消化空置商品房有关税费政策的通知》，对于1998年6月30日以前建成尚未售出的商品住房，至2002年12月31日之前免征营业税、契税；对于1998年6月30日以前建成的商业用房、写字楼，在2001年1月1日至2002年12月31日期间销售的，免征营业税、契税；同时对于开发企业在1998年6月30日以前建成的商业用房、写字楼、住房（不含别墅、度假村等高消费性的空置商品房），不予免征各种行政事业性收费。

2004年，规定物业服务收费从2004年10月1日起明码标价。

2005年，出台了关于加强房地产税收管理的一些规定，要求各地对本地区享受优惠政策的普通住房标准，普通住房的平均交易价格，每半年公布一次。2005年6月1日以后，个人将购买超过2年（含2年）的符合当地普通住房标准的住房对外销售，应向地方税务部门申请办理免征营业税手续。个人购买的非普通住房超过2年（含2年）对外销售的，在向地方税务部门申请按售房收入减去购买房屋价款后的差额缴纳营业税时，需提供购买房屋时取得的税务部门监制的发票作为差额征税的扣除凭证。2005年6月1日后，个人将购买不足 2 年的住房对外销售的，应全额征收营业税。

2006 年，调整的政策主要有：一是 2006 年 5 月 31 日下发《关于加强住房营业税征收管理有关问题的通知》（国税发 74 号文件），对二手房营业税政策的具体执行问题予以明确。要求各级地方税务部门要严格执行调整后的个人住房营业税税收政策。2006 年 6 月 1 日后，个人将购买不足 5 年的住房对外销售全额征收营业税。个人将购买超过 5 年（含 5 年）的普通住房对外销售，应持有关材料向地方税务部门申请办理免征营业税的手续。二是 2006 年 7 月 26 日下发了《关于住房转让所得征收个人所得税有关问题的通知》，规定从 8 月 1 日起，各地税务局将在全国范围内统一强制性征收二手房转让个人所得税。三是 2006 年 9 月 14 日，下发了《关于加强房地产交易个人无偿赠与不动产税收管理有关问题的通知》（国税发〔2006〕144 号），加强无偿赠与行为、受赠房屋销售、赠与行为后续管理的税收征管。

2007 年，调整的政策主要有：一是 10 月 10 日发布《招标拍卖挂牌出让国有建设用地使用权规定》（国土资源部 39 号令），未按出让合同约定缴清全部土地出让价款的，不得发放国有建设用地使用权证书，也不得按出让价款缴纳比例分割发放国有建设用地使用权证书。二是 8 月 7 日国务院发布《关于解决城市低收入家庭住房困难的若干意见》，规定廉租住房和经济适用住房建设、棚户区改造、旧住宅区整治一律免收城市基础设施配套费等各种行政事业性收费和政府性基金；社会各界向政府捐赠廉租住房房源的，执行公益性捐赠税收扣除的有关政策。三是 11 月 30 日，建设部、财政部、国家税务总局等七部门联合发布了《经济适用住房管理办法》，规定经济适用住房建设项目免收城市基础设施配套费等各种行政事业性收费和政府性基金，经济适用住房的建设和供应要严格执行国家规定的各项税费优惠政策。

2008 年，调整的政策主要有：一是 2008 年 1 月 7 日，国务院下发《关于促进节约集约用地的通知》（国发〔2008〕3 号），严格执行闲置土地处置政策，即土地闲置满两年、依法应当无偿收回的，坚决无偿收回，重新安排使用；土地闲置满一年不满两年的，按出让或划拨土地价款的 20％征收土地闲置费；对闲置土地特别是闲置房地产用地要征缴增值地价。二是 1 月 23 日，下发了《关于进一步加强土地税收管理工作的通知》，全面清查土地税收缴纳情况；严格落实"先税后征的政策"；没有财税部门的完税凭证，土地部门不得办理土地登记。三是 2 月 26 日下发了《耕地占用税暂行条例实施细则》（财政部令第 49 号）。四是 10 月 22 日财政部、国家税务总局发布《关于调整房地产交易环节税收政策的通知》（财税〔2008〕137 号），规定 11 月 1 日对个人首次购买 90 平方米及以下普通住房的，契税税率暂统一下调到 1％；对个人销售或购买住房暂免征收印花税；对个人销售住房暂免征收土地增值税。地方政府可制定鼓励住房消费的收费减免政策。

2009 年，调整的政策主要有：一是 12 月 9 日将个人住房转让营业税征免时限由 2 年恢复到 5 年，遏制炒房现象。二是 12 月 23 日下发了《关于调整个人住房转让营业税政策的通知》，除了年限变化外，值得关注的有两点：第一，普通住宅交易税收优惠；第二，通知规定："为维护正常的财税秩序，各地要严格清理与房地产有关的越权减免税，对清理出来的问题，要立即予以纠正。"

2010 年，调整的政策主要有：一是 4 月 2 日财政部下发通知规定，对两个或两个以上个人共同购买 90 平方米及以下普通住房，其中一人或多人已有购房记录的，该套房产的共同购买人均不适用首次购买普通住房的契税优惠政策。二是 5 月 25 日下发《关于加强土地增值税征管工作的通知》，对于预征率大幅上调，核定征收率原则上不得低于 5%。三是 5 月 4 日下发《关于城市和国有工矿棚户区改造项目有关税收优惠政策的通知》，对于城市和国有工矿棚户区改造安置住房的有关税收政策做了调整。四是 5 月 19 日、5 月 31 日分别下发了《关于土地增值税清算有关问题的通知》和《关于进一步加强高收入者个人所得税征收管理的通知》，对土地增值税、涉及房地产的个人所得税做了进一步明确规定。五是 9 月 29 日财政部、国家税务总局、住房和城乡建设部发布《关于调整房地产交易环节契税个人所得税优惠政策的通知》，规定自 2010 年 10 月 1 日起，对符合规定的个人购买首套普通住房契税将减半征收，对出售自有住房并在 1 年内重新购房的纳税人不再减免个人所得税。

从历年房地产税费政策调整情况来看，这些政策的作用和性质是不同的。有的政策主要影响供给，如政策《招标拍卖挂牌出让国有建设用地使用权规定》、《关于解决城市低收入家庭住房困难的若干意见》、《关于促进节约集约用地的通知》、《关于进一步加强土地税收管理工作的通知》、《耕地占用税暂行条例实施细则》、《关于加强土地增值税征管工作的通知》、《关于城市和国有工矿棚户区改造项目有关税收优惠政策的通知》、《关于土地增值税清算有关问题的通知》等；有的政策主要影响需求，如政策《关于住房转让所得征收个人所得税有关问题的通知》、《关于加强房地产交易个人无偿赠与不动产税收管理有关问题的通知》、《关于调整房地产交易环节税收政策的通知》、《关于调整个人住房转让营业税政策的通知》、《关于调整房地产交易环节契税个人所得税优惠政策的通知》等；还有的政策对供需皆有影响，如政策《关于对消化空置商品房有关税费政策的通知》、《关于加强住房营业税征收管理有关问题的通知》等。

11.4.3 税费对房地产价格的影响

政府通过房地产税费的调整，来影响房地产市场的供求关系，并最终影响房地产的价格。分析房地产税费变动对房地产价格变动的影响，就要考虑房地产市场的总体供求状况。在房地产市场供不应求的情况下，房地产税费的变动与房价变动呈现正向关系，即房地产销售者会通过税费转嫁，将增加的税费转嫁给购买者，导致了房价攀升。如果房地产市场处于供过于求的情况下，政府通过房地产税费政策的变动可以对房地产的需求和供给进行一定的调节，进而影响到房价的变化。

房地产税费的变动，对于房地产价格的影响，还取决于市场需求的结构情况。房地产市场需求基本上有三种，即自住自用性需求、投资性需求和投机性需求。前两者为真实需求，影响房价的长期走势，而后者则是虚拟需求，即短期需求。这三种需求混合在一起，需要实行差异化调节措施，即：抑制投资、投机性需求，支持自住自用性需求。

从征收对象上来看，房地产税费有的是对供给者征收，有的是对购买者征收，不同的征收对象，导致对房地产价格的影响也不同。根据供求规律，当一种商品价格上升时，供给量增加，反之亦然；当一种商品价格下降时，需求量增加。一般而言，对房地产供给者征收税费，会导致供给减少；对房地产购买者征收税费，会导致需求的减少。

房地产税费包括开发和交易环节的税费和保有环节的税费，两者对房地产价格的影响渠道和结果存在较大差异。从交易环节来看，不同的征收对象，导致对房地产价格的影响也不同。从保有环节来看，税费变动与房地产价格变动呈现负相关关系，即如果保有环节的税负增加会在一定程度上抑制房价的过快上涨，尤其是在存在房地产投机的情况下，保有环节的税负增加有利于抑制投机。

（1）开发和交易环节税费变动对房地产价格的影响

1）对供给者征收税费引起的房地产价格变动

当对房地产供给者征收的税费增加时，供给者的利润空间下降，供给者所愿意提供的房屋数量减少，其为了保持一定的利润，必然会将这部分增加的税费转嫁给购买者，购买者购买同等数量的房地产所需付出的价格必然会提高，从而引起价格的上涨。反之，对房地产供给者征收的税费减少时，供给者的利润空间上升，房屋供给会增加，在房地产供给者利润率一定的情况下，使得价格下降。

房地产供给者转嫁税费，会影响房地产价格的变动。税费转嫁最终可以出现三种情况：一是买者与卖者按一定比例分摊；二是全部由卖者负担；三是全部由买者负担。究竟由谁承担或谁承担多少取决于很多因素，包括房地产的供给者和购买者在市场上的垄断程度、房地产的供给与需求状况和政府的政策目标等等。

2）对购买者征收税费引起的房地产价格变动

当影响价格的其他因素不变时，对购买者征收的税费增加，会使得购买者的交易成本上升，导致消费者的需求量减少，使得房地产的价格趋于下降；反之，减少对购买者征收税费，会使得购买者的交易成本下降，导致消费者的需求量会增加，使得房地产的价格趋于上升。

3）对供给者和购买者双方征收税费引起的房地产价格变动

作为房地产供给者供给的房地产产品不同于其他商品，其可以作为一种固定资产来长期持有，对供给者征收税费，在房地产价格低于一定水平时，供给者宁愿自己持有也不愿意对外出售房地产，此时房地产供给数量是减少的。如果此时对购买者征收税费，同等价格下消费者所愿意购买的房地产数量也是减少的，即对供给者和购买者均征收税费，不会引起价格的变化。

（2）保有环节税费变动对房地产价格的影响

影响房地产价格的因素很多，包括政策的变化，收入的变化，人口总量的变化，人口城乡结构的变化，建筑成本的变化，还包括居民家庭对住房价格的未来预期，社会流动资本的投机等等，即房地产价格的变化是多种因素共同影响房地产市场的供给和需求，继而影响到房地产价格。

目前我国房地产保有环节税费主要是指税收。我国的房地产税收种类涵盖了房地产开发、房地产交易和房地产保有三个环节。从世界范围来看，许多国家的房地产税收体系都是以保有环节的税收作为主体。就我国目前情况来看，税收种类多分布在房地产开发和房地产交易环节，在房地产保有环节分布较少，主要是城镇土地使用税和房产税。

房地产保有环节的税收主要是财产税。我国房地产保有环节虽然有两个税种（城镇土地使用税和房产税），但是目前对于居民个人拥有的非经营性的居住房屋都免于征收，因此，实质上住宅的保有环节的财产税处于"无税"的状态。

房地产保有环节税负的变化会对房地产价格产生一定的影响，如果政府减少保有环节的税负，当期房地产价格就会因此提高，即房地产保有环节的税负变动与房地产价格的变动呈现负相关关系。反之，如果保有环节的税负增加，会导致房地产价格降低。尤其是在房地产市场存在泡沫迹象时，保有环节税负的增加能够对房地产价格的非理性上涨起到正面的影响。首先，对房地产保有环节征税能够疏导需求。对房地产保有环节征税能够增加保有环节的成本，从而减少对房地产的需求。其次，对房地产保有环节征税能够抑制房地产囤积和空置。在房地产相关制度不完善的情况下，大量的房地产尤其是住房囤积和空置严重，减少了住房有效供给，更加剧了房地产市场供需之间的矛盾。再次，对房地产保有环节征税能够抑制房地产开发商的捂盘、惜售、囤地等炒作行为。长期以来，我国对土地保有环节没有税负，房地产开发商的捂盘、惜售、囤地等炒作成本较低，再加上对房地产市场重视的是对需求的管理，而忽略了对供给的管理或者管理惩处力度不够，造成房地产开发商大量捂盘、惜售、囤地等恶意炒作行为。对房地产保有环节征税能够增加房地产开发商的炒作成本，在一定程度上抑制房地产开发商的捂盘、惜售和囤地行为，从而加速住房交易速度，增加住房市场有效供给，缓解房地产市场供需矛盾。最后，对房地产保有环节征税能够给房地产投机者以重大打击，从而挤出不合理的需求。

复 习 思 考 题

1. 我国现行房地产税制中的税收主要有哪些？
2. 房地产税收有何特征？其与房地产税外收费有何区别？
3. 销售不动产的营业税税率是多少？应纳税额如何计算？
4. 教育费附加与地方教育费附加有何异同？
5. 土地增值税的纳税义务人是谁？应纳税额如何计算？
6. 简述契税的征税对象和计税依据？
7. 房产税的征税对象和计税依据是什么？房产税税率是多少？
8. 我国房地产税费特征是什么？
9. 税费对房地产价格有何影响？

附录一 房地产开发相关法律、法规(目录)

1. 中华人民共和国城乡规划法　　　　　中华人民共和国主席令第 74 号
   中华人民共和国住房和城乡建设部　　2008 年 1 月 1 日起施行
2. 中华人民共和国土地管理法　　　　　中华人民共和国主席令第 28 号
   中华人民共和国住房和城乡建设部　　2001 年 1 月 31 日
3. 中华人民共和国城市房地产管理法　　中华人民共和国主席令第 72 号
   中华人民共和国住房和城乡建设部　　本法自 1995 年 1 月 1 日起施行
4. 国有土地上房屋征收与补偿条例　　　中华人民共和国国务院令第 590 号
   中华人民共和国住房和城乡建设部　　2011 年 1 月 30 日
5. 中华人民共和国城镇国有土地使用权出让和转让暂行条例　中华人民共和国国务
院令第 055 号
   中华人民共和国住房和城乡建设部　　2001 年 2 月 15 日
6. 城市房地产开发经营管理条例　　　　中华人民共和国国务院令第 248 号
   中华人民共和国住房和城乡建设部
7. 城市商品房预售管理办法　　　　　　中华人民共和国建设部 第 131 号
   中华人民共和国住房和城乡建设部 2004 年 7 月 20 日

附录二　房地产宏观调控政策文件1~19
(2003~2011年)目录

1. 国六条　供应结构调整

《国务院关于促进房地产市场持续健康发展的通知》(国发〔2003〕18号)

中华人民共和国国务院　2003年8月12日

2. 国八条　调控上升到政治高度

《国务院办公厅关于切实稳定住房价格的通知》(国办发明电〔2005〕8号)

国务院办公厅　2005年03月

3. 国八条　国务院提出加强房地产市场整顿、引导和调控的八项措施

2005年4月27日

4. 新国八条　"七部委文件"调控操作细化

国务院办公厅转发关于做好稳定住房价格工作意见的通知。国办发〔2005〕26号

颁布时间:2005年5月9日　　　　　　　　　　发文单位:国务院办公厅

5. 国六条　住房供应结构调控

2006年5月17日主题词:国六条

6. 九部委十五条　限房价,限套型——夹心层与限价房推出

关于调整住房供应结构稳定住房价格意见的通知。国办发〔2006〕37号

国务院办公厅转发建设部、发展改革委、监察部、财政部、国土资源部、人民银行、税务总局、统计局、银监会等　九部门　2006年05月29日

7. 六部委发文十四条　限外资炒房

关于规范房地产市场外资准入和管理的意见

2006年　建设部　商务部　发展改革委、人民银行　工商总局　外汇局　2006年7月11日

8. 国发二十二条　健全廉租房制度

国务院关于解决城市低收入家庭住房困难的若干意见　国发〔2007〕

国务院　2007年8月7日

9. 国二十三条　国务院关于促进节约集约用地的通知　国发〔2008〕3号

国务院　2008年1月3日

10. 国十条　房地产行业2008年国十条内容

11. 国十三条

国务院办公厅关于促进房地产市场健康发展的若干意见　　　国办发〔2008〕131号

2008年12月20日

12. 国四条　抑制投机炒房

国务院推出扼制房价过快新政策　2009年12月

13. 国十一条　提高首付抑制投机增加保障房普通商品房供给

国务院办公厅关于促进房地产市场平稳健康发展的通知　国办发〔2010〕4号

2010 年 1 月 7 日

14. 国十九条

关于加强房地产用地供应和监管有关问题的通知　国土资发〔2010〕34 号

土地利用管理司　2010 年 3 月 8 日

15. 新国十条

国务院关于坚决遏制部分城市房价过快上涨的通知　国发〔2010〕

国务院　2010 年 4 月 17 日

16. 建保〔2010〕59 号

关于加强经济适用住房管理有关问题的通知

中华人民共和国住房和城乡建设部　2010 年 4 月 22 日

17. 新国五条　更加严厉限购、限贷

《新国五条出台》　2010 年 9 月 29 日

18. 新国八条

国务院办公厅关于进一步做好房地产市场调控工作有关问题的通知　国办发〔2011〕1 号

国务院办公厅　2011 年 1 月 26 日

19. 新国四条

2011 年 4 月 14 日

参 考 文 献

[1] 曹振良. 房产经济学通论. 北京：北京大学出版社，2003.
[2] 曹振良. 现代房地产开发经营. 北京：中信出版社，1993.
[3] 王洪卫，简德三，孙明章. 房地产经济学. 上海：上海财经大学出版社，2000.
[4] 董藩，张奇，王世涛. 房地产经济学概论. 大连：东北财经大学出版社. 2001.
[5] 王春生，王淞. 房地产经济学. 大连：大连理工学院出版社，1994.
[6] 谢经荣，吕萍，齐志敏. 房地产经济学. 北京：中国人民大学出版社，2002.
[7] 王全民，王来福，刘秋雁. 房地产经济学. 大连：东北财经大学出版社. 2002.
[8] 中国房地产估价师学会. 房地产基本制度与政策. 2002.
[9] 李伟. 房地产投资分析与综合开发. 北京：机械工业出版社，2003.
[10] 罗永泰. 房地产营销策划与推广技术. 天津：天津社会科学院出版社，2002.
[11] 张宏武. 房地产开发经营. 北京：高等教育出版社，2003.
[12] 武永祥，王学涵主编. 房地产开发. 北京：中国建筑工业出版社，1995.
[13] 何伯洲，邹玉平编著. 房地产法律制度. 北京：中国建筑工业出版社，1995.
[14] 刘洪玉主编. 房地产开发经营与管理. 北京：中国物价出版社，2002.
[15] 王春生，王淞编著. 房地产经济学. 大连：大连理工出版社，2002.
[16] 沈建忠主编，张小宏副主编. 房地产基本制度与政策. 北京：中国物价出版社，2003.
[17] 赵国杰. 投资项目可行性研究. 天津：天津大学出版社，2003.
[18] 高春荣，张宏智. 房地产开发. 天津：天津社会科学院出版社，2003.
[19] 杨亦乔主编. 房地产开发经营. 北京：中国建筑工业出版社，2007.
[20] 何红主编. 房地产开发经营与管理. 北京：高等教育出版社，2009.
[21] 杨晓华 温冬梅主编. 北京：房地产开发与经营. 化学工业出版社，2010.
[22] 李燕华 姚建军主编. 北京：房地产开发经营. 清华大学出版社，2008.
[23] 苗长川 杨爱华主编. 北京：房地产经营与管理. 清华大学出版社，2009.
[24] 丁烈云主编. 房地产开发. 北京：中国建筑工业出版社，2008.
[25] 李凌主编. 建设用地管理. 北京：化学工业出版社，2008.
[26] 《试论我国房地产税收制度》. 资料来源：http://www.canet.com.cn/wenyuan/swlw/sszc/
      200909/13-121156.html.
[27] 夏仕平. 重构我国房地产税收体系研究. 经济研究参考. 2010 年第 29 期.
[28] 任志强. 房地产税费制度对房地产价格变动的影响. 来源：http://blog.sina.com.cn/s/blog_
      4679d35101017pnp.html.
[29] 赵国杰主编. 投资项目可行性研究. 天津大学出版社. 2003.
[30] 李玉周主编. 轻松撰写可行性研究报告. 西南财经大学出版社. 2002.
[31] 房地产项目融资. 来源：http://8268599.blog.163.com/blog/static/3327017820102110441965/.
[32] 房地产行业税费水平及其对房地产价格的影响. 来源：http://www.docin.com/p-77420218.html
[33] 王历久主编. 物业管理学. 北京：北京大学出版社. 2005.